宋 歐陽修 宋 祁 撰

新唐書

第一八册

卷一九一至卷二〇五（傳）

中華書局

唐書卷一百九十一

列傳第一百一十六

忠義上

夏侯端 劉感 常達 敬君弘 謝叔方 呂子臧 馬元規 王行敏
盧士叡 李玄通 羅士信 張道源 楚金 李育德 李公逸 張善相
高叡 仲舒 安金藏 王同皎 潛 周憬 吳保安 李憕 源 彭
盧弈 元輔 張介然 崔無詖

夫有生所甚重者，身也；得輕用者，忠與義也。後身先義，仁也；身可殺，名不可死，志也。大凡捐生以趣義者，寧豫期垂名不朽而爲之？雖一世成敗，亦未必濟也，要爲重所與，終始一操，雖頹嵩、岱，不吾壓也。夷、齊排周存商，商不害亡，而周以興。兩人至餓死不肯屈，卒之武王蒙慚德，而夷、齊爲得仁，仲尼變色言之，不敢少損焉。故忠義者，眞天下之大閑歟！姦鈇逆鼎，搏人而肆其毒，然殺一義士，則四方解情，故亂臣賊子赩然疑沮而不得逞。何哉？欲所以爲彼者，而爲我也。義在與在，義亡與亡，故王者常推而褒之，所以砥礪生民而窒不軌也。雖然，非烈丈夫，曷克爲之？彼委靡輭熟，偷生自私者，眞畏人也哉！故次敍夏侯端以來凡三十三人于左方。

夏侯端，壽州壽春人，梁尚書左僕射詳孫也。仕隋爲大理司直。高祖微時與相友，大業中討賊河東，表端爲副。端邃數術，密語高祖曰：「玉牀搖，帝坐不安。晉得歲，眞人將興，安天下之亂者，其在公乎！但上性沈忌，內惡諸李，今金才已誅，次且取公，宜蚤爲計。」帝感其言。義師興，端在河東，吏捕送長安。帝入京師，釋囚，引入臥內，擢祕書監。

李密之降，關東地未有所屬，端請假節招諭，乃拜大將軍，爲河南道招慰使。即傳檄州縣，東薄海，南揵淮，二十餘州遣使順附。次譙州，會亳、汴二州刺史已降王世充，道塞，無所歸，計窮彷徨。麾下二千人糧盡不忍委端去，端乃殺馬宴大澤中，謂衆曰：「我奉王命，義無屈。公等有妻子，徒死無益。吾丐若首，持與賊以取富貴。」衆號泣不忍視，端亦泣，欲自刎，爭持之，乃止。行五日，餓死十四三。遇賊，衆潰，從者纔三十餘人，遂東走，擷豐豆以食。端持節臥起，歎曰：「平生不知死地乃在此！」縱其下令去，毋俱沒。會李公逸守杞州，勒兵迎端。時河南地悉入世充，公逸感端之節，亦固守。世充遣人以淮南郡公、尚書少吏部印綬召端，解所服衣以贈。端曰：「吾，天子使，寧汙賊官邪！非持首去不可見。」卽焚書及衣，因解節毛懷之，間道走宜陽，歷崖峭榛莽。比到，其下僅有在者，皆體髮癯焦，人不堪視。端入謁，自謝無功，不及危困狀。帝閔之，復拜祕書監。出爲梓州刺史。散祿稟周孤窮，不爲子孫計。貞觀元年卒。

劉感，岐州鳳泉人，後魏司徒豐生孫也。武德初，以驃騎將軍戍涇州，爲薛仁杲所圍，糧盡，殺所乘馬啖士，而煮骨自飲，至和木屑以食。城垂陷，長平王叔良救之，賊乃解。與叔良出戰，爲賊執，還圍涇州，令感約城中降。感紿諾，至城下大呼曰：「賊大飢，亡在朝暮，秦王數十萬衆且至，勉之無苦。」仁杲怒，執感埋其半土中，馳射之。至死，詈益甚。

賊平，高祖購得其尸，祭以少牢，贈瀛州刺史，爵平原郡公，封戶二千，謚忠壯。詔其子嗣封爵，賜田宅焉。

常達，陝州陝人。仕隋爲鷹擊郎將。嘗從高祖征伐，與宋老生戰霍邑，軍敗自匿，帝意已死，久乃自歸。帝大悅，命爲統軍，拜隴州刺史。

時薛舉方彊，達敗其子仁杲，斬首千級。舉遣將仵士政紿降，達不疑，厚加撫接。士政伺隙劫之，并其衆二千歸賊。舉指其妻謂達曰：「識皇后乎？」答曰：「彼癭老嫗，何所道？」舉奴張貴又曰：「亦識我否？」達瞋目曰：「若乃奴耳。」貴忿，舉笏擊其面，達不爲懾，亦拔刀逐之，趙弘安爲蔽捍，乃免。仁杲平，帝見達，勞曰：「君忠節，正可求之古人。」爲執士政殺之，賜達布帛三百段，以達并劉感事授史臣令狐德棻云。終隴西刺史。

敬君弘，絳州絳人，北齊尚書右僕射顯儁曾孫也。累功歷驃騎將軍，封黔昌侯。以屯營兵守玄武門。隱太子之死，左右解散。其車騎將軍馮立者，有材武，歎曰：「生賴其寵，死不共難，我無以見士大夫！」乃與巢王親將謝叔方率兵攻玄武門，殊死鬭。君弘挺身出，或曰：「事未可判，當按兵待變，成列而鬭可也。」不從。與中郎將呂世衡呼而進，皆戰歿。立顧其下曰：「足以報太子矣。」遂解兵走。君弘等敗，秦府兵不振。尉遲敬德擲巢王首示叔方，叔方下馬慟，亦出奔。明日自歸，太宗曰：「義士也。」置之。俄而立又至，帝讓曰：「汝離我兄弟，罪一也；殺我將士，罪二也。何所逃死？」答曰：「出身事主，當戰之日，不知其它。」因伏地悲不自勝，帝亦勞遣之。詔贈君弘左屯衞大將軍，世衡右驍衞將軍。

立已蒙貸，歸語人曰：「上赦吾罪，吾當以死報。」未幾，突厥犯便橋，立引數百騎與虜薄，敗之咸陽。帝喜，授廣州都督。前日牧守苛肆，爲蠻夷患，故數叛。立至，不事家產，衣食弗求贏。嘗見貪泉曰：「此豈隱之所酌邪？吾雖日汲，庸易吾性哉？」遂極飲去。在職不三年，有惠愛，卒于官。

叔方歷伊州刺史，善治軍，戎、華愛之。累加銀青光祿大夫，徙洪、廣二州都督。卒，謚曰勤。本萬年人，從巢王征討有功，王表爲屈咥眞府左軍騎云〔二〕。

呂子臧，蒲州河東人。剛直，健于吏。隋大業末爲南陽郡丞，捕擊盜賊有功。高祖入京師，遣馬元規慰輯山南，獨子臧堅守。元規遣士諷曉，子臧殺之。及煬帝已弑，帝更使其壻薛君倩齎詔，言隋所以亡，諭子臧。子臧爲故君發喪訖，即送款，就拜鄧州刺史，封南陽郡公。

武德初，朱粲新衂，子臧率兵與元規并力。元規軍不進，子臧曰：「乘賊新敗，上下惶沮，一戰可禽；若遷延，其衆稍集，吾食盡，致死於我，不可當也。」不納。子臧請以所部兵獨進，又不許。俄而粲得衆，復張，元規嬰城，子臧扼腕曰：「謀不見用，坐公死矣。」賊圍固。會霖雨，雉堞崩剝，或勸其降，子臧曰：「我，天子方伯，且降賊乎？」乃率麾下數百人赴敵死，城亦陷，元規死之。

元規，安陸人。初以隊正從帝征伐，持節下南陽，得兵萬餘，然無謀，至于敗。

王行敏，并州樂平人。隋末爲盜長，高祖興，來降，拜潞州刺史，遷屯衞將軍。劉武周入并州，寇上黨，取長子、壺關。或言刺史郭子武懦不支，且失潞，帝遣行敏馳往。既至，與子武不叶，賊圍急，儲偫空乏，衆恫懼，行敏患之。會有告子武謀反，遂斬之。州民陳正謙者，以信義稱鄉里，出粟千石濟軍，由是人自奮，賊乃去。行敏又敗竇建德兵於武陟。武德四年，督兵徇燕、趙，與劉黑闥戰歷亭，破之。既而釋甲不設備，爲黑闥所掩，縛致麾下。終不屈，賊遂斬之。且死，西向跪曰：「臣之忠，惟陛下知之。」帝聞而悼惜。

黑闥之亂，死事者又有盧士叡、李玄通。

士叡客韓城。隋亂，結納英豪。高祖與之舊，及兵興，率數百人上謁汾陰，又使兄子諭降劇賊孫華，與劉弘基敗隋將桑顯和於飲馬泉。擢累右光祿大夫，爲瀛州刺史。黑闥遣輕騎破其郛，拒戰半日，士見親屬係虜，乃潰。士叡爲賊擒，欲使說下城堡，不從，見殺。

玄通，藍田人。爲隋鷹揚郎將，高祖入關，率所部自歸，拜定州總管。爲黑闥所破，愛其才，欲以爲將。玄通曰：「吾當守節以報，烏能降志賊邪？」不聽，囚之。故吏有餉飲餽者，玄通曰：「諸君見哀，吾能一醉。」遂縱飲，謂守者曰：「吾能劍舞，可借刀。」守士與之。曲終，仰天太息曰：「大丈夫撫方面，不能保所守，尚何䩄息邪？」乃潰腹死。帝爲流涕，擢其子伏護大將軍。

羅士信，齊州歷城人。隋大業時，長白山賊王薄、左才相、孟讓攻齊郡，通守張須陁率兵擊賊。士信以執衣，年十四，短而悍，請自効。須陁疑其不勝甲，少之。士信怒，被重甲，左右鞬，上馬顧眄。須陁許之。擊賊濰水上，陣纔列，執長矛馳入賊營，刺殺數人，取一級擲之，承以矛，戴而行，賊皆眙懼無敢亢。須陁乘之，大破賊。士信逐北，每殺一賊，輒劓鼻納諸懷，暨還，驗以代級。須陁歎伏，遺以所乘馬。凡戰，須陁先登，士信副，以爲常。煬帝遣使圖須陁、士信陣法上內史。

後須陁爲李密所殺，士信與裴仁基歸密，署總管，俾統所部討王世充。身被重創，見獲於世充。世充愛其才，厚遇之，與同寢食。後得密將邴元眞等，故士信稍稍疏斥。士信恥與伍，率所部千餘人來降高祖，拜陝州道行軍總管，因謀世充。

士信行則先鋒，反則殿，有所獲，悉散麾下有功者，或脫衣解馬賜之，士以故用命。然持法嚴，至親舊無少貸，其下亦不甚附。師次洛陽，攻千金堡，有惡言詬軍，士信怒，夜遣百人載嬰兒嗁譟堡下，若自東都出奔者，既而陽悟曰：「非也，此千金堡耳。」因散去。堡兵開門追掠，士信伏入，屠之無類。賊平，授絳州總管，封郯國公。

從秦王擊劉黑闥洺水上，得一城，王君廓戍之，賊急攻，潰而出。王語諸將：「孰能守此？」士信曰：「願以守。」乃命之。士信已入，賊悉衆攻，方雨雪，救軍不得進。城陷，黑闥欲用之，不屈而死，年二十八。王隱悼，購其尸以葬，謚曰勇。初，士信爲仁基所禮，及東都平，出家財斂葬北邙以報德，且曰：「我死當墓其側。」至是，如所志。

張道源，并州祁人，名河，以字顯。年十四，居父喪，士人賢其孝，縣令郭湛署所居曰復禮鄉至孝里。道源嘗與客夜宿，客暴死，道源恐主人忽怖，臥尸側，至曙乃告，又徒步護送還其家。隋末政亂，辭監察御史，歸閭里。

高祖興，署大將軍府戶曹參軍。至賈胡堡，復使守并州。京師平，遣撫慰山東，下燕、趙。有詔褒美，封累范陽郡公。淮安王神通略定山東，令守趙州，爲竇建德所執。會建德寇河南，間遣人詣朝，請乘虛擣賊心膂。卽詔諸將率兵影接。俄而賊平，還，拜大理卿。時何稠得罪，籍其家屬賜羣臣。道源曰：「禍福何常，安可利人之亡，取其子女自奉？仁者不爲也。」更資以衣食遣之。天子見其年耆，拜綿州刺史。卒，贈工部尚書，謚曰節。道源雖官九卿，無產貲，比亡，餘粟二斛。詔賜帛三百段。

族孫楚金有至行，與兄越石皆舉進士。州欲獨薦楚金，固辭，請俱罷。都督李勣歎曰：「士求才行者也。既能讓，何嫌皆取乎？」乃並薦之。累進刑部侍郎。儀鳳初，彗見東井，上疏陳得失。高宗欽納，賜物二百段。武后時，歷秋官尚書，爵南陽侯。有清槩，然尚文剡，當時亦少之。爲酷吏所構，流死嶺表。

李育德，趙州人。祖諤，仕隋通州刺史，爲名臣。世富于財，家僮百人。天下亂，乃私完械甲，嬰武陟城自保，人多從之，遂爲長。劇賊來掠，不能克。隋亡，與柳燮等歸李密，私署總管。密爲王世充所破，以郡來降，卽拜陟州刺史。

兄厚德，自賊所逃歸，度河復被執。賊使招育德，陽許之，故兄不死。賊帥段大師令裨校以兵守厚德，陰得其驢，乃與州人賈慈行謀逐賊。慈行夜登城呼曰：「唐兵登矣！」厚德自獄擁羣囚譟而出，斬長史，衆不敢動，大師縋城走。卽拜殷州刺史。厚德省親，留育德以守，引兵拔賊河內堡三十一所。世充怒，悉銳士攻之，城陷，猶力戰，與三弟皆歿。

時死節者又有李公逸、張善相，凡三人。

公逸者，與族弟善行居雍丘，以材雄，爲衆所歸。始附王世充，策其必敗，乃獻款高祖，因其地置杞州，卽拜總管，封陽夏郡公。以善行爲刺史。世充遣其弟將徐、亳兵攻之，公逸請援，未報，因使善行守，身入朝言狀。至襄城，爲賊邏迻洛陽。世充曰：「君越鄭臣唐，何哉？」答曰：「我於天下唯聞有唐。」賊怒斬之。善行亦死。帝悼惜，封其子襄邑縣公。

善相，襄城人。大業末爲里長，督兵迹盜，爲衆附賴，乃據許州奉李密。密敗，挈州以來，詔卽授伊州總管。王世充攻之，屢困賊，遣使三輩請救，朝廷未暇也。會糧盡，衆餓死，善相謂僚屬曰：「吾爲唐臣，當効命。君等無庸死，斬吾首以下賊可也。」衆泣不肯，曰：「與公同死，愈於獨生。」城陷被執，罵賊見殺。高祖歎曰：「吾負善相，善相不負我！」乃封其子襄城郡公。

高叡，京兆萬年人，隋尚書左僕射熲孫也。舉明經，稍遷通義令，有治勞，人刻石載德。歷趙州刺史，平昌縣子。聖曆初，突厥默啜入寇，叡嬰城拒，虜攻益急。長史唐波若度且陷，卽與虜通。叡覺之，力不能制，卽自經。不得死，爲虜執，使降諭諸縣，不肯應，見殺。初，虜至，有爲叡計者：「突厥鋒銳，所向無完，公不能亢，且當下之。」答曰：「我，刺史，不戰而降，罪大矣。」武后歎惜，贈冬官尚書，謚曰節。詔誅波若，籍其家。下制暴叡忠節、波若臣賊，使天下知之。

子仲舒，通故訓學，擢明經，爲相王府文學，王所欽器。開元初，宋璟、蘇頲當秉，多咨訪焉。時舍人崔琳練達政宜，璟等禮異之。常語人曰：「古事問高仲舒，時事問崔琳，何復疑？」終太子右庶子。

安金藏，京兆長安人。在太常工籍。睿宗爲皇嗣，少府監裴匪躬、中官范雲仙坐私謁皇嗣，皆殊死，自是公卿不復見，唯工優給使得進。俄有誣皇嗣異謀者，武后詔來俊臣問狀，左右畏慘楚，欲引服。金藏大呼曰：「公不信我言，請剖心以明皇嗣不反也。」引佩刀自剚腹中，腸出被地，眩而仆。后聞大驚，輿致禁中，命高醫內腸，褫桑紕紩之，閱夕而蘇。后臨視，歎曰：「吾有子不能自明，不如爾之忠也。」卽詔停獄，睿宗乃安。當是時，朝廷士大夫翕然稱其誼，自以爲弗及也。

神龍初，母喪，葬南闕口，營石墳，晝夜不息。地本卬燥，泉忽湧流廬之側，李冬有華，犬鹿相擾。本道使盧懷愼上其事，詔表闕于閭。景雲時，遷右武衞中郎將。玄宗屬其事於史官，擢右驍衞將軍，爵代國公。詔鑱其名於泰、華二山碑以爲榮。卒，配饗睿宗廟廷。大曆中，贈兵部尚書，謚曰忠。以子承恩爲廬州長史。中和中，又擢其遠孫敬則爲太子右諭德。

王同皎，相州安陽人，陳駙馬都尉寬曾孫也。陳亡，徙河北。長安中，尚太子女安定郡主，拜典膳郎。太子，中宗也。桓彥範等誅二張，遣同皎與李湛、李多祚即東宮迎太子，請至玄武門指授諸將。太子拒不許，同皎進曰：「逆豎反道，顯肆不軌，諸將與南衙執事刻期誅之，須殿下到以係衆望。」太子曰：「上方不豫，得無不可乎？」同皎曰：「將相毀家族以安社稷，奈何欲內之鼎鑊乎？太子能自出諭之，衆乃止。」太子猶豫，同皎即扶上馬，從至玄武門，斬關入。兵趨長生殿太后所，環侍嚴定，因奏誅易之等狀。帝復位，擢右千牛將軍，封琅邪公，食實戶五百。主進封公主，拜同皎駙馬都尉，遷光祿卿。

神龍後，武三思烝濁王室，同皎惡之，與張仲之、祖延慶、周憬、李悛、冉祖雍謀，須武后靈駕發，伏弩射殺三思。會播州司兵參軍宋之遜以外妹妻延慶，延慶辭，之遜固請，乃成昏。延慶心厚之，不復疑。故之遜子曇得其實。之遜兄之問嘗舍仲之之家，亦得其謀。令曇密語三思。三思遺悛上急變，且言同皎欲擁兵闕下廢皇后。帝殊不曉，大怒，斬同皎於都亭驛，籍其家。同皎且死，神色自如。仲之、延慶皆死。憬遁入比干廟自剄，將死，謂人曰：「比干，古忠臣，神而聰明，其知我乎！后、三思亂朝，虐害忠良，滅亡不久，可干吾頭國門，見其敗也。」憬，壽春人。後太子重俊誅三思，天下共傷同皎之不及見也。睿宗立，詔復官爵，謚曰忠壯。誅祖雍、悛等。

先是，許州司戶參軍燕欽融再上書斥韋后擅政，且逆節已萌。后怒，勸中宗召至廷，撲殺之。宗楚客復私令衞士極力，故死。又博陵人郎岌亦表后及楚客亂，被誅。至是，俱贈諫議大夫，備禮改葬，賜欽融一子官。

同皎子繇尚永穆公主，生子潛，字弘志。生三日，賜緋衣、銀魚。幼莊重，不喜兒弄。以帝外孫，補千牛，復選尚公主，固辭。元和中擢累將作監。吏或籍名北軍，輒驕墯不事，潛悉奏罷之，故不戒而辨。監無公食，而息錢舊皆私有，至潛，取以具食，遂爲故事。

遷左散騎常侍，拜涇原節度使。憲宗與對，大悅，曰：「吾知而善職，我自用之。」潛至鎮，繕壁壘，積粟，構高屋偫兵，利而嚴。遂引師自原州踰硤石，取虜將一人，斥烽候，築歸化、潘原二壘。請復城原州，度支沮議，故原州復陷。穆宗卽位，封琅邪郡公，更節度荆南。疏吏惡，榜之里閭，殺尤縱者。分射三等，課士習之，不能者罷，故無冗軍。大和初，檢校尚書左僕射。卒于官，贈司空。

吳保安字永固，魏州人。氣挺特不俗。睿宗時，姚、嶲蠻叛，拜李蒙爲姚州都督，宰相郭元振以弟之子仲翔託蒙，蒙表爲判官。時保安罷義安尉，未得調，以仲翔里人也，不介而見曰：「願因子得事李將軍可乎？」仲翔雖無雅故，哀其窮，力薦之。蒙表掌書記。保安後往，蒙已深入，與蠻戰沒，仲翔被執。蠻之俘華人，必厚責財，乃肯贖。聞仲翔貴胄也，求千縑。會元振物故，保安留嶲州，營贖仲翔，苦無貲。乃力居貨十年，得縑七百。妻子客遂州，間關求保安所在，困姚州不能進。都督楊安居知狀，異其故，資以行，求保安得之。引與語曰：「子棄家急朋友之患至是乎！吾請貣官貲助子之乏。」保安大喜，卽委縑于蠻，得仲翔以歸。始，仲翔爲蠻所奴，三逃三獲，乃轉鬻遠酋，酋嚴遇之，晝役夜囚，沒凡十五年乃還。

安居亦丞相故吏，嘉保安之誼，厚禮仲翔，遺衣服儲用，檄領近縣尉。久乃調蔚州錄事參軍，以優遷代州戶曹。母喪，服除，喟曰：「吾賴吳公生吾死，今親歿，可行其志。」乃求保安。于時，保安以彭山丞客死，其妻亦沒，喪不克歸。仲翔爲服縗絰，囊其骨，徒跣負之，歸葬魏州，廬墓三年乃去。後爲嵐州長史，迎保安子，爲娶而讓以官。

李憕，并州文水人。言其先出興聖皇帝，譜系疏晦，不復傳。父希倩，神龍初右臺監察御史。憕少秀敏，舉明經高第，授咸安尉。張說罷宰相，爲相州刺史，坐有善相者，說徧問官屬後孰當貴，工指憕及臨河尉鄭巖。說以女妻巖，而歸其甥陰於憕。會母喪免。自武功尉以政尤異遷主簿。說在并州，引憕置幕府。及執政，爲長安尉。宇文融括天下田，高選官屬，多致賢以重其柄。表假憕監察御史，分道檢覈。以課眞拜御史。坐小累，下除晉陽令。三遷給事中。力于治，有任事稱，明簿最，下無敢紿。失李林甫意，出爲河南少尹。尹蕭炅內倚權，骩法殖私，憕裁抑其謬，吏下賴之。道士孫甑生以左道幸，託祠事往來嵩、少間，干請亂吏治，憕不爲應，故挾炅譖諸朝。天寶初，除清河太守。舉美政，遷廣陵長史，民爲立祠賽祝，歲時不絕。以捕賊負，徙彭城太守。封酒泉縣侯。連徙襄陽、河東，並兼採訪處置使。入爲京兆尹。楊國忠惡之，改光祿卿、東京留守。

安祿山反，玄宗遣封常清募兵東京，憕與留臺御史中丞盧奕、河南尹達奚珣繕城壘，綏勵士卒，將遏賊西鋒。帝聞，擢禮部尚書。祿山度河，號令嚴密，候詗不能知。已陷陳留、滎陽，殺張介然、崔無詖，不數日，薄城下。常清兵皆白徒，戰不勝，輒北。憕收殘士數百，哀斷弦折矢堅守，人不堪鬭。憕約弈：「吾曹荷國重寄，雖力不敵，當死官。」部校皆夜縋去，憕坐留守府，弈守臺。城陷，祿山鼓而入，殺數千人，矢著闕門，執憕、弈及官屬蔣清，害之。有詔贈司徒，謚曰忠懿。河、洛平，再贈太尉，拜一子五品官。

憕通左氏春秋，頗殖產伊川，占膏腴，自都至闕口，疇墅彌望，時謂「地癖」。嚴仕終少府監，產利埒憕云。

憕十餘子，江、涵、渢、瀛等同遇害，唯源、彭脫。

源八歲家覆，俘爲奴，轉側民間。及史朝義敗，故吏識源於洛陽者贖出之，歸其宗屬。代宗聞，授河南府參軍，遷司農主簿。以父死賊手，常悲憤，不仕不娶，絕酒葷。惠林佛祠者，憕舊墅也，源依祠居，闔戶日一食。祠殿，其先寢也，每過必趨，未始踐階。自營墓爲終制，時時偃臥埏中。

長慶初，年八十矣，御史中丞李德裕表薦源，曰：「賈誼稱：守圉扞敵之臣，死城郭封疆。天寶時，士罕伏節，逆羯始興，委符組、棄城郭者不爲恥，而憕約義同列，守位自如，抵刃就終，臣節之光由憕始。而源天與至孝，絕心祿仕五十餘年，常守沈默，理契深要，一辭開析，百慮洗然。抱此眞節，棄於淸世，臣竊爲陛下惜之。」穆宗下詔曰：「昔盜起幽陵，振蕩河、洛，贈太尉憕處難居首，正色就死，兩河聞風，再固危壁，殊節卓焉，到今稱之。源有曾參之行、巢父之操，泊然無營，迄此高年。夫褒忠，所以勸臣節也；旌孝，所以激人倫也；鎭澆浮，莫如尙義；厚風俗，莫如尊老。舉是四者，大儆于時。其以源守諫議大夫，賜緋魚袋。」河南尹遣官敦諭上道，帝自遣使者持詔書袍笏即賜，又賜絹二百匹。源頓首受詔，謂使者：「伏疾年耄，不堪趨拜。」即附表謝，辭吐哀懇，一無受。尋卒。敬宗時，擢憕孫爲河南兵曹參軍。

彭擢明經第。天寶中，選名臣子可用者，自咸寧丞遷右補闕。從天子入蜀。後憕數年卒。有孫景讓、景莊、景溫，別傳。

武德功臣十六人，貞觀功臣五十三人，至德功臣二百六十五人。德宗即位，錄武德以來宰相及實封功臣子孫，賜一子正員官。史館考勳名特高者九十二人，以三等條奏。第一等，以其歲授官。第二等，以次年。第三等，子孫數訟於朝，有詔差爲二等，增至百八十七人。每等，武德以來宰相爲首，功臣次之，至德以來將相又次之。大中初，又詔求李峴、王珪、戴胄、馬周、褚遂良、韓瑗、郝處俊、婁師德、王及善、朱敬則、魏知古、陸象先、張九齡、裴寂、劉文靜、張柬之、袁恕己、崔玄暐、桓彥範、劉幽求、郭元振、房琯、袁履謙、李嗣業、張巡、許遠、盧弈、南霽雲、蕭華、張鎬、李勉、張鎰、蕭復、柳渾、賈耽、馬燧、李憕三十七人畫像，續圖凌煙閣云。

司空、太子太傅、知門下省事、梁國公房玄齡

尚書右僕射、檢校侍中、萊國公杜如晦

太子太保、同中書門下三品、宋國公蕭瑀

開府儀同三司、同中書門下三品、知政事、上柱國、申國公高士廉

太子太師、知政事、特進、鄭國公魏徵

侍中、永寧郡公王珪

吏部尚書、參豫朝政、道國公戴胄

中書令、江陵縣子岑文本

中書令、兼太子左庶子、檢校吏部尚書、高唐縣公馬周

侍中、兼太子左庶子、檢校吏部禮部民部尚書事、淸苑縣男劉洎

尚書右僕射、同中書門下三品、河南郡公褚遂良

太子太師、同中書門下三品、燕國公于志寧

尙書右僕射、同中書門下三品、兼太子少傅、北平縣公張行成

中書令、行侍中、兼太子少保、蓨縣公高季輔

侍中、兼太子賓客、襲潁川縣公韓瑗

中書令、兼太子詹事、南陽縣侯來濟

侍中、兼太子賓客張文瓘

侍中、甑山縣公郝處俊

中書侍郎、同中書門下三品、兼太子右庶子、酒泉縣公李義琰

內史、河東縣侯裴炎

文昌左相、同鳳閣鸞臺三品、溫國公蘇良嗣

內史、梁國公狄仁傑

納言、檢校幷州大都督府長史、天兵軍大總管、隴右諸軍大使、譙縣子婁師德

鳳閣侍郎、同鳳閣鸞臺平章事、石泉縣公王方慶

文昌左相、同鳳閣鸞臺三品、襲邢國公王及善

尙書右僕射、兼中書令、知兵部尙書事、齊國公魏元忠

紫微令、梁國公姚崇
正諫大夫、同鳳閣鸞臺平章事朱敬則
尙書左僕射、同中書門下平章事、許國公蘇瓌
吏部尙書、兼侍中、廣平郡公宋璟
黃門監、梁國公魏知古
中書侍郎、同中書門下平章事、兗國公陸象先
紫微侍郎、同紫微黃門平章事、許國公蘇頲
中書令、河東縣侯張嘉貞
中書侍郎、同中書門下平章事、清水縣公李元紘
黃門侍郎、同中書門下平章事、宜陽縣子韓休
中書令、始興縣伯張九齡
司空、河東郡公裴寂
納言、上柱國、魯國公劉文靜
太尉、檢校中書令、同中書門下三品、揚州大都督、趙國公長孫无忌
禮部尙書、河間郡王孝恭

尚書右僕射、檢校中書令、行太子左衞率、上柱國、衞國公李靖
司空、兼太子太師、英國公李勣
開府儀同三司、鄜州都督、鄂國公尉遲敬德
左光祿大夫、洛州都督、蔣國公屈突通
陝東道大行臺、吏部尚書、鄖國公殷開山
衞尉卿、夔國公劉弘基
澤州刺史、邳國公長孫順德
民部尚書、上柱國、莒國公唐儉
右驍衞大將軍、駙馬都尉、譙國公柴紹
右驍衞大將軍、褒國公段志玄
洪州都督、渝國公劉政會
左武候將軍、相州都督、郯國公張公謹
右武衞大將軍、盧國公程知節
左武衞大將軍、上柱國、胡國公秦叔寶
弘文館學士、祕書監、永興縣公虞世南

右衞大將軍、兼太子右衞率、工部尚書、武陽縣公李大亮
左武衞大將軍、邢國公蘇定方
夏官尚書、同中書門下三品、清邊道行軍總管、耿國公王孝傑
中書令、漢陽郡公張柬之
中書令、博陵郡公崔玄暐
侍中、平陽郡公敬暉
侍中、譙國公桓彥範
中書令、南陽郡公袁恕己
右武衞大將軍、同中書門下三品、韓國公張仁愿
尚書左丞相、兼黄門監、徐國公劉幽求
黄門侍郎、參知機務、脩文館學士、齊國公崔日用
兵部尚書、同中書門下三品、代國公郭元振
尚書左承相、兼中書令、集賢院學士、燕國公張說
紫微侍郎、上柱國、趙國公王琚
兵部尚書、同中書門下三品、持節朔方軍節度大使、中山郡公王晙

尙書左僕射、同中書門下平章事、兼河南江淮副元帥、東都留守、冀國公裴冕

文部尙書、同中書門下平章事、淸河縣公房琯

門下侍郎、同中書門下平章事、衞國公杜鴻漸

鎭西北庭行營節度使、開府儀同三司、衞尉卿、兼懷州刺史、虢國公李嗣業

平盧軍節度使、柳城郡太守劉正臣

恆州刺史、衞尉少卿、兼御史中丞顏杲卿

常山郡太守袁履謙

河南節度副使、左金吾衞將軍、檢校主客郎中、兼御史中丞張巡

睢陽郡太守、兼御史中丞許遠

御史中丞、留臺東都、知武部選盧弈

睢陽郡太守、特進左金吾衞將軍南霽雲

右第一

內史令、延安郡公竇威

將作大匠、判納言、陳國公竇抗

侍中、兼太子左庶子、江國公陳叔達

納言、觀國公楊恭仁
判吏部尙書、參議朝政、安吉郡公杜淹
中書令、虞國公温彥博
中書侍郎、檢校刑部尙書、參知機務崔仁師
中書令、兼檢校太子詹事、上柱國、安國公崔敦禮
戶部尙書、平恩縣公許圉師
兵部尙書、同中書門下三品、浿江道行軍總管任雅相
度支尙書、同中書門下三品、范陽郡公盧承慶
西臺侍郞、同東西臺三品、兼弘文館學士、楚國公上官儀
右相、廣平郡公劉祥道
左侍極、兼檢校左相、嘉興縣子陸敦信
文昌左相、同鳳閣鸞臺三品、樂城縣公劉仁軌
荆州大都督府長史、安平郡公李安期
尙書右僕射、同中書門下三品、兼太子賓客、襲道國公戴至德
司列少常伯、太子右中護、兼正諫大夫、同東西臺三品趙仁本

中書令、趙國公李敬玄

中書令、兼太子左庶子薛元超

中書令、同中書門下三品崔知溫

侍中、同中書門下三品、襲廣平郡公劉齊賢

納言、樂平縣男王德眞

地官尙書、檢校納言、鉅鹿縣男魏玄同

文昌左相、同鳳閣鸞臺三品、特進、輔國大將軍、鄧國公岑長倩

鳳閣侍郎、同鳳閣鸞臺三品、臨淮縣男劉禕之

納言、博昌縣男韋思謙

地官尙書、同鳳閣鸞臺平章事格輔元

司禮卿、判納言事、渤海縣子歐陽通

內史李昭德

鸞臺侍郎、同鳳閣鸞臺平章事陸元方

鳳閣侍郎、同鳳閣鸞臺三品杜景佺

尙書右僕射、兼太子賓客、同中書門下三品、鄖國公韋安石

左散騎常侍、同中書門下三品、知東都留守、趙郡公李懷遠
中書令、逍遙公韋嗣立
守侍中、同中書門下三品、兼太子右庶子、常山縣男李日知
檢校黃門監、漁陽縣伯盧懷愼
中書令、左丞相、兼侍中、安陽郡公源乾曜
黃門侍郎、同紫微黃門平章事、魏縣侯杜暹
侍中、趙城侯裴耀卿
左武衞大將軍、開府儀同三司、淮安王神通
特進、太常卿、江夏王道宗
荆州都督、周國公武士彠
右屯衞大將軍、檢校晉州都督總管、譙國公竇琮
少府監、葛國公劉義節
右光祿大夫、羅國公張平高
洛州都督、右衞大將軍、酇國公竇軌
夔州都督、息國公張長愻

金紫光祿大夫、夷國公李子和
左監門衞大將軍、檢校右武候將軍、滎國公樊興
左監門衞大將軍、巢國公錢九隴
右驍衞大將軍、歸國公安興貴
右武衞大將軍、申國公安脩仁
殿中監、郢國公宇文士及
右武衞大將軍、沔陽郡公公孫武達
荆州都督、懷寧郡公杜君綽
右驍衞將軍、濮國公龐卿惲
代州都督、同安郡公鄭仁泰
右翊衞將軍、遂安郡公李安遠
幽州都督、歷陽郡公獨孤彥雲
始州刺史、左屯衞大將軍、襄武郡公劉師立
右威衞大將軍、濟東郡公李孟嘗
右監門衞大將軍、河南縣公元仲文

右監門衞將軍、廬陵郡公秦師行
左領軍大將軍、新興公馬三寶
右衞大將軍、駙馬都尉、畢國公阿史那社尒
鎭軍大將軍、虢國公張士貴
左衞大將軍、琅邪郡公牛進達
鎭軍大將軍、嘉川郡公周護
陝州刺史、天水郡公丘行恭
潭州都督、吳興郡公沈叔安
散騎常侍、豐城縣男姚思廉
太子少師、同中書門下三品、特進、朔方道行軍大總管、宋國公唐休璟
左羽林軍大將軍、遼陽郡王李多祚
左領軍大將軍、趙國公李湛
刑部尙書、太子賓客、魏國公楊元琰
殿中監、兼知總監、汝南郡公翟無言
冠軍大將軍、左羽林軍大將軍、光祿卿、天水縣公趙承恩

將作大匠裴思諒
右羽林軍將軍、弘農郡公楊執一
左衞將軍、河東郡公薛思行
光祿卿、駙馬都尉、琅邪郡公王同皎
中書令、越國公鍾紹京
太僕卿、立節郡王薛崇簡
右金吾衞大將軍、涼國公李延昌
太子中允同正、冀國公馮道力
少府監、趙國公崔諤之
左監門衞中候、光祿卿、申國公許輔乾
左金吾大將軍、鄧國公張暐
朔方道行軍大總管、左羽林軍大將軍、平陽郡公薛訥
河南副元帥、太尉兼侍中、臨淮郡王李光弼
河東節度副大使、守司空、兼兵部尙書、霍國公王思禮
左相、豳國公韋見素

太保、韓國公苗晉卿
中書令、趙國公崔圓
太原節度使、檢校尙書左僕射、同中書門下平章事、金城郡王辛雲京
河西隴右副元帥、兵部尙書、同中書門下平章事、涼國公李抱玉
太子太師、檢校尙書右僕射、知省事、信都郡王田神功
四鎭北庭涇原節度使、檢校尙書左僕射、知省事、扶風郡王馬璘
左羽林軍大將軍、檢校戶部尙書、兼御史大夫薛景仙
右散騎常侍、檢校禮部尙書、兼御史大夫尙衡
太原尹、兼御史大夫、北都留守、河東節度副大使、南陽郡公鄧景山
河東節度副使、兼雁門郡太守、光祿卿賈循
禮部尙書、東京留守、酒泉縣侯李憕
東平郡太守姚訚
右第二

盧弈，黄門監懷愼少子也。疏眉目，豐下，謹重寡欲，斤斤自脩。與兄奐名相上下，而剛毅過之。天寶初爲鄠令，所治輒最，積功擢給事中，拜御史中丞。自懷愼、奐及弈，三居其官，淸節似之，時傳其美。俄留臺東都，兼知武部選。

安祿山陷東都，吏亡散。弈前遣妻子懷印間道走京師，自朝服坐臺。被執，將殺之，卽數祿山罪，徐顧賊徒曰：「爲人臣者當識逆順，我不蹈失節，死何恨？」觀者恐懼。弈臨刑，西向再拜而辭，罵賊不空口，逆黨爲變色。肅宗詔贈禮部尙書，下有司謚。時以爲洛陽亡，操兵者任其咎，執法吏去之可也，委身寇讎，以死誰懟？博士獨孤及曰：「荀息殺身於晉，不食其言也；玄冥勤其官水死，守位忘躬也；伯姬待姆而火死，先禮後身也。彼死之日，皆於事無補。然則祿山亂大於里、丕，弈廉察之任，切於玄冥之官。分命所繫，不啻保姆；逆黨兵威，烈於水火。于斯時也，能與執干戈者同其戮力，挽之不來，推之不去，全操白刃之下，孰與夫懷安偷生者同其風？請謚曰貞烈。」詔可。

子杞，別有傳。杞子元輔。

元輔字子望，少以淸行聞。擢進士，補崇文校書郞。杞死，德宗念之不忘，拜元輔左拾遺。歷杭、常、絳三州刺史，課當最，召授吏部郞中，進累兵部侍郞，爲華州刺史，卒。

元輔端靜介正，能紹其祖，故歷顯劇，而人不以杞之惡爲累云。

張介然者，猗氏人，本名六朗。性愼愿，長計畫。始爲河、隴支郡太守。王忠嗣、皇甫惟明、哥舒翰踵領節度，並署營田、支度等使。入奏稱旨，賜與良渥。介然啓曰：「臣位三品，當給棨戟。若列於京師，雖富貴，不爲鄉人知，願得列戟故里。」玄宗許之，別賜戟京師第門，仍賜絹五百匹，宴閭里長老。本鄉得列戟，自介然始。翰薦爲少府監，歷衞尉卿。

祿山反，授河南節度採訪使，守陳留。陳留據水陸劇，居民孳夥，而太平久，不知戰。介然到屯不三日，賊已度河。車騎蹂騰，煙塵漫數十里，日爲奪色。士聞鉦鼓聲，皆褫氣不能授甲。凡旬六日，城陷。初，有詔購賊首而暴誅慶宗狀。祿山入陳留，見詔書，拊膺大哭曰：「我何罪！吾子亦何罪，乃殺之！」卽大恚憤，殺陳留降者萬人以逞，血流成川；斬介然於軍門。以僞將李廷望爲節度使，守陳留。

祿山已拔陳留，則鼓而前，無敢亢。中宿攻滎陽，太守崔無詖率衆乘城，聞師譟，自隊如雨，無詖與官屬皆死賊手。以僞將武令珣戍焉。

無詖者，本韋后外家，博陵舊望也。始，無詖娶蕭至忠女，至忠敗，被貶。久乃爲益州司馬。素善楊國忠，既用事，引爲少府監，守滎陽。有詔贈禮部尙書，謚曰毅勇。

校勘記

〔一〕王表爲屈晊眞府左軍騎云 「眞」，舊書卷一八七上謝叔方傳及通鑑卷一九一均作「直」。通鑑胡注：「屈晊直，卽驅晊直也，屬帳內府。」又「軍」，舊書同，通鑑作「車」。

唐書卷一百九十二

列傳第一百一十七

忠義中

顏杲卿 春卿 賈循 隱林 張巡 許遠 南霽雲 雷萬春 姚誾

顏杲卿字昕，與眞卿同五世祖，以文儒世家。父元孫，有名垂拱間，爲濠州刺史。杲卿以蔭調遂州司法參軍。性剛正，蒞事明濟。嘗爲刺史詰讓，正色別白，不爲屈。開元中，與兄春卿、弟曜卿並以書判超等，吏部侍郎席豫咨嗟推伏。再以最遷范陽戶曹參軍。安祿山聞其名，表爲營田判官，假常山太守。

祿山反，杲卿及長史袁履謙謁于道，賜杲卿紫袍，履謙緋袍，令與假子李欽湊以兵七千屯土門。杲卿指所賜衣謂履謙曰：「與公何爲著此？」履謙悟，乃與眞定令賈深、內丘令張通幽定謀圖賊。杲卿稱疾不視事，使子泉明往返計議，陰結太原尹王承業爲應，使平盧節度副使賈循取幽州。謀泄，祿山殺循，以向潤客、牛廷玠守。杲卿陽不事事，委政履謙，潛召處士權渙、郭仲邕定策。時眞卿在平原，素聞賊逆謀，陰養死士爲拒守計。李憕等死，賊使段子光傳首徇諸郡，眞卿斬子光，遣甥盧逖至常山約起兵，斷賊北道。杲卿大喜，以爲兵掎角可挫賊西鋒。乃矯賊命召欽湊計事，欽湊夜還，杲卿辭城門不可夜開，舍之外郵；使履謙及參軍馮虔、郡豪翟萬德等數人飲勞，既醉，斬之，并殺其將潘惟愼，賊黨殲，投尸滹沱水。履謙以首示杲卿，則喜且泣。

先是，祿山遣將高邈召兵范陽未還，杲卿使稾城尉崔安石圖之。邈至滿城，虔、萬德皆會傳舍，安石紿以置酒，邈捨馬，虔叱吏縛之。而賊將何千年自趙來，虔亦執之。日未中，送二賊。杲卿乃遣萬德、深、通幽傳欽湊首，械兩賊送京師，與泉明偕。至太原，王承業欲自以爲功，厚遣泉明還，陰令壯士翟喬賊於路。喬不平，告之故，乃免。玄宗擢承業大將軍，送吏皆被賞。已而事顯，乃拜杲卿衞尉卿兼御史中丞，履謙常山太守，深司馬。卽傳檄河北，言王師二十萬入土門，遣郭仲邕領百騎爲先鋒，馳而南，曳柴揚塵，望者謂大軍至。日中，傳數百里。賊張獻誠方圍饒陽，棄甲走。於是趙、鉅鹿、廣平、河間並斬僞刺史，傳首常山。而樂安、博陵、上谷、文安、信都、魏、鄴諸郡皆自固。杲卿兄弟兵大振。

祿山至陝，聞兵興，大懼。使史思明等率平盧兵度河攻常山，蔡希德自懷會師。不涉旬，賊急攻城。兵少，未及爲守計，求救于河東，承業前已攘殺賊功，兵不出。杲卿晝夜戰，井竭，糧、矢盡，六日而陷，與履謙同執。賊脅使降，不應。取少子季明加刃頸上曰：「降我，當活而子。」杲卿不答。遂幷盧逖殺之。杲卿至洛陽，祿山怒曰：「吾擢爾太守，何所負而反？」杲卿瞋目罵曰：「汝營州牧羊羯奴耳，竊荷恩寵，天子負汝何事，而乃反乎？我世唐臣，守忠義，恨不斬汝以謝上，乃從爾反耶？」祿山不勝忿，縛之天津橋柱，節解以肉噉之，詈不絕，賊鉤斷其舌，曰：「復能罵否？」杲卿含胡而絕，年六十五。履謙既斷手足，何千年弟適在傍，咀血噴其面，賊臠之，見者垂泣。杲卿宗子近屬皆被害。杲卿已虜，諸郡復爲賊守。

張通幽以兄相賊，譖杲卿於楊國忠，故不加贈。肅宗在鳳翔，眞卿表其枉，會通幽爲普安太守，上皇杖殺之。李光弼、郭子儀收常山，出杲卿、履謙二家親屬數百人於獄，厚給遺，令行喪。乾元初，贈杲卿太子太保，謚曰忠節，封其妻崔清河郡夫人。初，博士裴郁以杲卿不執政，但謚曰忠，議者不平，故以二惠謚焉。逖、季明及宗子等皆贈五品官。建中中，又贈杲卿司徒。初，杲卿被殺，徇首于衢，莫敢收。有張湊者，得其髮，持謁上皇。是昔見夢，帝寤，爲祭。後湊歸髮于其妻，妻疑之，髮若動云。後泉明購尸將葬，得刑者言，死時一足先斷，與履謙同坎瘞。指其域得之，乃葬長安鳳栖原。季明、巡同塋。

泉明有孝節，喜振人之急。既爲承業所遣，未至而常山陷，故客壽陽。史思明圍李光弼，獲泉明，裹以革，送幽州，間關得免。思明歸國，而眞卿方爲蒲州刺史，令泉明到河北求宗屬。始，一女及姑女並流離賊中，及是幷得之，悉錢三萬贖姑女還，取貲復往，則己女復失之。履謙及父故將妻子奴隸尙三百餘人，轉徙不自存，泉明悉力贍給，分多勻薄，相扶挾度河託眞卿。眞卿隨所歸資送之。泉明之殯父，與履謙分柩，護還長安。履謙妻疑斂具儉狹，發視之，與杲卿等，乃號踊，待泉明如父。肅宗拜泉明郫令，政化清明，誅宿盜，人情翕然。成都尹舉其課第一，遷彭州司馬。家貧，居官廉，而孤藐相從百口，飦鬻不給，無愠歎。居母喪，毀骨立。其行義，當世以爲難。

春卿倜儻美姿儀，通當世務。十六舉明經、拔萃高第，調犀浦主簿。嘗送徒於州，亡其籍，至廷，口記物色，凡千人，無所差。長史陸象先異之，轉蜀尉。蘇頲代爲長史，被譖繫獄，爲椶櫚賦自託，頲遽出之。魏徵遠孫瞻罪抵死，春卿爲請玉眞公主，得不死，時人高其節。終偃師丞。臨終，捉眞卿臂曰：「爾當大吾族，顧我不得見，以諸子諉汝。」後眞卿主其昏嫁。

沈盈者，亦杲卿甥，有行義，明黃老學。解褐博野尉，與杲卿同死難，贈大理正，官其二子遙、達。

賈循者，京兆華原人，其先家常山。父會，有高節，嘗稱疾不答辟署，里中號「一龍」。親亡，負土成墓，廬其左，手蒔松柏，時號「關中曾子」。卒，縣人私謚曰廣孝徵君。

循有大略，禮部尚書蘇頲嘗謂今頗、牧，及爲益州，表署列將。敗吐蕃於西山，三遷靜塞軍營田使。張守珪北伐，次灤河，屬凍泮，欲濟無梁。循揣廣狹爲橋以濟，破虜而還，以功擢游擊將軍、楡關守捉使。地南負海，北屬長城，林埌岑翳，寇所蔽伏。循調士斬木開道，賊遁去。范陽節度使李適之薦爲安東副大都護。安祿山兼平盧節度，表爲副，遷博陵太守。祿山欲擊奚、契丹，復奏循光祿卿自副，使知留後。九姓叛，祿山兼節度河東，而循亦兼鴈門副之。母亡將葬，宅有枯桑，一夕再生，芝出北墉，人以爲瑞。玄宗以循有功，詔贈其父常山太守。

祿山反，使循守幽州，故杲卿招之，以傾賊巢穴，循許可。爲向潤客等發其謀，賊縊之。建中二年，贈太尉，謚曰忠。

從子隱林，爲永平兵馬使。當入衞，屬朱泚難，率衆扈行在。德宗見隱林，偉其貌，問家世，答曰：「故范陽節度副使循，臣從父也。」帝異之，引至臥內，以手板畫地陳攻守計，即奏曰：「臣嘗夢日墜，以首承之。」帝曰：「非朕邪？」因令糾察行在，遷檢校右散騎常侍，封武威郡王。

賊圍急，隱林與侯仲莊冒矢石死戰。已而解，從臣稱慶，隱林流涕前曰：「泚已奔，羣臣大慶宗社無疆之休，然陛下資性急，不能容掩。若不悛，雖今賊亡，憂未艾也。」帝不以爲忤，拜神策統軍。卒，帝思其質直，贈尚書左僕射，以實戶三百封其家。

張巡字巡，鄧州南陽人。博通羣書，曉戰陣法。氣志高邁，略細節，所交必大人長者，不與庸俗合，時人叵知也。開元末，擢進士第。時兄曉已位監察御史，皆以名稱重一時。巡繇太子通事舍人出爲清河令，治績最，而負節義，或以困阨歸者，傾貲振護無吝。秩滿還都。於是楊國忠方專國，權勢可炙。或勸一見，且顯用，答曰：「是方爲國怪祥，朝宦不可爲也。」更調眞源令。土多豪猾，大吏華南金樹威恣肆，邑中語曰：「南金口，明府手。」巡下車，以法誅之，赦餘黨，莫不改行遷善。政簡約，民甚宜之。

安祿山反，天寶十五載正月，賊酋張通晤陷宋、曹等州，譙郡太守楊萬石降賊，逼巡爲長史，使西迎賊軍。巡率吏哭玄元皇帝祠，遂起兵討賊，從者千餘。初，靈昌太守嗣吳王祗受詔合河南兵拒祿山，有單父尉賈賁者，閬州刺史璿之子，率吏稱吳王兵，擊宋州。通晤走襄邑，爲頓丘令盧戡所殺。賁引軍進至雍丘，巡與之合，有衆二千。是時雍丘令令狐潮舉縣附賊，遂自將東敗淮陽兵，虜其衆，反接在廷，將殺之，暫出行部。淮陽囚更解縛，起殺守者，迎賁等入。潮不得歸，巡乃屠其妻子，磔城上。祗聞，承制拜賁監察御史。潮怨賁，還攻雍丘，賁趨門，爲衆躪死。巡馳騎決戰，身被創不顧，士乃奉巡主軍。間道表諸朝，騰牋祗府，祗乃舉兗以東委巡經略。

潮以賊衆四萬薄城，人大恐。巡諭諸將曰：「賊知城中虛實，有輕我心。今出不意，可驚而潰也，乘之，勢必折。」諸將曰：「善。」巡乃分千人乘城，以數隊出，身前驅，直薄潮軍，軍卻。明日賊攻城，設百樓，巡柵城上，束芻灌膏以焚焉，賊不敢向，巡伺隙擊之。積六旬，大小數百戰，士帶甲食，裹瘡鬭，潮遂敗走，追之，幾獲。潮怒，復率衆來。然素善巡，至城下，情語巡曰：「本朝危蹙，兵不能出關，天下事去矣。足下以羸兵守危堞，忠無所立，盍相從以苟富貴乎？」巡曰：「古者父死於君，義不報。子乃銜妻孥怨，假力于賊以相圖，吾見君頭干通衢，爲百世笑，奈何？」潮赧然去。

當此時，王命不復通，大將六人白巡以勢不敵，且上存亡莫知，不如降。六人者，皆官開府、特進。巡陽許諾，明日堂上設天子畫像，率軍士朝，人人盡泣。巡引六將至，責以大誼，斬之。士心益勸。

會糧乏，潮餉賊鹽米數百艘且至，巡夜壓城南，潮悉軍來拒，巡遣勇士銜枚濱河，取鹽米千斛，焚其餘而還。城中矢盡，巡縛藁爲人千餘，被黑衣，夜縋城下，潮兵爭射之，久，乃藁人；還，得箭數十萬。其後復夜縋人，賊笑，不設備，乃以死士五百斫潮營，軍大亂，焚壘幕，追奔十餘里。賊慚，益兵圍之。薪水竭，巡紿潮，欲引衆走，請退軍二舍，使我逸。潮不知其謀，許之。遂空城四出三十里，撤屋發木而還爲備。潮怒，圍復合。巡徐謂潮曰：「君須此城，歸馬三十匹，我得馬且出奔，請君取城以藉口。」潮歸馬，巡悉以給驍將，約曰：「賊至，人取一將。」明日，潮責巡，答曰：「吾欲去，將士不從，奈何？」潮怒欲戰，陣未成，三十騎突出，禽將十四，斬百餘級，收器械牛馬。潮遁還陳留，不復出。七月，潮率賊將瞿伯玉攻城，遣僞使者四人傳賊命招巡，巡斬以徇，餘縶送祗所。圍凡四月，賊常數萬，而巡衆纔千餘，每戰輒克。於是河南節度使嗣虢王巨屯彭城，假巡先鋒。

俄而魯、東平陷賊，濟陰太守高承義舉郡叛，巨引兵東走臨淮。賊將楊朝宗謀趨寧陵，絕巡餉路。巡外失巨依，拔衆保寧陵，馬裁三百，兵三千。至睢陽，與太守許遠、城父令姚誾等合。乃遣將雷萬春、南霽雲等領兵戰寧陵北，斬賊將二十，殺萬餘人，投尸于汴，水爲不流。朝宗夜去。有詔拜巡主客郎中，副河南節度使。巡籍將士有功者請于巨，巨纔授折衝、果毅。巡諫曰：「宗社尚危，園陵孤外，渠可吝賞與貲？」巨不聽。

至德二載，祿山死，慶緒遣其下尹子琦將同羅、突厥、奚勁兵與朝宗合，凡十餘萬，攻睢陽。巡勵士固守，日中二十戰，氣不衰。遠自以材不及巡，請稟軍事而居其下，巡受不辭，遠專治軍糧戰具。前此，遠將李滔救東平，遂叛入賊，大將田秀榮潛與通。或以告遠曰：「晨出戰，以碧帽爲識。」視之如言，盡覆其衆。還輒曰：「我誘之也。」請以精騎往，易錦帽。遠以告巡，巡召登城，讓之，斬首示賊。因出薄戰，子琦敗，獲車馬牛羊，悉分士，秋豪無入其家。有詔拜巡御史中丞，遠侍御史，誾吏部郎中。

巡欲乘勝擊陳留，子琦聞，復圍城。巡語其下曰：「吾蒙上恩，賊若復來，正有死耳。諸君雖捐軀，而賞不直勳，以此痛恨！」聞者感慨。乃椎牛大饗，悉軍戰。賊望兵少，大笑。巡、遠親鼓之，賊潰，追北數十里。其五月，賊刈麥，乃濟師。巡夜鳴鼓嚴隊，若將出。賊申警。俄息鼓，賊覘城上兵休，乃弛備。巡使南霽雲等開門徑抵子琦所，斬將拔旗。有大酋被甲，引拓羯千騎麾幟乘城招巡。巡陰縋勇士數十人隍中，持鉤、陌刀、彊弩，約曰：「聞鼓聲而奮。」酋恃衆不爲備，城上譟，伏發禽之，弩注矢外向，救兵不能前。俄而縋士復登陴，賊皆愕眙，乃按甲不出。巡欲射子琦，莫能辨，因剡蒿爲矢，中者喜，謂巡矢盡，走白子琦，乃得其狀。使霽雲射，一發中左目，賊還。七月，復圍城。

初，睢陽穀六萬斛，可支一歲，而巨發其半餉濮陽、濟陰，遠固爭，不聽。濟陰得糧即叛。至是食盡，士日賦米一勺，齕木皮、煑紙而食，才千餘人，皆癯劣不能彀，救兵不至。賊知之，以雲衝傅堞，巡出鉤干拄之，使不得進，篝火焚梯。賊以鉤車、木馬進，巡輒破碎之。賊服其機，不復攻，穿壕立栅以守。巡士多餓死，存者皆痍傷氣乏。巡出愛妾曰：「諸君經年乏食，而忠義不少衰，吾恨不割肌以啖衆，寧惜一妾而坐視士飢？」乃殺以大饗，坐者皆泣。巡彊令食之，遠亦殺奴僮以哺卒，至羅雀掘鼠，煑鎧弩以食。

賊將李懷忠過城下，巡問：「君事胡幾何？」曰：「二期。」巡曰：「君祖、父官乎？」曰：「然。」「君世受官，食天子粟，奈何從賊，關弓與我确？」懷忠曰：「不然，我昔爲將，數死戰，竟歿賊，此殆天也。」巡曰：「自古悖逆終夷滅，一日事平，君父母妻子並誅，何忍爲此？」懷忠掩涕去，俄率其黨數十人降。巡前後說降賊將甚多，皆得其死力。

御史大夫賀蘭進明代巨節度，屯臨淮，許叔冀、尙衡次彭城，皆觀望莫肯救。巡使霽雲如叔冀請師，不應，遺布數千端。霽雲嫚罵馬上，請決死鬭，叔冀不敢應。巡復遣如臨淮告急，引精騎三十冒圍出，賊萬衆遮之，霽雲左右射，皆披靡。既見進明，進明曰：「睢陽存亡已決，兵出何益？」霽雲曰：「城或未下。如已亡，請以死謝大夫。」叔冀者，進明麾下也，房琯本以牽制進明，亦兼御史大夫，勢相埒而兵精。進明懼師出且見襲，又忌巡聲威，恐成功，初無出師意。又愛霽雲壯士，欲留之。爲大饗，樂作，霽雲泣曰：「昨出睢陽時，將士不粒食已彌月。今大夫兵不出，而廣設聲樂，義不忍獨享，雖食，弗下咽。今主將之命不達，霽雲請置一指以示信，歸報中丞也。」因拔佩刀斷指，一座大驚，爲出涕。卒不食去。抽矢回射佛寺浮圖，矢著甎，曰：「吾破賊還，必滅賀蘭，此矢所以志也！」至眞源，李賁遺馬百匹；次寧陵，得城使廉坦兵三千，夜冒圍入。賊覺，拒之，且戰且引，兵多死，所至才千人。方大霧，巡聞戰聲，曰：「此霽雲等聲也。」乃啓門，驅賊牛數百入，將士相持泣。

賊知外援絕，圍益急。衆議東奔，巡、遠議以睢陽江、淮保障也，若棄之，賊乘勝鼓而南，江、淮必亡。且帥飢衆行，必不達。十月癸丑，賊攻城，士病不能戰。巡西向拜曰：「孤城備竭，弗能全。臣生不報陛下，死爲鬼以癘賊。」城遂陷，與遠俱執。巡衆見之，起且哭，巡曰：「安之，勿怖，死乃命也。」衆不能仰視。子琦謂巡曰：「聞公督戰，大呼輒眥裂血面，嚼齒皆碎，何至是？」答曰：「吾欲氣吞逆賊，顧力屈耳。」子琦怒，以刀抉其口，齒存者三四。巡罵曰：「我爲君父死，爾附賊，乃犬彘也，安得久！」子琦服其節，將釋之。或曰：「彼守義者，烏肯爲我用？且得衆心，不可留。」乃以刃脅降，巡不屈。又降霽雲，未應。巡呼曰：「南八！男兒死爾，不可爲不義屈！」霽雲笑曰：「欲將有爲也，公知我者，敢不死！」亦不肯降。乃與姚誾、雷萬春等三十六人遇害。巡年四十九。初，子琦議生致一人慶緒所，或曰：「用兵拒守者，巡也。」乃送遠洛陽，至偃師，亦以不屈死。巨之走臨淮，巡有姊嫁陸氏，遮王勸勿行，不納，賜百縑，弗受，爲巡補縫行間，軍中號「陸家姑」，先巡被害。

巡長七尺，須髯每怒盡張。讀書不過三復，終身不忘。爲文章不立稾。守睢陽，士卒居人，一見問姓名，其後無不識。更潮及子琦，大小四百戰，斬將三百、卒十餘萬。其用兵未嘗依古法，勒大將教戰，各出其意。或問之，答曰：「古者人情敦樸，故軍有左右前後，大將居中，三軍望之以齊進退。今胡人務馳突，雲合鳥散，變態百出，故吾止使兵識將意，將識士情，上下相習，人自爲戰爾。」其械甲取之於敵，未嘗自脩。每戰，不親臨行陣，有退者，巡已立其所，謂曰：「我不去此，爲我決戰。」士感其誠，皆一當百。待人無所疑，賞罰信，與衆共甘苦寒暑，雖廝養，必整衣見之，下爭致死力，故能以少擊衆，未嘗敗。被圍久，初殺馬食，既盡，而及婦人老弱，凡食三萬口。人知將死，而莫有畔者。城破，遺民止四百而已。

始，肅宗詔中書侍郎張鎬代進明節度河南，率浙東李希言、浙西司空襲禮、淮南高適、青州鄧景山四節度掎角救睢陽，巡亡三日而鎬至，十日而廣平王收東京。鎬命中書舍人蕭昕誄其行。時議者或謂：巡始守睢陽，衆六萬，旣糧盡，不持滿按隊出再生之路，與夫食人，寧若全人？於是張澹、李紓、董南史、張建封、樊晃、朱巨川、李翰咸謂巡蔽遮江、淮，沮賊勢，天下不亡，其功也。翰等皆有名士，由是天下無異言。天子下詔，贈巡揚州大都督，遠荆州大都督，霽雲開府儀同三司、再贈揚州大都督，並寵其子孫。睢陽、雍丘賜徭稅三年。巡子亞夫拜金吾大將軍，遠子玫婺州司馬。皆立廟睢陽，歲時致祭。德宗差次至德以來將相功效尤著者，以顏杲卿、袁履謙、盧弈及巡、遠、霽雲爲上。又贈姚誾潞州大都督，官一子。貞元中，復官巡它子去疾、遠子峴。贈巡妻申國夫人，賜帛百。自是訖僖宗，求忠臣後，無不及三人者。大中時，圖巡、遠、霽雲像于凌煙閣。睢陽至今祠享，號「雙廟」云。

許遠者，右相敬宗曾孫。寬厚長者，明吏治。初客河西，章仇兼瓊辟署劍南府，欲以子妻之，固辭。兼瓊怒，以事劾貶高要尉。更赦還。會祿山反，或薦遠於玄宗，召拜睢陽太守。

遠與巡同年生而長，故巡呼爲兄。

大曆中，巡子去疾上書曰：「孽胡南侵，父巡與睢陽太守遠各守一面。城陷，賊所入自遠分。尹子琦分郡部曲各一方，巡及將校三十餘皆割心剖肌，慘毒備盡，而遠與麾下無傷。

巡臨命歎曰：『嗟乎，人有可恨者！』賊曰：『公恨我乎？』答曰：『恨遠心不可得，誤國家事，若死有知，當不赦於地下。』故遠心向背，梁、宋人皆知之。使國威喪衄，巡功業墮敗，則遠於臣不共戴天，請追奪官爵，以刷冤恥。」詔下尚書省，使去疾與許峴及百官議。皆以去疾證狀最明者，城陷而遠獨生也。且遠本守睢陽，凡屠城以生致主將爲功，則遠後巡死不足惑。若曰後死者與賊，其先巡死者謂巡當叛，可乎？當此時去疾尚幼，事未詳知。且艱難以來，忠烈未有先二人者，事載簡書，若日星不可妄輕重。議乃罷。然議者紛紜不齊。

元和時，韓愈讀李翰所爲巡傳，以爲闕遠事非是。其言曰：「二人者，守死成名，先後異耳。二家子弟材下，不能通知其父志，使世疑遠畏死而服賊。遠誠畏死，何苦守尺寸地，食其所愛之肉，抗不降乎？且見援不至，人相食而猶守，雖其愚亦知必死矣，然遠之不畏死甚明。」又言：「城陷自所守，此與兒童之見無異。且人之將死，其臟腑必有先受病者；引繩而絕之，其絕必有處。今從而尤之，亦不達於理矣。」愈於褒貶尤慎，故著之。

南霽雲者，魏州頓丘人。少微賤，爲人操舟。祿山反，鉅野尉張沼起兵討賊，拔以爲將。尙衡擊汴州賊李廷望，以爲先鋒。遣至睢陽，與張巡計事。退謂人曰：「張公開心待人，眞吾所事也。」遂留巡所。巡固勸歸，不去。衡齎金帛迎，霽雲謝不受，乃事巡，巡厚加禮。始被圍，築臺募萬死一生者，數日無敢應。俄有喑嗚而來者，乃霽雲也。巡對泣下。霽雲善騎射，見賊百步內乃發，無不應弦斃。

子承嗣，歷涪州刺史。劉闢叛，以無備謫永州。

雷萬春者，不詳所來，事巡爲偏將。令狐潮圍雍丘，萬春立城上與潮語，伏弩發六矢著面，萬春不動。潮疑刻木人，諜得其實，乃大驚。遙謂巡曰：「向見雷將軍，知君之令嚴矣。」潮壁雍丘北，謀襲襄邑、寧陵。巡使萬春引騎四百壓潮，先爲賊所包。巡突其圍，大破賊，潮遁去。

萬春將兵，方略不及霽雲，而彊毅用命。每戰，巡任之與霽雲鈞。

姚誾者，開元宰相崇從孫。父弇，楚州刺史。誾性豪蕩，好飲謔，善絲竹。歷壽安尉。素善巡，及爲城父令，遂同守睢陽。累加東平太守。

巡之遣霽雲、萬春敗賊於寧陵也，別將二十有五：石承平、李辭、陸元鍠、朱珪、宋若虛、楊振威、耿慶禮、馬日昇、張惟清、廉坦、張重、孫景趨、趙連城、王森、喬紹俊、張恭默、祝忠、李嘉隱、翟良輔、孫廷皎、馮顏，其後皆死巡難，四人逸其姓名。

贊曰：張巡、許遠，可謂烈丈夫矣。以疲卒數萬，嬰孤墉，抗方張不制之虜，鯁其喉牙，使不得搏食東南，牽掣首尾，豗潰梁、宋間。大小數百戰，雖力盡乃死，而唐全得江、淮財用，以濟中興，引利償害，以百易萬可矣。巡先死不爲遽，遠後死不爲屈。巡死三日而救至，十日而賊亡，天以完節付二人，畀名無窮，不待留生而後顯也。惟宋三葉，章聖皇帝東巡，過其廟，留駕裴回，咨巡等雄挺，盡節異代，著金石刻，贊明厥忠。與夷、齊餓踣西山，孔子稱仁，何以異云。

唐書卷一百九十三

列傳第一百一十八

忠義下

程千里 袁光廷 龐堅 薛愿 張興 蔡廷玉 符令奇 璘 劉迺
孟華 張伾 周曾 張名振 石演芬 吴溆 高沭 賈直言
辛讜 黄碣 孫揆

程千里，京兆萬年人。長七尺，魁岸有力。應募磧西，累官安西副都護。天寶末，兼北庭都護、安西北庭節度使。突厥首領阿布思内附，本隸朔方，賜氏李，名獻忠，度屬幽州，素與安祿山有怨，内懼，故叛還磧外，數盜邊。玄宗患之，詔千里將兵討捕。千里諭葛邏祿，陰令掎角。獻忠果以窮歸葛邏祿，縛之，并妻子帳下數千人送千里所，乃獻俘勤政樓，詔斬以徇。擢千里右金吾衞大將軍，留宿衞。

祿山反，詔募兵河東，即拜節度副使、雲中太守，遷上黨長史。賊來攻，虜馘多，累加開府儀同三司、禮部尙書。至德二載，賊將蔡希德圍上黨，輕騎挑戰。千里恃勇開縣門，率百騎欲直禽希德，幾得而救至，乃退。會橋壞，馬顚，爲賊執，仰首敕諸騎使還，曰：「爲我報諸將，可失帥，不可失城。」軍中皆爲泣下，增備固守。賊不能下，乃還。四千里至東都，安慶緖僞署特進，囚客省。慶緖敗，爲嚴莊所害。後赦令數下，追褒死難者，惟千里生見執，不及云。

初，祿山構難，西北戍兵悉入援，故河、隴郡縣皆陷吐蕃，惟河西戍將袁光廷爲伊州刺史，固守歷年，雖游說百緖，終不降，諸下同心無攜畔者。及糧竭，手殺妻子，自焚死。建中初，贈工部尙書。

龐堅，京兆涇陽人。四世祖玉，事隋爲監門直閤。李密據洛口，玉以關中銳兵屬王世充擊之，百戰不衄。世充歸東都，秦王東徇洛，玉率萬騎降，高祖以隋舊臣，禮之。玉魁梧有力，明軍法，久宿衞，習知朝廷制度。帝顧諸將多不閑儀檢，故授玉領軍、武衞二大將軍，使衆觀以爲模矱。出爲梁州總管。巴山獠叛，玉梟其首，餘黨四奔，屬縣獠與反者州里親戚爲賊游說，言不可窮躡。玉不聽，下令軍中曰：「穀熟，吾盡收以餽軍。非盡賊，吾不反。」聞者懼，相謂曰：「軍不止，吾穀盡，且餓死。」乃共入賊營，與所親相結，斬渠長以降，衆遂潰。徙越州都督。召爲監門大將軍。太宗以耆厚，令主東宮兵。雖老不怠，小大之務無不親。卒，帝爲廢朝，贈幽州都督、工部尙書。

堅歷潁川太守。安祿山反，南陽節度使魯炅表堅爲長史兼防禦副使，以薛愿爲潁川太守，共守潁川。時陳留、滎陽已陷賊，南陽被圍，而潁川當往來劇。賊將阿史那承慶悉銳攻之，傅城百里，樹木皆刊。城中士單寡，糧少，而愿、堅晝夜戰，諸郡兵無援者，自正月盡十一月。賊設木鵝、衝車、飛梯薄城，矢如雨，士皆雷譟，夜半踰城入，二人不肯降。賊縛致東京，將磔解之，有說祿山曰：「義士也，彼爲其主，殺之不祥。」乃縛于樹。比且死，見者哭之。

愿，汾陰人。父紹，太常卿。兄崇一，娶惠宣太子女，其女弟爲太子瑛妃。瑛廢，貶愿嶺外，久乃得還。

張興者，束鹿人。長七尺，一飯至斗米，肉十斤。悍譎而辯，爲饒陽裨將。祿山反，攻饒陽。興開張禍福，讋曉敵人，而嬰城彌年，衆心遂固。滄、趙已陷，史思明引衆傅城，興擐甲持陌刀重十五斤乘城。賊將入，興一舉刀，輒數人死，賊皆氣懾。城破，思明縛之馬前，好謂曰：「將軍壯士，能屈節，當受高爵。」對曰：「昔嚴顏一巴郡將，猶不降張飛。我大郡將，安能委身逆虜？今日幸得死，然願以一言爲誠。」思明曰：「云何？」興曰：「天子遇祿山如父子，今乃反。大丈夫不能爲國掃除，反爲其下，何哉？」思明曰：「將軍不觀天道邪？吾上起兵二十萬，直趣洛陽，天下大定。以偏師叩函谷，守將面縛，唐亡固矣。」興曰：「桀、紂、秦、隋竆人力，舉四海與爲怨，故商、周、漢、唐因得代之而有神器。皇帝無違德，祿山非數帝賢，是苟延歲月，終卽禽耳。」思明怒，鋸解之。且死，罵曰：「吾能哀彊死兵敗賊衆！」軍中凜然爲改容。

蔡廷玉，幽州昌平人。事安祿山，未有聞。與朱泚同里閈，少相狎近。泚爲幽州節度使，奏署幕府。

廷玉有沈略，善與人交，內外愛附。泚多所叩咨，數遣至京師。當是時，幽州兵最彊，財雄，士驕悍，日思吞并，不知有上下禮法。廷玉間語泚曰：「古未有不臣而能推福及子孫者。公南聯趙、魏，北奚虜，兵多地險，然非永安計，一日趙、魏反噬，公乃沸鼎魚耳。不如奉天子，剗多難，可勒勳鼎彝，若何？」泚善之。廷玉陰欲耗其力，則諷泚出金幣禮士，又勸歸貢賦助天子經費，獻牛馬係道，儲廥爲單。因勸泚入朝，泚將聽，諸校怒，縛廷玉辱之，廷玉無橈辭，泚不忍殺，囚歲餘出之，謂曰：「而亦悔乎？」廷玉曰：「導公爲逆卽悔，勉公以義何悔爲？」復縶滿歲，問曰：「能省過否？不爾，且死。」對曰：「不殺我，公得名。殺我，吾得名。」泚不能屈，待如初。

又有朱體微者，亦泚腹心。廷玉有建白，體微輒左右之，故泚愈信，桀傲稍革。廷玉遂蕆朝事。泚乃奏涿州爲永泰軍，薊州靜塞軍，瀛州清夷軍，莫州唐興軍，置團練使，以支郡隸屬，盧龍軍稍削。而泚內畏弟滔偪己，滔亦勸泚入朝，乃以軍屬滔。廷玉、體微共白泚：「公入朝爲功臣首，後務至重，須誠信者乃可付。滔雖大弟，多變不情，如假以兵，是嫁之禍也。」泚不聽。二人隨泚到朝，德宗爲太子時，知廷玉名，及見，禮眷殊渥。泚統幽州行營爲涇原鳳翔節度使，詔廷玉以大理少卿爲司馬，體微爲要籍。

滔有請於泚，或不順，廷玉必折之，俾循故法。滔已破田悅，寖傲肆自用。左右有惡廷玉者，妄云：「素毀滔，欲四分燕，廷玉倡之，體微和之。」滔表言二人離間骨肉，請殺於有司。亦遺泚書云云。泚恚滔奪其軍，不從。會滔以幽州叛，帝示滔表，而泚亦白發其書，乃歸罪於二人，貶廷玉柳州司戶參軍、體徵南浦尉以慰滔。滔使諜伺諸朝，曰：「上若不殺廷玉，當謫去，得東出洛，我且縛致麾下支解之。」將行，帝勞廷玉曰：「爾姑行，爲國受屈，歲中當還。」廷玉至藍田驛，人白左巡使鄭詹：「商於道險，不可往。」詹追使趨潼關。廷玉告子少誠、少良曰：「我爲天子不血刃下幽十一城，欲裂其壤，使不得桀，而敗於將成，天助逆邪？今吏使我出東都，此殆滔計，吾不可以辱國。」比至靈寶，自投于河。宰相盧杞方疾御史大夫嚴郢，欲逐之，得廷玉死狀，即抵詹死，而斥出郢。帝閔廷玉忠，歸其柩，厚賻之。李晟平朱泚，少誠等適終喪，晟表丐追贈廷玉，并官二子。而帝方招來滔，寢其奏，遂已。

符令奇，沂州臨沂人。初爲盧龍軍裨將。會幽州亂，挈子璘奔昭義，節度使薛嵩署爲軍副。嵩卒，田承嗣盜其地，引令奇爲右職。田悅拒命，馬燧敗之洹水。令奇密語璘曰：「吾閱世事多矣。自安、史干紀，無噍類。吾觀田氏覆亡無時，安用苟且夕，係纍京師，宗族屠地？汝能委質朝廷，爲唐忠臣，吾亦名揚後世矣。」璘泣曰：「悅，忍人也，近禍可畏。」答曰：「今王師四合，吾屬俎中醢。兒今行，吾死不朽；不行，吾亦死。尸疊逆地云何？」璘俯泣不能對。初，悅與李納會濮陽，因乞師，納分麾下隨之。至是，納兵歸齊，使璘以三百騎護送。璘與父嚙臂別，乃以衆降燧。璘之出，與三子同降。悅怒，引令奇切讓。令奇罵曰：「爾忘義背主，旦夕死。吾教子以順，殺身庸何悔？鈞死，愈爾遠矣！」悅怒，奮而起。令奇臨刑，色不變，年七十九，夷其家。

燧署璘爲軍副，詔拜特進，封義陽郡王。既聞父見害，號絕泣血，燧表其冤，加檢校左散騎常侍，賜晉陽第一區、祁田五十頃，贈令奇戶部尚書。

璘字元亮。李懷光反，詔燧討之。璘介五千兵先濟河，與西師合。從燧入朝，爲輔國大將軍，賜靖恭里第一區、藍田田四十頃。璘之降，母匿里中獨免，及悅死，詔迎於魏，賜宴別殿。璘居環衞十三年，卒，年六十五，贈越州都督。

劉迺字永夷，河南伊闕人。少警穎，闇誦六經，日數千言。善文詞，爲時推目。天寶中擢進士第。喪父，以孝聞。服終，中書舍人宋昱知銓事，迺方調，因進書曰：「書稱：『知人則哲，能官人則惠。』此唐虞以爲難。今文部始掄材，終授位，是知人、官人，兩任其責。昔禹、稷、臯陶之聖，猶曰載采有九德，考績以九載。今有司獨委一二小宰，察言於一幅之判，觀行於一揖之內，何其易哉？夫判者，以狹詞短韻爲體，是以小冶鼓衆金，雖欲爲鼎鏞，不可得已。故雖有周公、尼父圖書易象之訓，以判責之，曾不及徐、庾；雖有至德，以喋喋取之，曾不若嗇夫。故干霄蔽日，巨樹也，求尺寸之材，必後於椓杙；龍吟虎嘯，希聲也，尙頰舌之感，必下於蛙黽。豈不悲乎！執事誠能先政事，次文學，退觀其治家，進察其臨節，則龐鴻深沈之事，亦可窺其門閾矣。」昱嘉之，補剡尉。

大曆中，召拜司門員外郎。德宗初，進郭子儀爲尙父。時册禮廢，視詔文者不適所宜，宰相崔祐甫召湎至閤草之，少選成文，詞義典裁。俄擢給事中，權知兵部侍郎。楊炎、盧杞當國，五歲不遷。建中四年，眞拜兵部侍郎。

帝狩奉天，湎臥疾私第，朱泚遣人召之，固稱篤。復遣僞相蔣鎭慰誘，湎佯瘖不答，炙無完膚。鎭再至，知不可脅，乃太息曰：「我嘗忝曹郎，不能死，寧以自辱羶腥，復欲汙賢哲乎？」遂止。湎聞車駕如梁州，自投於牀，搏膺呼天，不食卒，年六十。帝聞其忠，贈禮部尙書，謚曰貞惠。子伯芻，別傳。

孟華，史失其何所人。初事李寶臣爲府官屬，論議婞婞不回，同舍疾之。王武俊斬李惟岳，遣華至京師陳事，德宗問河朔利害，華對稱旨，擢檢校兵部郎中兼侍御史。朱滔與武俊謀解田悅之圍，帝詔華還諭，欲亂其謀。華至，讓武俊曰：「安、史未覆滅時，大夫觀其兵，自謂天下可取，今日何汩汩？且上於大夫恩甚厚，將還康中丞他州，而歸我深、趙。自古忠臣，未有不先大功而後得高官者。大夫何望於失地邪？夫藥苦口者利病，大夫後日思愚言，悔無逮！」或曰：「華入朝私奏便宜，欲傾我，故得顯職。」武俊惑之，然以華舊人，未忍奪其職，卒進援悅。華從至臨淸，稱病還恆州。武俊令子察所爲，乃闔門謝賓客。武俊知不足忌，無殺華意。既僭稱王，授禮部侍郎，不肯起，嘔血死。

張伾者，本爲澤潞將，守臨洺，田悅攻之，乘城固守累月，士死，糧且盡，救不至。伾悉召部將立軍門，命女出偏拜，因曰：「諸君戰良苦，吾無貲爲賞，願以是女賣直，爲衆士一日費。」士皆哭曰：「請死戰！」會馬燧自河東將兵擊悅城下，敗之，伾乘勝出戰，無不一當百。以功遷泗州刺史。居州十年，擢右金吾衛大將軍，未拜卒，贈尙書右僕射。

軍中議立其子重政，母徐及兄號訴不肯從，奔告淮南節度使王鍔，乃免。詔嘉其忠，起爲金吾衞大將軍，委鍔處以劇職，封徐魯國夫人。

周曾者，本李希烈部將，與王玢、姚憺、韋清志相善，號四公子。希烈反，曾密得其計，一二以告李勉。玢爲許州鎭遏使。會哥舒曜拔汝州，希烈遣曾往拒。曾欲引軍據蔡，使玢爲應，憺、清居中謀取希烈，密求藥毒希烈，不死。曾之行，希烈使假子十人從。次襄城，知其謀，以告。希烈使李克誠率騾軍千人劫曾殺之，而收其兵，并殺玢、憺。始，約事覺毋相引。清懼，陽說希烈曰：「今兵寡，恐不能就事，請乞師朱滔。」希烈然之。至襄邑，奔劉洽。德宗贈曾太尉，玢司徒，憺工部尙書，擢清安定郡王，實封戶二百。

又有呂賚、康秀琳、梁興朝、賈樂卿、侯仙欽皆死希烈之難，贈賚、秀琳尙書左右僕射，興朝等皆秩尙書，遣蕭昕致祭境上。命李勉、哥舒曜訪其家子孫，詔雖三世有罪，常降一等。

曾無後，貞元中，女及曾兄子鄮爭襲封，有司奏曾首謀歸順，身死賊手，陛下錫眞食，不幸絕嗣，宜令鄮以五十戶奉祀，女亦封五十戶。

張名振，本事李懷光爲都將。始，懷光已立功，德宗賜鐵券，奉詔倨甚。名振到軍門大言曰：「太尉見賊不擊，使到不迎，將反邪？且安、史、僕固等今皆族滅，公欲何爲？是資忠義士立功耳。」懷光召見，諭以賊彊，須蓄銳俟時，誘爲不反。及引軍入咸陽，又曰：「公不反，來此何邪？不急攻泚收京城，欲以賊誰遺？」懷光怒曰：「病狂人也。」使左右拉殺之。

石演芬者，本西域胡人，事懷光至都將，尤親信，畜爲假子。懷光軍三橋，將與朱泚連和。演芬使客郜成義到行在，言懷光無破賊意，請罷其總統。成義走告懷光子琟，懷光召演芬罵曰：「爾爲我子，奈何欲破吾家？今日負我，宜卽死。」對曰：「天子以公爲股肱，公以我爲腹心；公乃負天子，我何不負公？且我胡人，無異心，惟知事一人，不呼我爲賊，死固吾分。」懷光使士臠食之，皆曰：「烈士也，可令快死。」以刀斷其頸。德宗聞，贈演芬兵部尚書，賜其家錢三百萬，斬成義於朔方。

吳溆者，章敬皇后之弟。代宗立，詔贈后祖神泉爲司徒，父令珪太尉，擢叔父令瑶太子家令、濮陽郡公，令瑜太子諭德、濟陽郡公，溆太子詹事、濮陽郡公，並開府儀同三司。令瑶兄弟故爲縣令、郎將矣，而溆用盛王府參軍進，俄遷鴻臚少卿、金吾將軍。建中初，遷大將軍。溆循循有禮讓，無倨氣矜色，見重朝廷，時以爲材當所位，不自戚屬者。

朱泚反，盧杞、白志貞皆謂泚有功，不宜首難，得大臣一人持節尉曉，惡且悛。德宗顧左右，無敢行，溆曰：「陛下不以臣亡能，願至賊中諭天子至意。」帝大悅。溆退謂人曰：「吾知死無益而決見賊者，人臣食祿死其難，所也。方危時，安得自計？且不使陛下恨下無犯難者。」即日齎詔見泚，具道帝待以不疑者。而泚業僭逆，故留溆客省不遣，卒被害。帝悲梗甚，贈太子太保，謚曰忠，賜其家實戶二百，一子五品正員官。京師平，官庀其葬。子士矩，別傳。

高沐者，渤海人。父憑，事宣武李靈耀，假守曹州。靈耀反，憑密遣人奏賊纖悉，有詔即拜曹州刺史。會李正己盜有曹、濮，憑不能自通朝廷，死官下。

沐，貞元中擢進士第，以家託鄆，故李師古辟署判官。師道叛，沐率其僚郭昈、郭航、李公度引古今成敗，前後鐫說，不能入。師道所厚吏李文會、林英等乘間訴曰：「比悉心憂公家事，而爲沐等所疾，公奈何舉十二州地成沐輩千載名乎？」由是疏斥沐，令守濮州。沐上書盛夸山東賁海之饒，得其地可以富國。師道謀皆露。後英奏事京師，脅邸史言沐以誠款結天子。師道怒，誅沐，而囚昈濮州，守衞苛嚴，凡十年。

吳元濟拒命，師道引兵攻彭城，敗蕭、沛數縣而還，以緩王師。昈爲縉書藏衣絮間，使郭航間道走武寧軍見李愿，請奇兵三千浮海擣萊、淄，賊倚海不爲備，且居皆罪人，無與守。始，昈畏事泄，署師道所信吏劉諒名以遣，愿白諸朝，議者疑師道使爲之，不得報。航不敢循故道，間關回遠還昈所。未幾，師道召航，昈疑事露，欲引決，航曰：「事覺，吾獨死，君無患。」航卒自殺，遂絕。及王師討師道，諸節度兵四入，而彭城兵下魚臺金鄉、李聽軍取海州若拾遺，頗用昈策。

初，淮西平，師道勢蹙，內甚懼。李公度與大將李英曇教獻三州，使長子入侍。師道然可，俄中悔，欲殺英曇，賈直言諷師道嬖奴曰：「高沐冤氣在天，禍且至。英曇復死，是益其祟也。」乃止。逐于萊州，俄殺之。

又有崔承寵、楊偕、陳佑、崔清皆抗節忤賊，李文會指爲沐黨，沐之死，皆被囚。劉悟既平師道，捉昈臂𣂏欷流涕，辟置義成節度府，亦請公度爲僚屬。元和十四年，贈沐吏部尙書，委馬揔備禮收葬，恤其家。

航，萊州人，以氣聞，師道署右職，與昈世居齊。初，昈舉進士，權德輿將取之，聞其家賊中，乃罷，遂爲賊聘。二人卒能以忠顯。

賈直言，河朔舊族也，史失其地。父道冲，以藝待詔。代宗時，坐事賜鴆，將死，直言紿其父曰：「當謝四方神祇。」使者少怠，輒取鴆代飮，迷而踣。明日，毒潰足而出，久乃蘇。帝憐之，減父死，俱流嶺南。直言由是躄。

後署師道府屬。及師道不軌，提刀負棺入諫曰：「願前死，不見城之破。」又畫縛載檻車狀而妻子係纍者以獻，師道怒，囚之。劉悟旣入，釋其禁，辟署義成府。後徙潞，亦隨府遷。

監軍劉承偕與悟不平，陰與慈州刺史張汶謀縛悟送闕下，以汶代節度。事洩，悟以兵圍承偕，殺小使，直言遽入責曰：「司空縱兵脅天子使者，是欲效李司空邪？它日復爲軍中所指矣。」悟聞，感悔，匿承偕於第以免。悟每有過，必爭，故悟能以臣節光明於朝。穆宗召爲諫議大夫，羣情灑然稱允。而悟固留，得聽。

始，悟子從諫貴甚，見直言輒衣紫擁笏，以兵自衞。直言諫悟曰：「郎少年，毋使襲山東態，朝服可擅著邪？」悟死，從諫不發喪，召大將劉武德等矯悟遺言，與隣道使共表求襲位，直言入讓曰：「父死不哭，何顏面見山東義士乎？」從諫曰：「欲反耳。」直言仰天哭曰：「爾父提十二州地歸朝廷爲功臣。然以張汶故，自謂不絜淋頭，卒羞死。郎今日乃欲反邪？」從諫起抱直言項哭曰：「計窮而然。」直言曰：「君何憂無土地，今脅朝廷，正速死耳。若從武德謀，吾見劉氏爲元濟矣。」從諫拜曰：「唯大夫救之。」直言乃自攝留後，使從諫居喪。初，從諫惟鄆兵二千同謀。直言既折之，軍中遂安。

大和九年卒，贈工部尚書。

辛讜者，太原尹雲京孫也。學詩、書，能擊劍，重然諾，走人所急。初事李嶧，主錢穀。性廉勁，遇事不處文法，皆與之合。罷居揚州，年五十，不肯仕，而慨然常有濟時意。

龐勛反，攻杜慆於泗州。讜聞之，挐舟趨泗口，貫賊栅以入。慆素聞其名，握手曰：「吾僚李延樞嘗爲吾道夫子爲人，何意臨敎？吾無憂矣！」讜亦謂慆可共事，乃請還與妻子決，同愔生死。時賊張甚，衆皆南走，獨讜北行。讜未至，愔憂之，延樞知必來，曰：「讜至，可表爲判官。」愔許諾。俄而至，愔喜曰：「圍急，飛鳥不敢過，君乃冒白刃入危城，古人所不能。」乃勸解白衣被甲。

賊將李圓焚淮口，讜曰：「事棘矣，獨出可以求援。」乃與楊文播、李行實戊夜踰淮，坎岸登，馳三十里至洪澤，見戍將郭厚本告急。厚本許出兵，大將袁公异等曰：「賊衆我寡，不可往。」讜拔劍瞋目呼曰：「泗州陷在旦夕，公等被詔來，乃逗留不進，欲何爲？大丈夫孤國恩，雖生可羞。且失泗，則淮南爲寇場，君尙能獨存？吾今斷左臂殺君去。」推劍直前，厚本持之，公异等僅免。讜望泗慟哭，帳下皆流涕。厚本決許付兵五百，讜曰：「足矣！」徧問士曰：「能行乎？」皆曰：「諾。」讜仆面于地，泣以謝。衆旣叩淮，有人語曰：「賊破城矣！」讜將斬之，衆爲請。讜曰：「公等登舟，吾赦其死。」士遽登。已濟，愔亦出兵，表裏擊，賊大敗。讜入，人心遂固。浙西杜審權遣將翟行約赴援，壁蓮塘，愔欲遣人延勞，諸吏憚不敢出，讜獨往犒而還。

圍三月，救兵外敗，城益危。讜復請乞兵淮南，與壯士徐珍十人持斧夜斬賊栅出，見節度使令狐綯，復詣浙西見審權。時皆傳泗州已陷，疑讜爲賊計，囚之。讜引李嶧自明。嶧時爲大同防禦使，稱其忠可信。審權乃許救，合淮南兵五千，鹽粟具。方淮路梗，不得進。

讜引兵决戰，斬賊六百級，乃克入，城上懽叫，㦖與下迎泣，表其功于朝，授監察御史。圍凡十月乃解，卒完一州。

初，讜求救也，過家十餘，未嘗見妻子，得糧累二十萬。讜子及兄子客廣陵，託㦖曰：「使先人不乏祀，公之惠也。」後以功第一，拜亳州刺史，徙曹、泗二州。乾符末，終嶺南節度使。

方讜之少，耕于野，有牛鬬，衆畏奔踐，讜直前，兩持其角，牛不能動，久而引觸，竟折其角。里人駭異，屠牛以飯讜。然讜癯短，才及中人。後貴，力亦少衰云。

黄碣，閩人也。初爲閩小將，喜學問，軒然有志向。同列有假其筆者，碣怒曰：「是筆它日斷大事，不可假。」後戰安南有功，高駢表其能，爲潭州刺史，徙婺州，治有績。劉漢宏遣兵攻之，兵寡不可守，棄州去，客蘇州。

董昌爲威勝軍節度使，表碣自副，久乃應。及昌反，碣諫曰：「大王拔田畝，席貢輸之勤，位將相，非有勳業可紀。今不能盡忠王朝，乃自尊大，一日誅滅無種矣。桓、文不侮周室，曹操弗敢危漢。今王僻嬰一城，乃爲大逆，何邪？碣請舉族先死，不能見王之滅。」昌怒曰：「碣不順我邪？」斥出之。碣移書幕府李滔曰：「『順天』建元，以愚策之，針可爲稍邪？」或竊其書示昌，昌令使者斬之。使以首至，昌詬曰：「賊負我，三公不肯爲，而求死邪？」抵溷中，夷其家百口，坎鏡湖之南同瘞焉。昌敗，有詔贈司徒，求其後不能得。

昌已殺碣，滔亦遇害，乃召會稽令吳鐐問策，鐐曰：「王爲眞諸侯，遺榮子孫而不爲，乃作僞天子，自取滅亡。」昌叱斬之，族其家。又召山陰令張遜知御史臺，固辭曰：「王自棄，爲天下笑。且六州勢不助逆，王據孤州以速死，謂何？遜不敢以身許王也。」昌惡之曰：「遜不知天意，以邪說拒我。」囚之。它日謂人曰：「我無碣、鐐、遜，何乏事？」卽害之。

孫揆字聖圭，刑部侍郎逖五世從孫也。第進士，辟戶部巡官。歷中書舍人、刑部侍郎、京兆尹。

昭宗討李克用，以揆爲兵馬招討制置宣慰副使，既而更授昭義軍節度使，以本道兵會戰。克用伏兵刀黃嶺，執揆，厚禮而將用之，曰：「公輩當從容廟堂，何爲自履行陣也？」揆大罵不詘，克用怒，使以鋸解之，鋸齒不行，揆謂曰：「死狗奴，解人當束之以板，汝輩安知？」行刑者如其所言，詈聲不輟至死。昭宗憐之，贈左僕射。

唐書卷一百九十四

列傳第一百一十九

卓行

元德秀 李峕　權皐　甄濟　陽城 何蕃　司空圖

元德秀字紫芝，河南河南人。質厚少緣飾。少孤，事母孝，舉進士，不忍去左右，自負母入京師。既擢第，母亡，廬墓側，食不鹽酪，藉無茵席。服除，以窶困調南和尉，有惠政。黜陟使以聞，擢補龍武軍錄事參軍。

德秀不及親在而娶，不肯婚，人以爲不可絕嗣，答曰：「兄有子，先人得祀，吾何娶爲？」初，兄子襁褓喪親，無資得乳媼，德秀自乳之，數日湩流，能食乃止。既長，將爲娶，家苦貧，乃求爲魯山令。前此墮車足傷，不能趨拜，太守待以客禮。有盜繫獄，會虎爲暴，盜請格虎自贖，許之。吏白：「彼詭計，且亡去，無乃爲累乎？」德秀曰：「許之矣，不可負約。即有累，吾當坐，不及餘人。」明日盜尸虎還，擧縣嗟歎。

玄宗在東都，酺五鳳樓下，命三百里縣令、刺史各以聲樂集。是時頗言帝且第勝負，加賞黜。河內太守輦優伎數百，被錦繡，或作犀象，瓌譎光麗。德秀惟樂工數十人，聯袂歌于蔿于。于蔿于者，德秀所爲歌也。帝聞，異之，歎曰：「賢人之言哉！」謂宰相曰：「河內人其塗炭乎？」乃黜太守，德秀益知名。

所得奉祿，悉衣食人之孤遺者。歲滿，笥餘一縑，駕柴車去。愛陸渾佳山水，乃定居。不爲牆垣扃鑰，家無僕妾。歲飢，日或不爨。嗜酒，陶然彈琴以自娛。人以酒肴從之，不問賢鄙爲酣飫。是時程休、邢宇、宇弟宙、張茂之、李崿、崿族子丹叔惟岳、喬潭、楊拯、房垂、柳識皆號門弟子。德秀善文辭，作蹇士賦以自況。房琯每見德秀，歎息曰：「見紫芝眉宇，使人名利之心都盡。」蘇源明常語人曰：「吾不幸生衰俗，所不恥者，識元紫芝也。」

天寶十三載卒，家惟枕履簞瓢而已。潭時爲陸渾尉，庀其葬。族弟結哭之慟，或曰：「子哭過哀，禮歟？」結曰：「若知禮之過，而不知情之至。大夫弱無固，性無專，老無在，死無餘，人情所耽溺、喜愛、可惡者，大夫無之。生六十年未嘗識女色、視錦繡，未嘗求足、苟辭、佚色，未嘗有十畝之地、十尺之舍、十歲之僮，未嘗完布帛而衣，具五味而飡。吾哀之，以戒荒淫貪佞、綺紈粱肉之徒耳。」

李華兄事德秀，而友蕭穎士、劉迅。及卒，華謚曰文行先生。天下高其行，不名，謂之元魯山。華於是作三賢論。或問所長，華曰：「德秀志當以道紀天下，迅當以六經諧人心，穎士當以中古易今世。德秀欲齊愚智，迅感一物不得其正，穎士呼吸折節而獲重祿，不易一刻之安易，於孔子之門，皆達者與！使德秀據師保之位，瞻形容，乃見其仁。迅被卿佐服，居賓友，謀治亂根原，參乎元精，乃見其妙。穎士若百鍊之剛，不可屈，使當廢興去就、一生一死間，而後見其節。德秀以爲王者作樂崇德，天人之極致，而辭章不稱，是無樂也，於是作破陣樂辭以訂商、周。迅世史官，述禮、易、書、春秋、詩爲古五說，條貫源流，備古今之變。穎士尤罪子長不編年而爲列傳，後世因之，非典訓也。自春秋三家後，非訓齊生人不錄。然各有病，元病酒，劉病賞物，蕭病貶惡太亟、獎能太重。若取其節，皆可爲人師也。」世謂篤論。

休字士美，廣平人。宇字紹宗，宙字次宗，河間人。茂之字季豐，南陽人。蕚字伯高，丹叔字南誠，惟岳字謨道，趙人。潭字源，梁人。垂字翼明，清河人。拯字齊物，隋觀王雄後，舉進士，終右驍衞騎曹參軍。粤擢制科，遷南華令。大水，它縣飢，人至相屬，粤爲具饘鬻，及去，糗糧送之，吏爲立碑。安祿山亂，粤客清河，爲乞師平原太守顏眞卿，一郡獲全。

歷廬州刺史。拯與學名最著。潭、識以文傳後。

權皐字士繇，秦州略陽人，徙潤州丹徒，晉安丘公翼十二世孫。父倕與席豫、蘇源明以藝文相友，終羽林軍參軍。

皐擢進士第，爲臨淸尉，安祿山藉其名，表爲薊尉，署幕府。皐度祿山且叛，以其猜虐不可諫，欲行，慮禍及親。天寶十四載，使獻俘京師，還過福昌尉仲謩。謩妻，皐妹也。密約以疾召之，謩來，皐陽喑，直視謩而瞑。謩爲盡哀，自含斂之。皐逸去，人無知者。吏以詔書還皐母，母謂實死，慟哭感行路，故祿山不之虞，歸其母。皐潛候於淇門，奉侍晝夜南奔，客臨淮，爲驛亭保以詗北方。旣度江而祿山反，天下聞其名，爭取以爲屬。高適表試大理評事、淮南採訪判官。

永王舉兵，脅士大夫，皐詭姓名以免。玄宗在蜀聞之，拜監察御史，會母喪，得風痺疾，客洪州，南北梗否，踰年詔命不至。有中人過州，頗求取無厭，南昌令王遘欲按之，謀於皐。皐良久不答，泣曰：「今何由致天子使，而遽欲治之！」掩面去。遘悟，厚謝。浙西節度使顏眞卿表爲行軍司馬，召拜起居舍人，固辭。嘗曰：「吾潔身亂世，以全吾志，欲持是受名邪？」李季卿爲江淮黜陟使，列其高行，以著作郎召，不就。

自中原亂，士人率度江，李華、柳識、韓洄、王定皆仰皐節，與友善。洄、定常評皐可爲宰輔、師保；華亦以爲分天下善惡，一人而已。卒，年四十六，洄等制服行哭，詔贈祕書少監。元和中，謚爲貞孝。子德輿至宰相，別傳。

甄濟字孟成，定州無極人。叔父爲幽、涼二州都督，家衞州，宗屬以伉俠相矜。濟少孤，獨好學，以文雅稱。居靑巖山十餘年，遠近伏其仁，環山不敢畋漁。採訪使苗晉卿表之，諸府五辟，詔十至，堅臥不起。

天寶十載以左拾遺召，未至而安祿山入朝，求濟於玄宗，授范陽掌書記。祿山至衞，使太守鄭遵意致謁山中，濟不得已爲起，祿山下拜鈞禮。居府中，論議正直。久之，察祿山有反謀，不可諫。濟素善衞令齊玘，因謁歸，具告以誠。密置羊血左右，至夜，若歐血狀，陽不支，舁歸舊廬。祿山反，使蔡希德封刀召之，曰：「卽不起，斷其頭見我。」濟色不動，左手書曰：「不可以行。」使者持刀趨前，濟引頸待之，希德歔欷嗟歎，止刀，以實病告。後慶緒復使彊輿至東都安國觀。會廣平王平東都，濟詣軍門上謁泣涕，王爲感動。肅宗詔館之三司署，使汙賊官羅拜，以愧其心。授祕書郎，或言太薄，更拜太子舍人。

來瑱辟爲陝西襄陽參謀，拜禮部員外郎。宜城楚昭王廟堧地廣九十畝，濟立墅其左。瑱死，屏居七年。大曆初，江西節度使魏少游表爲著作郎，兼侍御史，卒。

濟生子，因其官字曰禮闈、曰憲臺。而禮闈死，憲臺更名逢，幼而孤，及長，耕宜城野，自力讀書，不謁州縣。歲飢，節用以給親里；大穰，則振其餘於鄉黨貧狹者。朋友有緩急，輒出家貲周贍，以義聞。逢常以父名不得在國史，欲詣京師自言。元和中，袁滋表濟節行與權皐同科，宜載國史。有詔贈濟祕書少監。而逢與元稹善，稹移書於史館修撰韓愈曰：「濟棄去祿山，及其反，有名號，又逼致之，執不起，卒不汙其名。夫辨所從於居易之時，堅直操於利仁之世，而猶選懦者之所不爲，蓋怫人之心難，而害己之避深也。至天下大亂，死忠者不必顯，從亂者不必誅，而眘眘本朝，甘心白刃，難矣哉！若甄生，弁冕不加其身，祿食不進其口，直布衣一男子耳。及亂，則延頸受刃，分死不回，不以不必顯而廢忠，不以不必誅而從亂。在古與今，蓋百一焉。」愈答曰：「逢能行身，幸於方州大臣，以標目其先人事，載之天下耳目，徹之天子，追爵其父第四品，赫然驚人，逢與其父俱當得書矣。」由是父子俱顯名。

陽城字亢宗，定州北平人，徙陝州夏縣，世爲官族。資好學，貧不能得書，求爲吏隸集賢院，竊院書讀之，晝夜不出戶，六年，無所不通。及進士第，乃去隱中條山，與弟堦、域常易衣出。年長，不肯娶，謂弟曰：「吾與若孤惸相育，既娶則間外姓，雖共處而益疏，我不忍。」弟義之，亦不娶，遂終身。

城謙恭簡素，遇人長幼如一。遠近慕其行，來學者跡接于道。閭里有爭訟，不詣官而詣城決之。有盜其樹者，城遇之，慮其恥，退自匿。嘗絕糧，遣奴求米，奴以米易酒，醉臥于路。城怪其故，與弟迎之，奴未醒，乃負以歸。及覺，痛咎謝，城曰：「寒而飲，何責焉？」寡妹依城居，其子四十餘，癡不知人，城常負以出入。始，妹之夫客死遠方，城與弟行千里，負其柩歸葬。歲飢，屏跡不過隣里，屑榆爲粥，講論不輟。有奴都兒化其德，亦方介自約。或哀其餒，與之食，不納。後致糠覈數杯，乃受。山東節度府聞城義者，發使遺五百縑，戒使者不令返。城固辭，使者委而去，城置之未嘗發。會里人鄭俶欲葬親，貸於人無得，城知其然，舉縑與之。俶既葬，還曰：「蒙君子之施，願爲奴以償德。」城曰：「吾子非也，能同我爲學乎？」俶泣謝，卽教以書，俶不能業，城更徙遠阜，使顓其習。學如初，慚，縊而死。城驚且哭，厚自咎，爲服緦麻瘞之。

陝虢觀察使李泌數禮餉，城受之。泌欲辟致之府，不起，乃薦諸朝，詔以著作佐郎召，并賜緋魚。泌使參軍事韓傑奉詔至其家，城封還詔，自稱「多病老憊，不堪奔奉，惟哀憐」。泌不敢彊。及爲宰相，又言之德宗，於是召拜右諫議大夫，遣長安尉楊寧齎束帛詣其家。城褐衣到闕下辭讓，帝遣中人持緋衣衣之，召見，賜帛五十匹。

初，城未起，搢紳想見風采。既興草茅，處諫諍官，士以爲且死職，天下益憚之。及受命，它諫官論事苛細紛紛，帝厭苦，而城寖聞得失且孰，猶未肯言。韓愈作爭臣論譏切之，城不屑。方與二弟延賓客，日夜劇飲。客欲諫止者，城揣知其情，彊飲客，客辭，即自引滿，客不得已，與酬酢，或醉仆席上，城或先醉臥客懷中，不能聽客語，無得關言。常以木枕布衾質錢，人重其賢，爭售之。每約二弟：「吾所俸入，而可度月食米幾何，薪菜鹽幾錢，先具之，餘送酒家，無留也。」服用無贏副，客或稱其佳可愛，輒喜，舉授之。有陳萇者，候其得俸，常往稱錢之美，月有獲焉。居位八年，人不能窺其際。

及裴延齡誣逐陸贄、張滂、李充等，帝怒甚，無敢言，城聞，曰：「吾諫官，不可令天子殺無罪大臣。」乃約拾遺王仲舒守延英閤上疏極論延齡罪，慷慨引誼，申直贄等，累日不止。聞者寒懼，城愈勵。帝大怒，召宰相抵城罪。順宗方爲皇太子，爲開救，良久得免，敕宰相諭遣。然帝意不已，欲遂相延齡。城顯語曰：「延齡爲相，吾當取白麻壞之，哭於廷。」帝不相延齡，城力也。坐是下遷國子司業。引諸生告之曰：「凡學者，所以學爲忠與孝也。諸生有久不省親者乎？」明日謁城還養者二十輩，有三年不歸侍者斥之。簡孝秀德行升堂上，沈酗不率教者皆罷。躬講經籍，生徒斤斤皆有法度。

薛約者，狂而直，言事得罪，謫連州。吏捕迹，得之城家。城坐吏於門，引約飲食訖，步至都外與別。帝惡城黨有罪，出爲道州刺史，太學諸生何蕃、季償、王魯卿、李讜等二百人頓首闕下，請留城。柳宗元聞之，遺蕃等書曰：「詔出陽公道州，僕聞悒然。幸生不諱之代，不能論列大體，聞下執事，還陽公之南也。今諸生愛慕陽公德，懇悃乞留，輒用撫手喜甚。昔李膺、嵇康時，太學生徒仰闕執訴，僕謂訖千百年不可復見，乃在今日，誠諸生見賜甚厚，將亦陽公漸漬導訓所致乎！噫！公有博厚恢大之德，并容善僞，來者不拒。有狂惑小生，依託門下，飛文陳愚。論者以爲陽公過於納汙，無人師道。仲尼吾黨狂狷，南郭獻譏；曾參徒七十二人，致禍負芻；孟軻館齊，從者竊屨。彼聖賢猶不免，如之何其拒人也？俞、扁之門，不拒病夫；繩墨之側，不拒枉材；師儒之席，不拒曲士。且陽公在朝，四方聞風，貪冒苟進邪薄之夫沮其志，雖微師尹之位，而人實瞻望焉。與其化一州，其功遠近可量哉！諸生之言，非獨爲己也，於國甚宜。」蕃等守闕下數日，爲吏遮抑不得上。既行，皆泣涕，立石紀德。

至道州，治民如治家，宜罰罰之，宜賞賞之，不以簿書介意。月俸取足則已，官收其餘。日炊米二斛，魚一大鬵，置甌杓道上，人共食之。州產侏儒，歲貢諸朝，城哀其生離，無所進。帝使求之，城奏曰：「州民盡短，若以貢，不知何者可供。」自是罷。州人感之，以「陽」名子。前刺史坐罪下獄，吏有幸於刺史者，拾不法事告城，欲自脫，城輒榜殺之。賦稅不時，觀察使數誚責。州當上考功第，城自署曰：「撫字心勞，追科政拙，考下下。」觀察府遣判官督賦，至州，怪城不迎，以問吏，吏曰：「刺史以爲有罪，自囚於獄。」判官驚，馳入，謁城曰：「使君何罪？我奉命來候安否耳。」留數日，城不敢歸，仆門闔，寢館外以待命。判官遽辭去。府復遣官來按舉，義不欲行，乃載妻子中道逃去。順宗立，召還城，而城已卒，年七十，贈左散騎常侍，賜其家錢二十萬，官護喪歸葬。

蕃，和州人。事父母孝。學太學，歲一歸，父母不許。間二歲乃歸，復不許。凡五歲，慨然以親且老，不自安，揖諸生去，乃共閉蕃空舍中，衆共狀蕃義行，白城請留。會城罷，亦止。初，朱泚反，諸生將從亂，蕃正色叱不聽，故六館士無受汙者。蕃居太學二十年，有死喪無歸者，皆身爲治喪。償，魯人。魯卿，第進士，有名。

司空圖字表聖，河中虞鄉人。父輿，有風幹。當大中時，盧弘止管鹽鐵，表爲安邑兩池榷鹽使。先是，法疏闊，吏輕觸禁，輿爲立約數十條，莫不以爲宜。以勞再遷戶部郎中。

圖，咸通末擢進士，禮部侍郎王凝特所奬待，俄而凝坐法貶商州，圖感知己，往從之。凝起拜宣歙觀察使，乃辟置幕府。召爲殿中侍御史，不忍去凝府，臺劾，左遷光祿寺主簿，分司東都。盧攜以故宰相居洛，嘉圖節，常與游。攜還朝，過陝虢，屬於觀察使盧渥曰：「司空御史，高士也。」渥卽表爲僚佐。會攜復執政，召拜禮部員外郎，尋遷郎中。

黃巢陷長安，將奔，不得前。圖弟有奴段章者，陷賊，執圖手曰：「我所主張將軍喜下士，可往見之，無虛死溝中。」圖不肯往，章泣下。遂奔咸陽，間關至河中。僖宗次鳳翔，卽行在拜知制誥，遷中書舍人。後狩寶鷄，不獲從，又還河中。龍紀初，復拜舊官，以疾解。景福中，拜諫議大夫，不赴。後再以戶部侍郎召，身謝闕下，數日卽引去。昭宗在華，召拜兵部侍郎，以足疾固自乞。會遷洛陽，柳璨希賊臣意，誅天下才望，助喪王室，詔圖入朝，圖陽墯笏，趣意野耄。璨知無意於世，乃聽還。

圖本居中條山王官谷，有先人田，遂隱不出。作亭觀素室，悉圖唐興節士文人，名亭曰休休，作文以見志曰：「休，美也，旣休而美具。故量才，一宜休；揣分，二宜休；耄而聵，三宜休；又少也墯，長也率，老也迂，三者非濟時用，則又宜休。」因自目爲耐辱居士。其言詭激不常，以免當時禍災云。豫爲冢棺，遇勝日，引客坐壙中賦詩，酌酒裴回。客或難之，圖曰：「君何不廣邪？生死一致，吾寧暫游此中哉！」每歲時，祠禱鼓舞，圖與閭里耆老相樂。王重榮父子雅重之，數饋遺，弗受。嘗爲作碑，贈絹數千，圖置虞鄉市，人得取之，一日盡。時寇盜所過殘暴，獨不入王官谷，士人依以避難。

朱全忠已篡，召爲禮部尚書，不起。哀帝弑，圖聞，不食而卒，年七十二。圖無子，以甥爲嗣，嘗爲御史所劾，昭宗不責也。

贊曰：節誼爲天下大閑，士不可不勉。觀皋、濟不汙賊，據忠自完，而亂臣爲沮計。天下士知大分所在，故傾朝復支。不有君子，果能國乎？德秀以德，城以鯁峭，圖知命，其志凜凜與秋霜爭嚴，眞丈夫哉！

唐書卷一百九十五

列傳第一百二十

孝友

唐受命二百八十八年，以孝悌名通朝廷者，多閭巷刺草之民，皆得書于史官。萬年王世貴，長安嚴待封，涇陽田伯明，華原韓難陀，華州王瞿曇，鄭縣辛法汪、郭士舉、張長、郭士度、鄭迪、柳仁忠、能君德、劉崇、甘元爽、韓子侚、韓思約，下邽張萬徹，朝邑申屠思恭、呂昂，鶉觚張元亮，靈臺孫智和，新平馮猛將，宜川司馬芬，洛交周崇俊，洛川何善宜，博陵崔定仁，冀州燕遺倩，貝州馬衡，滄州鄭士才，清池孫楚信、劉賢，渤海邊鳳舉，瀛州朱寶積，樂陵蘇伏念，邯鄲章徵，鷄澤馮仁海、郭守素，文安董相，武邑王達多、張丘感、張藝朗暨孫師才、張義節，沙河趙君惠，南樂谷感德，魏縣毛仁，武城茹智達，歷亭王師威、李肆仁，臨河李文綢，湯陰后斥奴，鼓城彭思義、陳屺、田堤岳，太原盧遺仁、王知道，蒲州賈孝才，解縣衞玄表，南岳張利見，安邑曹文行、孫懷應、相里志降、楊王操、邵玄同、張衡、曹存勳、李文褒、董文海、李文秀、張仙兒、張公憲，虞鄉董敬直，河東張金城、呂神通、呂雲、呂志挺、呂元光、趙舉、張祐、姚熾、張師德、馮巨源、杜山藏，河西郭文政，伊闕任仲濟、源榮璧，汴州張士嚴，陳留家師諒、董允恭，尉氏楊思貞，中牟潘良瑗暨子季通，陽武時惠珣，封丘楊嵩珪，許田李頤道，胙城蔡洪、石善雄暨孫彥威，朗山胡君才，徐州皇甫恆，彭城尹務榮，荊州劉寶，長壽史搏，益州焦懷肅、郭景華，郫縣曹少徵，涪城趙煙，資陽趙光寓、黃昇，梓潼馬冬王、秦舉、王興嗣，依政樊滴，巴西韋士宗、文博榮暨子詮，南鄭李貞古，巢縣張進昭，萬載廖洪，南陵蘇仲方，鄱陽張瓚，樂平謝惟勤、沈普、姜嵎，上饒鮑嘉福、虞鎔眞，句容張常洧，弋陽張球、李營暨子凝孫楚，貴溪黃舟，建昌熊士贍，臨江袁鳴，贛縣謝俊，餘杭何公弁、章成緬、方宗，建德何起門，桐廬祝希進，諸暨張萬和，蕭山李渭、許伯會、戴恭、俞僅，信安徐知新、徐惠諲，東陽應先、唐君祐，睦州許利川，建陽劉常，邵武黃亘、張亘錢、吳海，泉山黃嘉猷，永泰王奭，皆事親居喪著至行者。萬年宋興貴，奉先張郛，澧陽張仁興，櫟陽董思寵，湖城閻旻，高平雍仙高，湖城閻酆，正平周思藝、張子英，曲沃張君密、秦德方、馬玄操、李君則，太平趙德儼，隴西陳嗣，北海呂元簡，絳城宋洸之，單父劉九江，無棣徐文亮，樂陵吳正表，河間劉宣、董永，安邑任君義、衞開，龍門梁神義、賀見涉、張奇異，鄭縣王元緒、寇元童，舒城徐行周，睦州方良琨，桐廬戴元益，高安宋練，涇縣萬晏，弋陽李植，繁昌王丕，皆數世同居者。天子皆旌表門閭，賜粟帛，州縣存問，復賦稅；有授以官者。

唐時陳藏器著本草拾遺，謂人肉治羸疾，自是民間以父母疾，多刲股肉而進。又有京兆張阿九、趙言，奉天趙正言、滑清泌，羽林飛騎啖榮祿，鄭縣吳孝友，華陰尹義華，潞州張光玭，解縣南鍛，河東李忠孝、韓放，鄢陵任客奴，絳縣張子英，平原楊仙朝，樂工段日昇，河東將陳涉，襄陽馮子，城固雍孫八，虞鄉張抱玉、骨英秀，榆次馮秀誠，封丘楊嵩珪、劉皓，淸池朱庭玉、弟庭金，繁昌朱恠，歙縣黃芮，左千牛薛鋒及河陽劉士約，或給帛，或旌表門閭，皆名在國史。善乎韓愈之論也，曰：「父母疾，亨藥餌，以是爲孝，未聞毀支體者也。苟不傷義，則聖賢先衆而爲之。是不幸因而且死，則毀傷滅絕之罪有歸矣，安可旌其門以表異之？」雖然，委巷之陋，非有學術禮義之資，能忘身以及其親，出於誠心，亦足稱者。故列十七八焉。廣明後，方鎭淩法，夸地千里，事不上聞，孝悌篤行之士，旌命所不及。載小說者，名字不參見它書，不可錄。若李知本、張志寬之屬，承上順下，有禮讓君子之風，故輯而序之。張士巖父病，藥須鯉魚，冬月冰合，有獺銜魚至前，得以供父，父遂愈。母病癰，士巖吮血。父亡，廬墓，有虎狼依之。焦懷肅母病，每嘗其唾，若味異，輒悲號幾絕。母終，水漿不入口五日，負土成墳，廬守，日一食，杖然後起。繼母沒，亦如之。張進昭，母患狐刺，左手墮而終。及殯，進昭截左髖廬于墓。張公藝九世同居，北齊東安王永樂、隋大使梁子恭躬慰撫，表其門。高宗有事太山，臨幸其居，問本末，書「忍」字以對，天子爲流涕，賜縑帛而去。四人名頗著，詳見于篇。

李知本，趙州元氏人，元魏洛州刺史靈六世孫。父孝端，仕隋爲獲嘉丞。與族弟太沖俱有世閥，而太沖宦婚最高，鄉人語曰：「太沖無兄，孝端無弟。」知本涉經術，事親篤至，與弟知隱雍順，子孫百餘，至貲用僮僕無間也。大業末，盜賊過閭不入，相戒曰：「無犯義門。」往依者五百餘室，皆以免。貞觀初，知隱爲伊闕丞，知本夏津令。開元中，孫瑱爲給事中、揚州長史。知隱孫顒有文辭，至太常少卿。從祖兄弟位給事中凡四人。

張志寬，蒲州安邑人。居父喪而毁，州里稱之。王君廓兵略地，不暴其閭，倚全者百許姓。後爲里正，忽詣縣稱母疾求急，令問狀，對曰：「母有疾，志寬輒病，是以知之。」令謂其妄，繫於獄，馳驗如言，乃慰遣之。母終，負土成墳，手蒔松柏。高祖遣使者就弔，拜員外散騎常侍，賜物四十段，表其閭。

劉君良，瀛州饒陽人。四世同居，族兄弟猶同產也，門內斗粟尺帛無所私。隋大業末，荒饉，妻勸其異居，因易置庭樹鳥雛，令鬬且鳴，家人怪之，妻曰：「天下亂，禽鳥不相容，況人邪！」君良卽與兄弟別處。月餘，密知其計，因斥去妻，曰：「爾破吾家！」召兄弟流涕以告，更復同居。天下亂，鄉人共依之，衆築爲堡，因號義成堡。武德中，深州別駕楊弘業至其居，凡六院共一庖，子弟皆有禮節，歎挹而去。貞觀六年，表異門閭。

王少玄，博州聊城人。父隋末死亂兵，遺腹生少玄。甫十歲，問父所在，母以告，卽哀泣求尸。時野中白骨覆壓，或曰：「以子血漬而滲者，父胔也。」少玄鑱膚，閱旬而獲，遂以葬。創甚，彌年乃興。貞觀中，州言狀，拜徐王府參軍。

任敬臣字希古，棣州人。五歲喪母，哀毀天至。七歲，問父英曰：「若何可以報母？」英曰：「揚名顯親可也。」乃刻志從學。汝南任處權見其文，驚曰：「孔子稱顏回之賢，以爲弗如也。吾非古人，然見此兒，信不可及。」十六，刺史崔樞欲舉秀才，自以學未廣，遁去。又三年卒業，舉孝廉，授著作局正字。父亡，數殞絕，繼母曰：「而不勝喪，謂孝可乎？」敬臣更進饘粥。服除，遷祕書郎。休沐，闔門誦書。監虞世南器其人，歲終，書上考，固辭。召爲弘文館學士，俄授越王府西閤祭酒。當代，王再表留，進朝請郎。舉制科，擢許王文學。復爲弘文館學士，終太子舍人。

支叔才，定州人。隋末荒饉，夜丐食野中，還進母，爲賊執，欲殺之，告以情，賊閔其孝，爲解縛。母病癰，叔才吮瘡注藥。及亡，廬墓，有白鵲止廬傍。高宗時，表異其家。

至德間，有常州人王遇、弟遐俱爲賊執，將釋一人，兄弟相讓死，賊感其意，盡縱之。

程袁師，宋州人。母病十旬，不褫帶，藥不嘗不進。代弟戍洛州，母終，聞訃，日走二百里，因負土築墳，號癯，人不復識。改葬會門以來，閱二十年乃畢。常有白狼、黄蛇馴墓左，每哭，羣鳥鳴翔。永徽中，刺史狀諸朝，詔吏敦駕。既至，不願仕，授儒林郎，還之。

武弘度，士彠兄之子，補相州司兵參軍。永徽中，父卒，自徐州被髪徒跣趨喪所，負土築塋，晨夕號，日一溢米。素芝產廬前，狸擾其旁。高宗下詔褒美，旌其門。

宋思禮字過庭，事繼母徐爲聞孝。補蕭縣主簿。會大旱，井池涸，母羸疾，非泉水不適口，思禮憂懼且禱，忽有泉出諸庭，味甘寒，日不乏汲。縣人異之，尉柳晃爲刻石頌其感。

鄭潛曜者，父萬鈞，駙馬都尉、滎陽郡公。母，代國長公主。開元中，主寢疾，潛曜侍左右，造次不去，累三月不靧面。主疾侵，刺血爲書請諸神，丐以身代。火書，而「神許」二字獨不化。翌日主愈，戒左右無敢言。後尙臨晉長公主，歷太僕光祿卿。

元讓，雍州武功人。擢明經，以母病不肯調，侍膳不出閭數十年。母終，廬墓次，廢櫛沐，飯菜飲水。咸亨中，太子監國，下令表闕于門。永淳初，巡察使表讓孝悌卓越，擢太子右內率府長史。歲滿，還鄉里，人有所訟，皆詣讓判。中宗在東宮，召拜司議郎，入謁，武后望謂曰：「卿孝於家，必能忠於國，宜以治道輔吾子。」尋卒。

裴敬彝，絳州聞喜人。曾祖子通，隋開皇中以太中大夫居母喪，哭喪明，有白烏巢冢樾。兄弟八人皆爲名孝，詔表門闕，世謂「義門裴氏」。敬彝七歲能文章，性謹敏，宗族重之，號「甘露頂」。父智周，補臨黃令〔二〕，爲下所訟。敬彝年十四，詣巡察使唐臨直枉，臨奇之，試命作賦，賦工。父罪已釋，表敬彝于朝，補陳王府典籤。一日，忽泣涕謂左右曰：「大人病痛，吾輒然，今心悸而痛，事叵測。」乃請急，倍道歸，而父已卒，羸毀踰禮。乾封初，遷累監察御史。母病，醫許仁則者躄不能乘，敬彝自爲輿往迎。既居喪，詔贈縑帛，官爲作靈輿。終服，以著作郎兼脩國史。歷中書舍人、太子左庶子。武后時，爲酷吏所陷，死嶺南。

梁文貞，虢州閿鄉人。少從軍守邊，逮還，親已亡。自傷不得養，卽穿壙爲門，晨夕汛掃，廬墓左，喑默三十年，家人有所問，畫文以對。會官改新道，出文貞廬前，行旅見之，皆爲流涕。有甘露降塋木，白兔馴擾，縣令刊石紀之。開元中，刺史許景先表文貞孝絕倫類，詔付史官。

沈季詮字子平，洪州豫章人。少孤，事母孝，未嘗與人爭，皆以爲怯，季詮曰：「吾怯乎？爲人子者，可遺憂於親乎哉！」貞觀中，侍母度江，遇暴風，母溺死，季詮號呼投江中，少選，持母臂浮出水上。都督謝叔方具禮祭而葬之。

許伯會，越州蕭山人。或曰玄度十二世孫。舉孝廉。上元中，爲衡陽博士。母喪，負土成墳，不御絮帛、嘗滋味。野火將逮塋樹，悲號于天，俄而雨，火滅。歲旱，泉湧廬前，靈芝生。

陳集原，瀧州開陽人。世爲酋長。父龍樹，爲欽州刺史，有疾，卽集原輒不食。及亡，嘔血數升，卽塋作廬，盡以田貲讓兄弟，里人高之。武后時，歷右豹韜衞大將軍。

陸南金，蘇州吳人。祖士季，從同郡顧野王學左氏春秋、司馬史、班氏漢書。仕隋爲越王侗記室兼侍讀。侗稱制，擢著作郎。時王世充將簒逆，侗謂士季曰：「隋有天下三十年，朝果無忠臣乎？」士季對曰：「見危授命，臣宿志也。請因啓事爲陛下殺之。」謀洩，停侍讀，乃不克。貞觀初，終太學博士兼弘文館學士。

南金仕爲太常奉禮郎。開元初，少卿盧崇道抵罪徙嶺南，逃還東都。南金居母喪，崇道僞稱弔客，入而道其情，南金匿之。俄爲讎人跡告，詔侍御史王旭捕按，南金當重法，弟趙璧詣旭自言：「匿崇道者我也，請死。」南金固言弟自誣不情，旭怪之，趙璧曰：「母未葬，妹未歸，兄能辦之，我生無益，不如死。」旭驚，上狀。玄宗皆宥之。

南金知書史，履操謹完。張說、陸象先以賢謂之，由庫部員外以痼疾改太子洗馬，卒。

張琇，河中解人。父審素，爲巂州都督，有陳纂仁者，誣其冒戰級、私庸兵。玄宗疑之，詔監察御史楊汪即按。纂仁復告審素與總管董堂禮謀反。於是汪收審素繫雅州獄，馳至巂州按反狀。堂禮不勝忿，殺纂仁，以兵七百圍汪，脅使露章雪審素罪。既而吏共斬堂禮，汪得出，遂當審素實反，斬之，沒其家。琇與兄瑝尙幼，徙嶺南。久之，逃還。汪更名萬頃。瑝時年十三，琇少二歲。夜狙萬頃於魏王池，瑝斫其馬，萬頃驚不及鬭，爲琇所殺。條所以殺萬頃狀繫于斧，奔江南，將殺構父罪者，然後詣有司。道汜水，吏捕以聞。中書令張九齡等皆稱其孝烈，宜貸死，侍中裴耀卿等陳不可，帝亦謂然，謂九齡曰：「孝子者，義不顧命。

殺之可成其志，赦之則虧律。凡爲子，孰不願孝？轉相讎殺，遂無已時。」卒用耀卿議，議者以爲冤。帝下詔申諭，乃殺之。臨刑賜食，瑝不能進，琇色自如，曰：「下見先人，復何恨！」人莫不閔之，爲誄揭于道，斂錢爲葬北邙，尙恐仇人發之，作疑冢，使不知其處。

太宗時，有卽墨人王君操，父隋末爲鄉人李君則所殺，亡命去，時君操尙幼。至貞觀時，朝世更易，而君操窶孤，仇家無所憚，詣州自言。君操密挾刃殺之，刳其心肝噉立盡，趨告刺史曰：「父死凶手，歷二十年不克報，乃今刷憤，願歸死有司。」州上狀，帝爲貸死。

高宗時，絳州人趙師舉父爲人殺，師舉幼，母改嫁，仇家不疑。師舉長，爲人庸，夜讀書。久之，手殺讎人，詣官自陳，帝原之。

永徽初，同官人同蹄智壽父爲族人所害，智壽與弟智爽候諸塗，擊殺之，相率歸有司爭爲首，有司不能決者三年。或言弟始謀，乃論死。臨刑曰：「讎已報，死不恨。」智壽自投地委頓，身無完膚，舐智爽血盡乃已，見者傷之。

武后時，下邽人徐元慶父爽爲縣尉趙師韞所殺，元慶變姓名爲驛家保。久之，師韞以御史舍亭下，元慶手殺之，自囚詣官。后欲赦死，左拾遺陳子昂議曰：

先王立禮以進人，明罰以齊政。枕干讎敵，人子義也；誅罪禁亂，王政綱也。然無義不可訓人，亂綱不可明法。聖人脩禮治內，飭法防外，使守法者不以禮廢刑，居禮者不以法傷義，然後暴亂銷，廉恥興，天下所以直道而行也。元慶報父讎，束身歸罪，雖古烈士何以加？然殺人者死，畫一之制也，法不可二，元慶宜伏辜。傳曰：「父讎不同天。」勸人之教也。教之不苟，元慶宜赦。

臣聞刑所以生，遏亂也；仁所以利，崇德也。今報父之仇，非亂也；行子之道，仁也。仁而無利，與同亂誅，是曰能刑，未可以訓。然則邪由正生，治必亂作，故禮防不勝，先王以制刑也。今義元慶之節，則廢刑也。跡元慶所以能義動天下，以其忘生而及於德也。若釋罪以利其生，是奪其德，虧其義，非所謂殺身成仁、全死忘生之節。臣謂宜正國之典，寘之以刑，然後旌閭墓可也。

時韙其言。後禮部員外郎柳宗元駁曰：

禮之大本，以防亂也。若曰：無爲賊虐，凡爲子者殺無赦。刑之大本，亦以防亂也。若曰：無爲賊虐，凡爲治者殺無赦。其本則合，其用則異。旌與誅，不得並也。誅其可旌，茲謂濫，黷刑甚矣；旌其可誅，茲謂僭，壞禮甚矣。

若師韞獨以私怨，奮吏氣，虐非辜，州牧不知罪，刑官不知問，上下蒙冒，籲號不聞。而元慶能處心積慮以衝讎人之胸，介然自克，卽死無憾，是守禮而行義也。執事者宜有慚色，將謝之不暇，而又何誅焉？

其或父不免於罪，師韞之誅，不愆於法，是非死於吏也，是死於法也。法其可讎乎？讎天子之法，而戕奉法之吏，是悖驁而凌上也。執而誅之，所以正邦典，而又何旌焉？

禮之所謂讎者，冤抑沈痛而號無告也，非謂抵罪觸法，陷于大戮，而曰彼殺之我乃殺之，不議曲直，暴寡脅弱而已。春秋傳曰：「父不受誅，子復讎可也；父受誅，子復讎，此推刃之道。復讎不除害。」今若取此以斷兩下相殺，則合於禮矣。

且夫不忘讎，孝也；不愛死，義也。元慶能不越於禮，服孝死義，是必達理而聞道者也。夫達理聞道之人，豈其以王法爲敵讎者哉！議者反以爲戮，黷刑壞禮，其不可以爲典明矣。請下臣議附于令，有斷斯獄者，不宜以前議從事。

憲宗時，衢州人余常安父、叔皆爲里人謝全所殺。常安八歲，已能謀復仇。十有七年，卒殺全。刺史元錫奏輕比，刑部尚書李鄘執不可，卒抵死。

又富平人梁悅父爲秦果所殺，悅殺仇，詣縣請罪。詔曰：「在禮父讎不同天，而法殺人必死。禮、法，王教大端也，二說異焉。下尚書省議。」職方員外郎韓愈曰：

子復父讎，見于春秋、于禮記、周官、子若史，不勝數，未有非而罪者。最宜詳于律，而律無條，非闕文也。蓋以爲不許復讎，則傷孝子之心；許復讎，則人將倚法顓殺，無以禁止。夫律雖本於聖人，然執而行之者，有司也。經之所明者，制有司者也。丁寧其義於經而深沒其文於律者，將使法吏一斷於法，而經術之士得引經以議也。周官曰：「凡殺人而義者，令勿讎，讎之則死。」義者，宜也。明殺人而不得其宜者，子得復讎也。此百姓之相讎者也。公羊子曰：「父不受誅，子復讎可也。」不受誅者，罪不當誅也。誅者，上施下之辭，非百姓相殺也。周官曰：「凡報仇讎者，書於士，殺之無罪。」言將復讎，必先言於官，則無罪也。

復讎之名雖同，而其事各異。或百姓相讎，如周官所稱，可議於今者；或爲官吏所誅，如公羊所稱，不可行於今者。周官所稱將復讎先告於士，若孤稚羸弱，抱微志而伺敵人之便，恐不能自言，未可以爲斷於今也。然則殺之與赦不可一，宜定其制曰：「有復父讎者，事發，具其事下尙書省集議以聞，酌處之。」則經無失指矣。

有詔以悅申冤，請罪詣公門，流循州。

穆宗世，京兆人康買得，年十四，父憲責錢於雲陽張莅，莅醉，拉憲危死。買得以莅趫悍，度救不足解，則擧鍤擊其首，三日莅死。刑部侍郎孫革建言：「買得救父難不爲暴，度不解而擊不爲凶。先王制刑，必先父子之親。春秋原心定罪，周書諸罰有權。買得孝性天至，宜賜矜宥。」有詔減死。

侯知道、程俱羅者，靈州靈武人。居親喪，穿壙作冢，皆身執其勞，鄉人助者，卽哭而卻之。廬墳次，哭泣無節，知道七年、俱羅三年不止。知道垢塵積首，率夜半傅墳，踴而哭，鳥獸爲悲號。李華作二孝贊表其行曰：「厥初生人，有君有親。孝親爲子，忠君爲臣。兆自天命，降及人倫。背死不義，忘生不仁。過及智就，爲之禮文。至哉侯氏，創巨病殷。手足胼胝，以成高墳。夜黑飇動，如臨鬼神。哭無常聲，迥徹蒼旻。苴斬三年，爾獨終身。嗟嗟程生，其哀也均。顧後絕配，瞻前無鄰。」

又有何澄粹者，池州人。親病日錮，俗尙鬼，病者不進藥。澄粹刲股肉進，親疾爲瘳。後親沒，伏于墓，哭踊無數，以毀卒，當時號「青陽孝子」，士爲作誄甚衆。

壽州安豐李興亦有至行，柳宗元爲作孝門銘曰：「壽州刺史臣承思言：『九月丁亥，安豐令上所部編戶甿興，父被惡疾，歲月就亟，興自刃股肉，假託饋獻，父老病已不能啖，宿而死。興號呼撫臆，口鼻垂血，捧土就墳，沾漬涕洟。墳左作小廬，蒙以苫茨，伏匿其中，扶服頓踊，晝夜哭訴。孝誠幽達，神爲見異，廬上產紫芝、白芝，廬中醴泉湧。此皆陛下孝治神化，陰中其心，而克致斯事。謹按興匹庶賤陋，循習淺下，性非文字所導，生與耨耒爲業，而能鍾彼醇孝，超出古烈，天意神道，猶錫瑞物以表殊異。伏惟陛下有唐堯如神之德，宜加旌褒，合于上下。請表其里閭，刻石明白，宣延風美，覩示後祀，永永無極。臣昧死請。』制曰可。銘曰：『懿厥孝思，茲惟淑靈。稟承粹和，篤守天經。泣侍羸疾，默禱隱冥。引刃自嚮，殘肌敗形。羞膳奉進，憂勞孝誠。惟時高高，曾不視聽。創巨痛仍，號于穹旻。捧土濡涕，頓首成墳。搯膺腐眦，寒暑在廬。草木悴死，鳥獸踟躕。殊類異族，亦相其哀。肇有二位，孝道爰興。克修厥猷，載籍是登。在帝有虞，以孝烝烝。仲尼述經，以敎于曾。惟昔魯侯，見命夷宮。亦有考叔，寤莊稱純。顯顯李氏，寔與之倫。哀嗟道路，涕慕里鄰。神錫祕祉，三秀靈泉。帝命荐加，亦表其門。統合上下，交贊天人。建此碑號，億齡揚芬。』」

許法愼，滄州淸池人。甫三歲，已有知，時母病，不飲乳，慘慘有憂色。或以珍餌詭悅之，輒不食，還以進母。後親喪，常廬于塋，有甘露、嘉禾、靈芝、木連理、白兔之祥。天寶中，表異其閭。

林攢，泉州莆田人。貞元初，仕爲福唐尉。母羸老，未及迎而病。攢聞，棄官還。及母亡，水漿不入口五日。自埏甓作冢，廬其右，有白烏來，甘露降。觀察使李若初遣官屬驗實，會露晞，里人失色，攢哭曰：「天所降露，禍我邪？」俄而露復集，烏亦回翔。詔作二闕于母墓前，又表其閭，蠲傜役，時號「闕下林家」。

陳饒奴，饒州人。年十二，親併亡，窶弱居喪，又歲饑，或教其分弟妹可全性命。饒奴流涕，身丐訴相全養。刺史李復異之，給資儲，署其門曰「孝友童子」。

王博武，許州人。會昌中，侍母至廣州，及沙涌口，暴風，母溺死，博武自投于水。嶺南節度使盧貞俾吏沈罟，獲二屍焉，乃葬之，表其墓曰「孝子墓」。詔爲刻石。

萬敬儒，廬州人。三世同居，喪親廬墓，刺血寫浮屠書，斷手二指，輒復生。州改所居曰成孝鄉廣孝聚。大中時，表其家。

章全益，梓州涪城人。少孤，爲兄全啓所鞠。母病，全啓刲股膳母而愈。及全啓亡，全益服斬衰，斷手一指以報。不畜妻，僮僕處一室，賣藥自業，世傳能作黄金。居成都四十年，號章孝子，卒，年九十八。

贊曰：聖人治天下有道，曰「要在孝弟而已」。父父也，子子也，兄兄也，弟弟也，推而之國，國而之天下，建一善而百行從，其失則以法繩之。故曰「孝者天下大本，法其末也」。至匹夫單人，行孝一概，而凶盜不敢凌，天子唶而旌之者，以其教孝而求忠也。故袁而著于篇。

校勘記

〔一〕補臨黃令　「臨黃」，舊書卷一八八裴敬彝傳及御覽卷四一三作「內黃」。

唐書卷一百九十六

列傳第一百二十一

隱逸

王績　朱桃椎　孫思邈　田游巖史德義　孟詵　王友貞　王希夷

李元愷　衞大經　武攸緒　白履忠　盧鴻　吳筠潘師正　劉道合

司馬承禎　賀知章　秦系　張志和　孔述睿敏行　陸羽　崔覲

陸龜蒙

古之隱者，大抵有三概：上焉者，身藏而德不晦，故自放草野，而名往從之，雖萬乘之貴，猶尋軌而委聘也；其次，挈治世具弗得伸，或持峭行不可屈于俗，雖有所應，其於爵祿也，汎然受，悠然辭，使人君常有所慕企，怊然如不足，其可貴也；末焉者，資槁薄，樂山林，內審其才，終不可當世取捨，故逃丘園而不返，使人常高其風而不敢加訾焉。且世未嘗無隱，有之未嘗不旌賁而先焉者，以孔子所謂「舉逸民，天下之人歸焉」。

唐興，賢人在位衆多，其遁戢不出者，纔班班可述，然皆下槪者也。雖然，各保其素，非託默于語，足崖壑而志城闕也。然放利之徒，假隱自名，以詭祿仕，肩相摩於道，至號終南、嵩少爲仕塗捷徑，高尚之節喪焉。故裒可喜慕者類于篇。

王績字無功，絳州龍門人。性簡放，不喜拜揖。兄通，隋末大儒也，聚徒河、汾間，倣古作六經，又爲中說以擬論語。不爲諸儒稱道，故書不顯，惟中說獨傳。通知績誕縱，不嬰以家事，鄉族慶弔冠昏，不與也。與李播、呂才善。

大業中，舉孝悌廉絜，授祕書省正字。不樂在朝，求爲六合丞，以嗜酒不任事，時天下亦亂，因劾，遂解去。歎曰：「網羅在天，吾且安之！」乃還鄉里。有田十六頃在河渚間。仲長子光者，亦隱者也，無妻子，結廬北渚，凡三十年，非其力不食。績愛其眞，徙與相近。子光瘖，未嘗交語，與對酌酒懽甚。績有奴婢數人，種黍，春秋釀酒，養鳧鴈，蒔藥草自供。以周易、老子、莊子置牀頭，佗書罕讀也。欲見兄弟，輒度河還家。游北山東皐，著書自號東皐子。

乘牛經酒肆，留或數日。

高祖武德初，以前官待詔門下省。故事，官給酒日三升，或問：「待詔何樂邪？」答曰：「良醞可戀耳！」侍中陳叔達聞之，日給一斗，時稱「斗酒學士」。貞觀初，以疾罷。復調有司，時太樂署史焦革家善釀，績求爲丞，吏部以非流不許，績固請曰：「有深意。」竟除之。革死，妻送酒不絕，歲餘，又死。績曰：「天不使我酣美酒邪？」棄官去。自是太樂丞爲淸職。追述革酒法爲經，又采杜康、儀狄以來善酒者爲譜。李淳風曰：「君，酒家南、董也。」所居東南有盤石，立杜康祠祭之，尊爲師，以革配。著醉鄉記以次劉伶酒德頌。其飲至五斗不亂，人有以酒邀者，無貴賤輒往，著五斗先生傳。刺史崔喜悅之，請相見，答曰：「奈何坐召嚴君平邪？」卒不詣。杜之松，故人也，爲刺史，請績講禮，答曰：「吾不能揖讓邦君門，談糟粕，棄醇醪也。」之松歲時贈以酒脯。初，兄凝爲隋著作郎，撰隋書未成死，績續餘功，亦不能成。豫知終日，命薄葬，自誌其墓。

績之仕，以醉失職，鄉人靳之，託無心子以見趣曰：「無心子居越，越王不知其大人也，拘之仕，無喜色。越國法曰：『穢行者不齒。』俄而無心子以穢行聞，王黜之，無愠色。退而適茫蕩之野，過動之邑而見機士，機士撫髀曰：『嘻！子賢者而以罪廢邪？』無心子不應。機士曰：『願見教。』曰：『子聞蜚廉氏馬乎？一者朱鬣白毳，龍骼鳳臆，驟馳如舞，終日不釋轡而以熱死；一者重頭昂尾，駝頸貉膝，踶齧善蹶，棄諸野，終年而肥。夫鳳不憎山栖，龍不羞泥蟠，君子不苟絜以罹患，不避穢而養精也。』」其自處如此。

朱桃椎，益州成都人。澹泊絕俗，被裘曳索，人莫能測其爲。長史竇軌見之，遺以衣服、鹿幘、麂鞾，逼署鄉正。委之地，不肯服。更結廬山中，夏則贏，冬緝木皮葉自蔽，贈遺無所受。嘗織十芒屩置道上，見者曰：「居士屩也。」爲鬻米茗易之，置其處，輒取去，終不與人接。其爲屩，草柔細，環結促密，人爭躡之。高士廉爲長史，備禮以請，降階與之語，不答，瞪視而出。士廉拜曰：「祭酒其使我以無事治蜀邪？」乃簡條目，薄賦斂，州大治。屢遣人存問，見輒走林草自匿云。

孫思邈，京兆華原人。通百家說，善言老子、莊周。周洛州總管獨孤信見其少，異之，曰：「聖童也，顧器大難爲用爾！」及長，居太白山。隋文帝輔政，以國子博士召，不拜。密語人曰：「後五十年有聖人出，吾且助之。」太宗初，召詣京師，年已老，而聽視聰瞭。帝歎曰：

「有道者！」欲官之，不受。顯慶中，復召見，拜諫議大夫，固辭。上元元年，稱疾還山，高宗賜良馬，假鄱陽公主邑司以居之。

思邈於陰陽、推步、醫藥無不善，孟詵、盧照鄰等師事之。照鄰有惡疾，不可爲，感而問曰：「高醫愈疾，奈何？」答曰：「天有四時五行，寒暑迭居，和爲雨，怒爲風，凝爲雪霜，張爲虹蜺，天常數也。人之四支五藏，一覺一寐，吐納往來，流爲榮衞，章爲氣色，發爲音聲，人常數也。陽用其形，陰用其精，天人所同也。失則蒸生熱，否生寒，結爲瘤贅，陷爲癰疽，奔則喘乏，竭則燋槁，發乎面，動乎形。天地亦然：五緯縮贏，孛彗飛流，其危診也；寒暑不時，其蒸否也；石立土踊，是其瘤贅；山崩土陷，是其癰疽；奔風暴雨其喘乏，川瀆竭涸其燋槁。高醫導以藥石，救以鍼劑；聖人和以至德，輔以人事。故體有可愈之疾，天有可振之災。」

照鄰曰：「人事奈何？」曰：「心爲之君，君尚恭，故欲小。詩曰『如臨深淵，如履薄冰』，小之謂也。膽爲之將，以果決爲務，故欲大。詩曰『赳赳武夫，公侯干城』，大之謂也。仁者靜，地之象，故欲方。傳曰『不爲利回，不爲義疚』，方之謂也。智者動，天之象，故欲圓。易曰『見機而作，不俟終日』，圓之謂也。」

復問養性之要，答曰：「天有盈虛，人有屯危，不自慎，不能濟也。故養性必先知自慎也。愼以畏爲本，故士無畏則簡仁義，農無畏則墮稼穡，工無畏則慢規矩，商無畏則貨不殖，子無畏則忘孝，父無畏則廢慈，臣無畏則勳不立，君無畏則亂不治。是以太上畏道，其次畏天，其次畏物，其次畏人，其次畏身。憂於身者不拘於人，畏於己者不制於彼，愼於小者不懼於大，戒於近者不侮於遠。知此則人事畢矣。」

初，魏徵等脩齊、梁、周、隋等五家史，屢咨所遺，其傳最詳。永淳初，卒，年百餘歲，遺令薄葬，不藏明器，祭去牲牢。

孫處約嘗以諸子見，思邈曰：「俊先顯，侑晚貴，佺禍在執兵。」後皆驗。太子詹事盧齊卿之少也，思邈曰：「後五十年位方伯，吾孫爲屬吏，願自愛。」時思邈之孫溥尚未生，及溥爲蕭丞，而齊卿徐州刺史。

田游巖，京兆三原人。永徽時，補太學生。罷歸，入太白山。母及妻皆有方外志，與共棲遲山水間。自蜀歷荆、楚，愛夷陵青溪，止廬其側。長史李安期表其才，召赴京師，行及汝，辭疾入箕山，居許由祠旁，自號「由東鄰」，頻召不出。

高宗幸嵩山，遣中書侍郎薛元超就問其母，賜藥物絮帛。帝親至其門，游巖野服出拜，儀止謹樸，帝令左右扶止，謂曰：「先生比佳否？」答曰：「臣所謂泉石膏肓，煙霞痼疾者。」帝曰：「朕得君，何異漢獲四皓乎？」薛元超贊帝曰：「漢欲廢嫡立庶，故四人者爲出，豈如陛下親降巖穴邪？」帝悅，因敕游巖將家屬乘傳赴都，拜崇文館學士。帝營奉天宮，游巖舊宅直宮左，詔不聽毀。天子自書榜其門，曰「隱士田游巖宅」。進太子洗馬。裴炎死，坐素厚善，放還山。蠶衣耕食，不交當世，惟與韓法昭、宋之問爲方外友云。

時又有史德義者，崑山人，居虎丘山。騎牛帶瓢，出入廛野。高宗聞其名，召至洛陽，俄稱疾歸。天授初，江南宣勞使周興薦之，復召赴都，擢朝散大夫。興死，免官歸，素譽頓衰。

孟詵，汝州梁人。擢進士第，累遷鳳閣舍人。它日至劉禕之家，見賜金曰：「此藥金也，燒之，火有五色氣。」試之，驗。武后聞，不悅，出爲台州司馬，頻遷春官侍郎。相王召爲侍讀。拜同州刺史。神龍初，致仕，居伊陽山，治方藥。睿宗召，將用之，以老固辭，賜物百段，詔河南春秋給羊酒糜粥。尹畢構以詵有古人風，名所居爲子平里。開元初，卒，年九十三。詵居官頗刻斂，然以治稱。其閒居嘗語人曰：「養性者善言不可離口，善藥不可離手。」當時傳其當。

王友貞，懷州河內人。父知敬，善書隸。武后時，仕爲麟臺少監。友貞少爲司經局正字。母病，醫言得人肉啖良已，友貞剔股以進，母疾愈。詔旌表其門。素好學，訓誨子弟如嚴君。口不語人過，重然諾，時以爲君子。歷長水令，罷歸。中宗在東宮，召爲司議郎，不就。神龍初，以太子中舍人徵，固辭疾。詔致珍饌，給全祿終身，四時送其所，州縣存問。玄宗在東宮，表以蒲車召，不至。卒，年九十九，贈銀青光祿大夫，敕縣令弔祭。

王希夷，徐州滕人。家貧，父母喪，爲人牧羊，取傭以葬。隱嵩山，師黃頤學養生四十年。頤卒，更居兗州徂來，與劉玄博友善。喜讀周易、老子，餌松柏葉、雜華，年七十餘，筋力柔彊。刺史盧齊卿就謁問政，答曰：「『己所不欲，勿施於人』，此言足矣。」

玄宗東巡狩，詔州縣敦勸見行在，時九十餘，帝令張說訪以政事，宦官扶入宮中，與語甚說，拜國子博士，聽還山。敕州縣春秋致束帛酒肉，仍賜絹百、衣一稱。

李元愷，邢州人。博學，善天步律曆，性恭愼，未嘗敢語人。宋璟嘗師之，旣當國，厚遺以束帛，將薦之朝，拒不答。洛州刺史元行沖邀致之，問經義畢，贈衣服，辭曰：「吾軀不可服新麗，懼不稱以速咎也。」行沖垢䘒復與之，不獲已而受。俄報身所蠶素絲曰：「義不受無妄財也。」先是，定州崔元鑒善禮學，用張易之力，授朝散大夫，家居給半祿。元愷誚曰：「無功而祿，災也。」卒，年八十餘。

衞大經，蒲州解人。卓然高行，口無二言。武后時，召之，固辭疾。素善魏夏侯乾童，聞其母卒，盛暑步往弔，或止之曰：「方夏，涉遠不如致書。」答曰：「書能盡意邪？」比至，乾童以事行，乃設席行弔禮，不訊其家而還。開元初，畢構爲刺史，使縣令孔愼言就謁，辭不見。

大經邃于易，人謂之「易聖」。豫筮死日，鑿墓自爲誌，如言終。

武攸緒，則天皇后兄惟良子也。恬淡寡欲，好易、莊周書。少變姓名，賣卜長安市，得錢輒委去。後更授太子通事舍人，累遷揚州大都督府長史、鴻臚少卿。后革命，封安平郡王，從封中岳，固辭官，願隱居。后疑其詐，許之，以觀所爲。攸緒廬巖下如素遁者，后遣其兄攸宜敦諭，卒不起，后乃異之。盤桓龍門、少室間，冬蔽茅椒，夏居石室，所賜金銀鐺鬲、野服，王公所遺鹿裘、素障、癭杯，塵皆流積，不御也。市田潁陽，使家奴雜作，自混於民。晚年肌肉銷眚，瞳有紫光，晝能見星。

中宗初，降封巢國公，遣國子司業杜愼盈齎書以安車召，拜太子賓客。苦祈還山，詔可。安樂公主出降，又遣通事舍人李邈以璽書迎之。將至，帝敕有司卽兩儀殿設位，行問道禮，詔見日山帔葛巾，不名不拜。攸緒至，更冠帶。仗入，通事舍人贊就位，攸緒趨就常班再拜，帝愕然，禮不及行，朝廷歎息。賜予無所受，親貴來謁，道寒温外，默無所言。及還，中書、門下、學士、朝官五品以上，幷祖城東。

俄而諸韋誅，武氏連禍，唯攸緒不及。睿宗恐其不自安，下詔慰諭，復召拜太子賓客，不就。譙王重福之亂，攸緒以誣被繫，張說表置廬山，中書令姚元崇奏：「攸緒在武后時未嘗輒出，今州縣逼遣，士為驚嗟。願詔賜嵩山舊居，令州縣存問。」詔可。開元十一年卒。

白履忠，汴州浚儀人。貫知文史，居古大梁城，時號梁丘子。景雲中，召為校書郎，棄官去。開元十年，刑部尚書王志愔薦履忠博學守操，可代褚无量、馬懷素入閣侍讀，國子祭酒楊瑒又表其賢，召赴京師。辭病老不任職，詔拜朝散大夫。乞還，手詔許游京師，徐返里閭。履忠留數月乃去。

吳兢，其里人也，謂曰：「子素貧，不霑斗米匹帛，雖得五品亦何益？」履忠曰：「往契丹入寇，家取排門夫，吾以讀書，縣為免。今終身高臥，寬傜役，豈易得哉！」

盧鴻字顥然，其先幽州范陽人，徙洛陽。博學，善書籀。廬嵩山。玄宗開元初，備禮徵再，不至。五年，詔曰：「鴻有泰一之道，中庸之德，鈎深詣微，確乎自高。詔書屢下，每輒辭託，使朕虛心引領，于今數年。雖得素履幽人之介，而失考父滋恭之誼，豈朝廷之故與生殊趣邪？將縱欲山林，往而不能反乎？禮有大倫，君臣之義不可廢也。今城闕密邇，不足爲勞，有司其齎束帛之具，重宣茲旨，想有以翻然易節，副朕意焉。」

鴻至東都，謁見不拜，宰相遣通事舍人問狀，答曰：「禮者，忠信所薄，臣敢以忠信見。」帝召升內殿，置酒。拜諫議大夫，固辭。復下制，許還山，歲給米百斛、絹五十，府縣爲致其家，朝廷得失，其以狀聞。將行，賜隱居服，官營草堂，恩禮殊渥。鴻到山中，廣學廬，聚徒至五百人。及卒，帝賜萬錢。鴻所居室，自號寧極云。

吳筠字貞節，華州華陰人。通經誼，美文辭，舉進士不中。性高鯁，不耐沈浮於時，去居南陽倚帝山。

天寶初，召至京師，請隸道士籍，乃入嵩山依潘師正，究其術。南游天台，觀滄海，與有名士相娛樂，文辭傳京師。玄宗遣使召見大同殿，與語甚悅，敕待詔翰林，獻玄綱三篇。帝嘗問道，對曰：「深於道者，無如老子五千文，其餘徒喪紙札耳。」復問神仙治鍊法，對曰：「此野人事，積歲月求之，非人主宜留意。」筠每開陳，皆名教世務，以微言諷天子，天子重之。羣沙門嫉其見遇，而高力士素事浮屠，共短筠於帝，筠亦知天下將亂，懇求還嵩山。詔爲立道館。安祿山欲稱兵，乃還茅山。而兩京陷，江、淮盜賊起，因東入會稽剡中。大歷十三年卒，弟子私謚爲宗元先生。

始，筠見惡於力士而斥，故文章深詆釋氏。筠所善孔巢父、李白，歌詩略相甲乙云。

潘師正者，貝州宗城人。少喪母，廬墓，以孝聞。事王遠知爲道士，得其術，居逍遙谷。高宗幸東都，召見，問所須，對曰：「茂松淸泉，臣所須也，旣不乏矣。」帝尊異之，詔卽其廬作崇唐觀。及營奉天宮，又敕直逍遙谷作門曰仙游，北曰尋眞。時太常獻新樂，帝更名祈仙、望仙、翹仙曲。卒，年九十八，贈太中大夫，謚體玄先生。

又有劉道合者，亦與師正同居嵩山，帝卽所隱立太一觀使居之。時將封太山，雨不止，帝令道合禳祝，俄而霽，乃令馳傳先行太山祈祓。得賞賜輒散貧乏，無所蓄。咸亨中，爲帝作丹，劑成而卒。帝後營宮，遷道合墓，開其棺，見骸坼若蟬蛻者。帝聞，恨曰：「爲我合丹，而自服去。」然所餘丹無它異。

司馬承禎字子微，洛州温人。事潘師正，傳辟穀道引術，無不通。師正異之，曰：「我得陶隱居正一法，逮而四世矣。」因辭去，徧游名山，廬天台不出。武后嘗召之，未幾，去。睿宗復命其兄承禕就起之，既至，引入中掖廷問其術，對曰：「爲道日損，損之又損，以至於無爲。夫心目所知見，每損之尚不能已，況攻異端而增智慮哉？」帝曰：「治身則爾，治國若何？」對曰：「國猶身也，故游心於淡，合氣於漠，與物自然而無私焉，而天下治。」帝嗟味曰：「廣成之言也！」錫寶琴、霞紋帔，還之。

開元中，再被召至都，玄宗詔於王屋山置壇室以居。善篆、隸，帝命以三體寫老子，刊正文句。又命玉眞公主及光祿卿韋縚至所居，按金籙設祠，厚賜焉。卒，年八十九，贈銀青光祿大夫，謚貞一先生，親文其碑。

自師正、道合與承禎等，語言詼譎似方士，劉之不錄，直取其隱概云。

賀知章字季眞，越州永興人。性曠夷，善譚說，與族姑子陸象先善。象先嘗謂人曰：「季眞清譚風流，吾一日不見，則鄙吝生矣。」

證聖初，擢進士、超拔羣類科，累遷太常博士。張說爲麗正殿脩書使，表知章及徐堅、趙冬曦入院，撰六典等書，累年無功。開元十三年，遷禮部侍郎，兼集賢院學士，一日併謝。

宰相源乾曜語說曰：「賀公兩命之榮，足爲光寵，然學士、侍郎孰爲美？」說曰：「侍郎衣冠之選，然要爲具員吏；學士懷先王之道，經緯之文，然後處之。此其爲間也。」玄宗自爲贊賜之。遷太子右庶子，充侍讀。

申王薨，詔選挽郎，而知章取捨不平，蔭子喧訴不能止，知章梯牆出首以決事，人皆靳之，坐徙工部。肅宗爲太子，知章遷賓客，授祕書監，而左補闕薛令之兼侍讀。時東宮官積年不遷，令之書壁，望禮之薄，帝見，復題「聽自安者」。令之即棄官，徒步歸鄉里。

知章晚節尤誕放，遨嬉里巷，自號「四明狂客」及「祕書外監」。每醉，輒屬辭，筆不停書，咸有可觀，未始刊飭。善草隸，好事者具筆研從之，意有所愜，不復拒，然紙纔十數字，世傳以爲寶。

天寶初，病，夢游帝居，數日寤，乃請爲道士，還鄉里，詔許之，以宅爲千秋觀而居。又求周宮湖數頃爲放生池，有詔賜鏡湖剡川一曲。既行，帝賜詩，皇太子百官餞送。擢其子曾子爲會稽郡司馬，賜緋魚，使侍養，幼子亦聽爲道士。卒，年八十六。肅宗乾元初，以雅舊，贈禮部尚書。

令之，長谿人。肅宗亦以舊恩召，而令之已前卒。

秦系字公緒，越州會稽人。天寶末，避亂剡溪，北都留守薛兼訓奏爲右衞率府倉曹參軍，不就。客泉州，南安有九日山，大松百餘章，俗傳東晉時所植，系結廬其上，穴石爲研，注老子，彌年不出。刺史薛播數往見之，歲時致羊酒，而系未嘗至城門。姜公輔之謫，見系輒窮日不能去，築室與相近，忘流落之苦。公輔卒，妻子在遠，系爲葬山下。張建封聞系之不可致，請就加校書郎。

與劉長卿善，以詩相贈答。權德輿曰：「長卿自以爲五言長城，系用偏師攻之，雖老益壯。」其後東度秣陵，年八十餘卒。南安人思之，爲立子亭，號其山爲高士峯云。

張志和字子同，婺州金華人。始名龜齡。父游朝，通莊、列二子書，爲象罔、白馬證諸篇佐其說。母夢楓生腹上而產志和。十六擢明經，以策干肅宗，特見賞重，命待詔翰林，授左金吾衞錄事參軍，因賜名。後坐事貶南浦尉，會赦還，以親既喪，不復仕，居江湖，自稱煙波釣徒。著玄眞子，亦以自號。有韋詣者，爲撰內解。志和又著太易十五篇，其卦三百六十五。兄鶴齡恐其遁世不還，爲築室越州東郭，茨以生草，椽棟不施斤斧。豹席椶屩，每垂釣不設餌，志不在魚也。縣令使浚渠，執畚無忤色。嘗欲以大布製裘，嫂爲躬績織，及成，衣之，雖暑不解。

觀察使陳少游往見，爲終日留，表其居曰玄眞坊。以門隘，爲買地大其閎，號回軒巷。先是門阻流水，無梁，少游爲構之，人號大夫橋。帝嘗賜奴婢各一，志和配爲夫婦，號漁童、樵青。

陸羽常問：「孰爲往來者？」對曰：「太虛爲室，明月爲燭，與四海諸公共處，未嘗少別也，何有往來？」顏眞卿爲湖州刺史，志和來謁，眞卿以舟敝漏，請更之，志和曰：「願爲浮家泛宅，往來苕、霅間。」辯捷類如此。

善圖山水，酒酣，或擊鼓吹笛，舐筆輒成。嘗撰漁歌，憲宗圖眞求其歌，不能致。李德裕稱志和「隱而有名，顯而無事，不窮不達，嚴光之比」云。

孔述睿，越州山陰人。梁侍中休源八世孫。高祖德紹，事竇建德爲中書侍郎，嘗草檄毁薄太宗，賊平，執登汜水樓，責曰：「爾以檄謗我云何？」對曰：「犬吠非其主。」帝怒曰：「賊乃主邪？」命壯士捽殞樓下。曾祖昌寓，字廣成，貞觀中對策高第，歷魏州司馬，有治狀，帝爲不置刺史。爲政三年，璽書褒美，進膳部郎中。祖祖舜，字奉先，爲監察御史，以累下除成武令，雉馴于廷。

逖睿少與兄充符、弟克讓篤孝，已孤，偕隱嵩山。而逖睿資嗜學，大曆中，劉晏薦於代宗，以太常寺協律郎召，擢累司勳員外郎、史館脩撰。逖睿每一遷，卽至朝謝，俄而辭疾歸，以爲常。

德宗立，拜諫議大夫，命河南尹趙惠伯齎詔書束帛，備禮敦遣。既至，對別殿，賜第宅，給廄馬，兼皇太子侍讀。固辭，弗許。久乃改祕書少監，兼右庶子，復爲史館脩撰。逖睿重次地理志，本末最詳。性退讓，未始忤物，雖親朋燕集，至嚴默終日，人皆畏之。與令狐峘同職，峘數抵侮，然卒不校也，時稱長者。

貞元四年，帝念平涼之難尤惻怛，以逖睿精慤而誠，故遣持祠具稱詔臨祭。又以疾乞解，久乃許，以太子賓客還鄉，賜帛五十匹、衣一襲。故事，致仕不給公騶，帝特命給焉。卒，年七十一，贈工部尙書。

子敏行，字至之，元和初，擢進士第。岳鄂呂元膺表在節度府，元膺徙東都、河中，輒隨府遷。入拜右拾遺，四遷司勳郎中、集賢殿學士、諫議大夫。李絳遇害，事本監軍楊叔元，時無敢言，敏行上書極論之，叔元乃得罪。以名臣子，少脩絜，及仕宦，能交當時豪俊，有名一時，而雅操不逮父矣。卒，年三十九，贈工部侍郎。

陸羽字鴻漸，一名疾，字季疵，復州竟陵人。不知所生，或言有僧得諸水濱，畜之。既長，以易自筮，得蹇之漸，曰：「鴻漸于陸，其羽可用爲儀。」乃以陸爲氏，名而字之。

幼時，其師教以旁行書，答曰：「終鮮兄弟，而絕後嗣，得爲孝乎？」師怒，使執糞除圬塓以苦之，又使牧牛三十，羽潛以竹畫牛背爲字。得張衡南都賦，不能讀，危坐效羣兒囁嚅若成誦狀，師拘之，令薙草莽。當其記文字，懵懵若有遺，過日不作，主者鞭苦，因歎曰：「歲月往矣，奈何不知書！」嗚咽不自勝，因亡去，匿爲優人，作詼諧數千言。

天寶中，州人酺，吏署羽伶師，太守李齊物見，異之，授以書，遂廬火門山。貌侻陋，口吃而辯。聞人善，若在己，見有過者，規切至忤人。朋友燕處，意有所行輒去，人疑其多嗔。與人期，雨雪虎狼不避也。上元初，更隱苕溪，自稱桑苧翁，闔門著書。或獨行野中，誦詩擊木，裴回不得意，或慟哭而歸，故時謂今接輿也。久之，詔拜羽太子文學，徙太常寺太祝，不就職。貞元末，卒。

羽嗜茶，著經三篇，言茶之原、之法、之具尤備，天下益知飲茶矣。時鬻茶者，至陶羽形置煬突間，祀爲茶神。有常伯熊者，因羽論復廣著茶之功。御史大夫李季卿宣慰江南，次臨淮，知伯熊善煮茶，召之，伯熊執器前，季卿爲再舉杯。至江南，又有薦羽者，召之，羽衣野服，挈具而入，季卿不爲禮，羽愧之，更著毁茶論。其後尚茶成風，時回紇入朝，始驅馬市茶。

崔覲，梁州城固人。以儒自業，身耕耨取給。老無子，乃以田宅財貲分給奴婢各爲業，而身與妻隱南山，約奴婢過其舍則給酒食，夫婦嘯詠相視爲娛。山南西道節度使鄭餘慶辟爲參謀，敦趣就職，不曉吏事，餘慶稱長者。文宗時，左補闕王直方，其里中人也，上書論事，見便殿，訪遺逸，直方薦覲高行，詔以起居郎召，辭疾不至。

陸龜蒙字魯望，元方七世孫也。父賓虞，以文歷侍御史。龜蒙少高放，通六經大義，尤明春秋。舉進士，一不中，往從湖州刺史張摶游，摶歷湖、蘇二州，辟以自佐。嘗至饒州，三日無所詣。刺史蔡京率官屬就見之，龜蒙不樂，拂衣去。

居松江甫里，多所論撰，雖幽憂疾痛，貲無十日計，不少輟也。文成，竄稾篋中，或歷年不省，爲好事者盜去。得書熟誦乃錄，讎比勤勤，朱黄不去手，所藏雖少，其精皆可傳。借人書，篇秩壞舛，必爲輯褫刊正。樂聞人學，講論不倦。

有田數百畝，屋三十楹，田苦下，雨潦則與江通，故常苦饑。身畚鍤，茠刺無休時，或譏其勞，答曰：「堯、舜黴瘠，禹胼胝。彼聖人也，吾一褐衣，敢不勤乎？」嗜茶，置園顧渚山下，歲取租茶，自判品第。張又新爲水說七種，其二慧山泉，三虎丘井，六松江。人助其好者，雖百里爲致之。初，病酒，再期乃已，其後客至，挈壺置杯不復飮。不喜與流俗交，雖造門不肯見。不乘馬，升舟設蓬席，齎束書、茶竈、筆牀、釣具往來。時謂江湖散人，或號天隨子、甫里先生，自比涪翁、漁父、江上丈人。後以高士召，不至。李蔚、盧攜素與善，及當國，召拜左拾遺。詔方下，龜蒙卒。光化中，韋莊表龜蒙及孟郊等十人，皆贈右補闕。

陸氏在姑蘇，其門有巨石，遠祖績嘗事吳爲鬱林太守，罷歸無裝，舟輕不可越海，取石爲重，人稱其廉，號「鬱林石」，世保其居云。

唐書卷一百九十七

列傳第一百二十二

循吏

韋仁壽　陳君賓　張允濟 李桐客　李素立 至遠　畬　巖　薛大鼎
克構　賈敦頤 敦實　楊德幹　田仁會 歸道　裴懷古　韋景駿
李惠登　羅珦 讓　韋丹 宙　岫　盧弘宣　薛元賞　何易于

治者，君也；求所以治者，民也；推君之治而濟之民，吏也。故吏良，則法平政成；不良，則王道弛而敗矣。在堯、舜時，曰「九德咸事」也，「百工惟時」也；在周文、武時，曰「棫樸，能官人也」，「南山有臺，樂得賢也」。是循吏之效也。堯、舜，五帝之盛帝，文、武，三王之顯王，不能去是而治，後世可乎哉？

唐興，承隋亂離，剗祓荒荼，始擇用州刺史、縣令。太宗嘗曰：「朕思天下事，丙夜不安枕，永惟治人之本，莫重刺史，故錄姓名於屏風，臥興對之，得才否狀，輒疏之下方，以擬廢置。」又詔內外官五品以上舉任縣令者。於是官得其人，民去歎愁，就安安。都督、刺史，其職察州縣。間遣使者循行天下，劾舉不職。始，都督、刺史皆天子臨軒册授。後不復册，然猶受命日對便殿，賜衣物，乃遣。玄宗開元時，已辭，仍詣側門候進止，所以光寵守臣，以責其功。初，刺史準京官得佩魚，品卑者假緋、魚。開元中，又錮廢酷吏，懲無良，羣臣化之，革苛嬈之風，爭以惠利顯。復詔：三省侍郎缺，擇嘗任刺史者；郎官缺，擇嘗任縣令者。至宰相名臣，莫不孜孜言長人不可輕授亟易。是以授受之間，雖不能皆善，而所得十五。故叶氣嘉生，薰爲太平，垂祀三百，與漢相埒。致之之術，非循吏謂何？故條次治宜，以著厥庸。若將相大臣兼以勛閥著者，各見本篇，不列於玆。

韋仁壽，京兆萬年人。隋大業末，爲蜀郡司法書佐，斷獄平，得罪者皆自以韋君所論，死無恨。高祖入關，遣使者徇定蜀，承制擢仁壽巂州都督府長史。南寧州納款，朝廷歲遣使撫接，至率貪沓，邊人苦之，多畔去。帝素聞仁壽治理，詔檢校南寧州都督，寄治越巂，詔歲一按行尉勞。仁壽將兵五百人循西洱河，開地數千里，稱詔置七州十五縣，酋豪皆來賓見，即授以牧宰，威令簡嚴，人人安悅。將還，酋長泣曰：「天子藉公鎮撫，奈何欲去我？」仁壽以池壁未立爲解，諸酋即相率築城起廨，甫旬略具。仁壽乃告以實曰：「吾奉詔弟撫循，庸敢擅留？」夷夏父老乃悲啼祖行，遣子弟隨貢方物，天子大悅。仁壽請徙治南寧州，假兵遂撫定，詔可，敕益州給兵護送。刺史竇軌疾其功，訹言山獠方叛，未可以遠略，不時遣。歲餘，卒。

陳君賓，陳鄱陽王伯山子也。仕隋爲襄國通守。武德初，挈郡聽命，封東陽郡公，遷邢州刺史。貞觀初，徙鄧州，州承喪亂後，百姓流宂，君賓加意勞徠，不期月，皆還自業。明年，四方霜潦，獨君賓所治有年，儲倉充羨，蒲、虞二州民就食其境。太宗下詔勞之曰：「去年關內六州穀不登，糇糧少，令析民房逐食。聞刺史與百姓識朕此懷，務相安養，還有贏糧，出布帛贍遺行者。此知水旱常數，更相拯贍，禮讓興行，海內之人皆爲兄弟，變澆薄之風，朕顧何憂？已命有司錄刺史以下功最；百姓養戶，免今年調物。」是歲，入爲太府少卿，轉少府少監，坐事免。起爲虔州刺史，卒。

張允濟，青州北海人。仕隋爲武陽令，以愛利爲行。元武民以牸牛依婦家者，久之，孳十餘犢，將歸，而婦家不與牛。民訴縣，縣不能決，乃詣允濟，允濟曰：「若自有令，吾何與爲？」民泣訴其抑，允濟因令左右縛民，蒙其首，過婦家，云捕盜牛者，命盡出民家牛，質所來，婦家不知，遽曰：「此婿家牛，我無豫。」卽遣左右撤蒙，曰：「可以此牛還婿。」婦家叩頭服罪，元武吏大慚。允濟過道旁，有姥廬守所蒔葱，因敎曰：「弟還舍，脫有盜，當告令。」姥謝歸。俄大亡葱，允濟召十里內男女盡至，物色驗之，果得盜者。有行人夜發，遺袍道中，行十餘里乃寤，人曰：「吾境未嘗拾遺，可還取之。」既而得袍。擧政尤異，遷高陽郡丞，郡缺太守，獨統郡事，吏下畏悅。賊帥王須拔攻郡，於是糧屈，吏食槐葉藁節，無叛者。貞觀初，累遷刑部侍郎，封武城縣男，擢幽州刺史，卒。

時又有李桐客者，亦以治稱。初仕隋，爲門下錄事。煬帝在江都，以四方日亂，謀徙都丹楊，召羣臣議。左右希意，以爲江左且望幸，若巡狩勒石紀功，復禹舊跡，顧不其然。桐客獨曰：「吳會卑濕而陿，不足奉萬乘、給三軍，吳人力屈，無以堪命，且踰越險阻，非社稷福。」

御史劾以訕毁，幾得罪而免。爲宇文化及脅，將至黎陽，又陷竇建德。賊平，授秦王府法曹參軍。貞觀初，累爲通、巴二州刺史，治尚清平，民呼爲慈父。桐客，冀州衡水人。

李素立，趙州高邑人。曾祖義深，仕北齊爲梁州刺史。父政藻，爲隋水部郎，使淮南，死于盜。素立仕武德初，擢監察御史。民犯法不及死，高祖欲殺之，素立諫曰：「三尺法，天下所共，有一動搖，則人無以措手足。方大業經始，柰何輦轂下先棄刑書乎？」帝嘉納，由是恩顧特異。以親喪解官，起授七品清要，有司擬雍州司戶參軍，帝曰：「要而不清。」復擬祕書郎，帝曰：「清而不要。」乃授侍御史。貞觀中，轉揚州大都督府司馬。

初，突厥鐵勒部內附，即其地爲瀚海都護府，詔素立領之。於是，闕泥熟別部數梗邊，素立以不足用兵，遣使諭降，夷人感其惠，率馬牛以獻，素立止受酒一杯，歸其餘。乃開屯田，立署次，虜益畏威。歷太僕、鴻臚卿，累封高邑縣侯。出爲綿州刺史。永徽初，徙蒲州，將行，還所餘儲粀并什器于州，齎家書就道。會卒，高宗特廢朝一日，謚曰平。

孫至遠，始名鵬。而素立方奉使，謂家人曰：「古有待事名子，吾此役可命子孫矣。」遂以名之。少秀晤，能治尚書、左氏春秋，未見杜預釋例而作編記，大趣略同。復撰周書，起后稷至赧，爲傳紀，令狐德棻許其良史。始調蒲州參軍，累補乾封尉。上元時，制策高第，授明堂主簿。以喪解，旣除，調鴻臚主簿。奏戎狄簿領，高宗悅，擢監察御史裏行。忤貴倖，外遷，久乃歷司勳、吏部員外郎中。遷天官侍郎，知選事，疾令史受賕謝，多所紬易，吏肅然斂手。有王忠者，被放，吏謬書其姓爲「士」，欲擬訖增成之，至遠曰：「調者三萬，無士姓，此必王忠。」吏叩頭服罪。至遠之知選，以內史李昭德進，人或勸其往謝，答曰：「公以公用我，奈何欲謝以私？」卒不詣，故昭德銜之，出爲壁州刺史，卒，年四十八。

至遠父休烈，亦有文，終鄭令，年四十九。世歎其父子材不盡云。至遠見桓彥範，力言其賢。盧從愿尙少，高以評目。許弟從遠且貴，豫言其位，以驗所至。蘇頲，其出也，少失母，至遠愛視甚謹，以女妻之。友兄弟，事寡姊有禮，世稱其德。

從遠淸密有學，神龍初，歷中書令、太府卿，累封趙郡公，謚曰懿。兄弟皆德望相埒。又從父游道，武后時冬官尙書、同鳳閣鸞臺三品。

至遠子畬，字玉田，少聰警。初歷汜水主簿，遇事蠭銳，雖廝豎，一閱輒記姓名、居業。黜陟使路敬潛薦其淸白，擢右臺監察御史裏行。臺廢，授監察御史，累轉國子司業。事母謹，累世同居，長幼有禮。畲妻物故，時母病，恐悲傷，約家人無以哭聞母所，朝夕省侍無憂色。母終，毀而卒。

從遠子巖，年十餘歲，會中宗祀明堂，以近臣子弟執籩豆，巖進止中禮，授右宗衞兵曹參軍，歷洛陽尉，累遷兵部郎中。發扶風兵應姚、嶲，稱旨，遷諫議大夫，封贊皇縣伯。終兵部侍郎。巖善草隸。爲參軍時製一裘，服終身。

薛大鼎字重臣，蒲州汾陰人。父粹，爲隋介州長史，與漢王諒同反，誅。大鼎貫爲官奴，流辰州，用戰功得還。高祖兵興，謁見龍門，因說帝絕龍門，軍永豐倉就食，傳檄遠近，據天府，示豪桀，爲拊背扼喉計，帝奇之。時諸將已決策先攻河東，故議置。授大將軍府察非掾。出爲山南道副大使，開屯田以實倉廩。趙郡王孝恭討輔公祏，以大鼎爲饒州道軍師，引兵度彭蠡湖，以功遷浩州刺史。累徙滄州。無棣渠久廞塞，大鼎浚治屬之海，商賈流行，里民歌曰：「新溝通，舟檝利。屬滄海，魚鹽至。昔徒行，今騁駟。美哉薛公德滂被！」又疏長蘆、漳、衡三渠，泄汙潦，水不爲害。是時，鄭德本在瀛州，賈敦頤爲冀州〔一〕，皆有治名，故河北稱「鐺脚刺史」。永徽中，遷銀青光祿大夫，行荆州大都督長史。卒，謚曰恭。

子克構，有器識，永隆初，歷戶部郎中。族人黄門侍郎顗，以弟紹尙太平公主，問於克構，答曰：「室有傲婦，善士所惡。夫惟淑德，以配君子，無患可矣。」顗不敢沮，而紹卒誅。陳思忠居父喪，詔奪服，客往弔，思忠辭以辰日不見。克構曰：「事親者，避嫌可也；旣孤矣，則無不哭。」世服其言。天授中，遷麟臺監。坐弟爲酷吏所陷，流死嶺南。

賈敦頤，曹州冤句人。貞觀時，數歷州刺史，資廉絜。入朝，常盡室行，車一乘，弊甚，羸馬繩羈，道上不知其刺史也。久之，爲洛州司馬，以公累下獄，太宗貰之，有司執不貰，帝曰：「人孰無過，吾去太甚者。若悉繩以法，雖子不得於父，況臣得事其君乎？」遂獲原。徙瀛州刺史，州瀕滹沱、滱二水，歲溢溢，壞室廬，寖洳數百里。敦頤爲立堰庸，水不能暴，百姓利之。時弟敦實爲饒陽令，政淸靜，吏民嘉美。舊制，大功之嫌不連官，朝廷以其兄弟治行相高，故不徙以示寵。永徽中，遷洛州。洛多豪右，占田類踰制，敦頤舉沒者三千餘頃，以賦貧民，發姦擿伏，下無能欺。卒于官。

咸亨初，敦實爲洛州長史，亦寬惠，人心懷向。洛陽令楊德幹矜酷烈，杖殺人以立威，敦實喻止，曰：「政在養人，傷生過多，雖能，不足貴也。」德幹爲衰減。始，洛人爲敦頤刻碑大市旁，及敦實入爲太子右庶子，人復爲立碑其側，故號「常棣碑」。歷懷州刺史，有美迹。永淳初致仕，病篤，子孫迎醫，敦實不肯見，曰：「未聞良醫能治老也。」卒，年九十餘。子膺福，左散騎常侍、昭文館學士，以竇懷貞黨誅。

德幹歷澤、齊、汴、相四州刺史，有威嚴，時語曰：「寧食三斗炭，不逢楊德幹。」天授初，子神讓與徐敬業起兵，皆及誅。

田仁會，雍州長安人。祖軌，隋幽州刺史，封信都郡公。父弘，襲封，至陵州刺史。仁會擢制舉，仕累左武候中郎將。太宗征遼東，而薛延陀以數萬騎掩河內，詔仁會與執失思力率兵擊敗之，尾逐數百里，延陀幾生得，璽書嘉尉。永徽中，爲平州刺史，歲旱，自暴以祈，而雨大至，穀遂登。人歌曰：「父母育我兮田使君，挺精誠兮上天聞，中田致雨兮山出雲，倉廩實兮禮義申，願君常在兮不患貧。」五遷勝州都督，境有夙賊，依山剽行人，仁會發騎捕格，夷之。城門夜開，道無寇迹。入爲太府少卿，遷右金吾將軍。所得祿，估有贏，輒入之官，人以爲尚名。然資彊摯疾惡，晝夜循行，有絲毫姦必發，廷中讁罰日數百，京師無貴賤畢憚之。巫傳鬼道惑衆，自言能活死人，市里尊神，仁會劾徙于邊。轉右衞將軍，以年老乞骸骨，卒年七十八，謚曰威。

子歸道，明經及第，累擢通事舍人內供奉、左衞郎將。突厥默啜請和，武后詔將軍閻知微册可汗號，持節往。默啜又遣使謝，知微遇諸道，即與緋袍銀帶，因表使者即到，請備禮廷賜。歸道諫曰：「虜背惠且積年，今悔過入朝，解辮削衽，宜待天旨。而知微擅賜使，朝廷何以加之？宜敕初服，須天子命。小國使者，不足備禮迓之。」后從焉。默啜將至單于都護府，詔歸道攝司賓卿往勞。默啜請六胡州及都護府地不得，大怨望，執歸道將害之。歸道色不橈，詈且讓，爲陳禍福，默啜亦悔。會有詔賜默啜粟三萬石，綵五萬段，農器三千，且許結婚，於是更以禮遣。歸道既還，具陳默啜不臣狀，請備邊。已而果反，乃擢歸道夏官侍郎，益親信。

遷左金吾將軍、司膳卿，押千騎宿衞玄武門。桓彥範等誅二張，而歸道不豫聞，及索騎士，拒不應。事平，彥範欲誅之，以辭直，免還私第。然中宗壯其守，召拜太僕少卿，遷殿中少監、右金吾將軍。卒，贈輔國大將軍，追封原國公，謚曰烈，帝自爲文以祭。

子賓庭，開元時至光祿卿。

裴懷古，壽州壽春人。儀鳳中，上書闕下，補下邽主簿，頻遷監察御史。姚、嶲道蠻反，命懷古馳驛往懷輯之，申明誅賞，歸者日千計。俄縛首惡，遂定南方，蠻夏立石著功。恆州浮屠爲其徒誣告祝詛不道，武后怒，命按誅之。懷古得其枉，爲后申析，不聽，因曰：「陛下法與天下畫一，豈使臣殺無辜以希盛旨哉？卽其人有不臣狀，臣何情寬之？」后意解，得不誅。

閻知微之使突厥，懷古監其軍。默啜脅知微稱可汗，又欲官懷古，不肯拜，將殺之。辭曰：「守忠而死與毀節以生孰與？請就斬，不避也。」遂囚軍中，因得亡，而素尩弱，不能騎，宛轉山谷間，僅達幷州。時長史武重規縱暴，左右妄殺人取賞，見懷古至，爭執之。有果毅嘗識懷古，疾呼曰：「裴御史也。」遂免。遷祠部員外郎。

姚、嶲酋等叩闕下，願得懷古鎭安遠夷，拜姚州都督，以疾辭。始安賊歐陽倩衆數萬，剽沒州縣，以懷古爲桂州都督招尉討擊使，未踰嶺，逆以書諭禍福，賊迎降，自陳爲吏侵而反。懷古知其誠，以爲示不疑，可破其謀，乃輕騎赴之。或曰：「獠夷難親，備之且不信，況易之哉！」答曰：「忠信可通神明，況裔人邪！」身至壘撫諭，倩等大喜，悉歸所掠出降，雖諸洞素翻覆者，亦牽連根附，嶺外平。

徙相州刺史、并州大都督長史，所至吏民懷愛。神龍中，召爲左羽林大將軍，未至官，還爲并州。人知其還，攜扶老稚出迎。崔宣道始代爲長史，亦野次。懷古不欲厚愧宣道，使人驅迎者還，而來者愈衆，得人心類如此。俄轉幽州都督，綏懷兩蕃，將舉落內屬，會以左威衞大將軍召，而孫佺代之，佺不知兵，遂敗其師。卒于官。

懷古清介審愼，在幽州時，韓琬以監察御史監軍，稱其「馭士信，臨財廉，國名將」云。

韋景駿，司農少卿弘機孫。中明經，神龍中，歷肥鄉令。縣北瀕漳，連年泛溢，人苦之。舊防迫漕渠，雖峭岸，隨即壞決。景駿相地勢，益南千步，因高築鄣，水至堤趾輒去，其北燥爲腴田。又維艚以梁其上，而廢長橋，功少費約，後遂爲法。方河北飢，身巡閭里，勸人通有無，教導撫循，縣民獨免流散。及去，人立石著其功。後爲貴鄉令，有母子相訟者，景駿曰：「令少不天，常自痛。爾幸有親，而忘孝邪？教之不孚，令之罪也。」因嗚咽流涕，付授孝經，使習大義。於是母子感悟，請自新，遂爲孝子。當時治有名者：景駿與淸漳令馮元淑、臨洺令楊茂謙三人。

景駿後數年爲趙州長史，道出肥鄉，民喜，爭奏酒食迎犒，有小兒亦在中。景駿曰：「方兒曹未生，而吾去邑，非有舊恩，何故來？」對曰：「耆老爲我言，學廬、館舍、橋鄣皆公所治，意公爲古人，今幸親見，所以來。」景駿爲留終日。後遷房州刺史。州窮險，有蠻夷風，無學校，好祀淫鬼，景駿爲諸生貢舉，通隘道，作傳舍，罷祠房無名者。景駿之治民，求所以便之，類如此。轉奉天令，未行，卒。

茂謙擢制舉，授左拾遺內供奉，爲吏介而勤，歷祕書郎。始竇懷貞雅重其材，及執政，薦爲大理正、左臺御史中丞。開元初，出爲魏州刺史、河北道按察使。與司馬張懷玉同鄉，長相善，洎晚有隙，掉訐短長，左遷桂州都督。徙廣州，卒。

景駿子逖，自有傳。

李惠登，營州柳城人，爲平盧軍裨將。安祿山亂，從董秦泛海，略定滄、棣等州。輕兵遠鬬，賊不支，戰輒北。史思明反，惠登陷賊，以計挺身走山南，依來瑱，表試金吾衞將軍。李希烈反，屬以兵二千，使屯隋州，惠登挈州以歸，卽拜刺史。州數被亂，野如藪，人無處業。惠登雖朴素無學術，而視人所謂利者行之，所謂害者去之，率心所安，暗與古合。政清靜，居二十年，田畝闢，戶口日增，人歌舞之。於是節度使于頔狀其績，詔加御史大夫，升隋爲上州。俄檢校國子祭酒，卒，贈洪州都督。

羅珦，越州會稽人。寶應初，詣闕上書，授太常寺太祝。曹王皋領江西、荆襄節度使，常署幕府，遷累副使。皋卒，軍亂，劫府庫，珦取首惡十餘人斬以徇，環棘廷中，俾投所劫庫物，一日皆滿，乃貰餘黨。召爲奉天令。中官出入係道，吏緣以犯禁，珦榜笞之，雖死不置，自是屏息。擢廬州刺史。民間病者，捨醫藥，禱淫祀，珦下令止之。脩學官，政教簡易，有芝草、白雀。淮南節度使杜佑上治狀，賜金紫服。再遷京兆尹，請減平糴米，以常賦充之，人賴其利。以老病求解，徙太子賓客，累封襄陽縣男。卒，謚曰夷。

子讓，字景宣，以文學蚤有譽，舉進士、宏辭、賢良方正，皆高第，爲咸陽尉。父喪，幾毀滅。服除，布衣糲飯，不應辟署十餘年。淮南節度使李鄘即所居敦請置幕府，除監察御史，位給事中，累遷福建觀察使，兼御史中丞。有仁惠名。或以婢遺讓者，問所從，答曰：「女兄九人皆爲官所賣，留者獨老母耳。」讓慘然爲焚券，召母歸之。入爲散騎常侍，拜江西觀察使，卒，年七十一，贈禮部尚書。

韋丹字文明，京兆萬年人，周大司空孝寬六世孫。高祖琨，以洗馬事太子承乾，諫不聽。太宗才之，擢給事中。高宗在東宮，爲中舍人，封武陽縣侯。孝敬爲太子，琨以右中護爲詹事。卒，贈秦州都督，謚曰貞。

丹蚤孤，從外祖顏眞卿學，擢明經，調安遠令，以讓庶兄，入紫閣山事從父能。復擧五經高第，歷咸陽尉，張獻甫表佐邠寧幕府。順宗爲太子，以殿中侍御史召爲舍人。新羅國君死，詔拜司封郎中往弔。故事，使外國，賜州縣十官，賣以取貲，號「私覿官」。丹曰：「使外國，不足于資，宜上請，安有貿官受錢？」卽具疏所宜費，帝命有司與之，因著令。未行，而新羅立君死，還爲容州刺史。教民耕織，止惰游，興學校，民貧自鬻者，贖歸之，禁吏不得掠爲隸。始城州，周十三里，屯田二十四所，教種茶、麥，仁化大行。遷河南少尹，未至，徙義成軍司馬。以諫議大夫召，有直名。

劉闢反，議者欲釋不誅，丹上疏，以爲「孝文世，法廢人慢，當濟以威，今不誅闢，則可使者唯兩京耳」。憲宗褒美。會闢圍梓州，乃授丹劍南東川節度使，代李康。至漢中，上言康守方盡力，不可易。召還議蜀事。闢去梓，因以讓高崇文，乃拜晉慈隰州觀察使，封武陽郡公。閱歲，自陳所治三州，非要害地，不足張職，爲國家費，不如屬之河東，帝從之。徙爲江南西道觀察使。丹計口受俸，委餘於官，罷八州冗食者，收其財。始，民不知爲瓦屋，草茨竹椽，久燥則戛而焚。丹召工教爲陶，聚材於場，度其費爲估，不取贏利。人能爲屋者，受材瓦于官，免半賦，徐取其償；逃未復者，官爲爲之；貧不能者，畀以財。身往勸督。置南北市，爲營以舍軍，歲中旱，募人就功，厚與直，給其食。爲衢南北夾兩營，東西七里。以廢倉爲新廄，馬息不死。築堤扞江，長十二里，竇以疏漲。凡爲陂塘五百九十八所，灌田萬二千頃。有吏主倉十年，丹覆其糧，亡三千斛，丹曰：「吏豈自費邪？」籍其家，盡得文記，乃權吏所奪，召諸吏曰：「若恃權取於倉，罪也，與若期一月還之。」皆頓首謝，及期無敢違。有卒違令當死，釋不誅，去，上書告丹不法，詔丹解官待辨。會卒，年五十八。驗卒所告，皆不實，丹治狀愈明。

大和中，裴誼觀察江西，上言爲丹立祠堂，刻石紀功，不報。宣宗讀元和實錄，見丹政事卓然，它日與宰相語：「元和時治民孰第一？」周墀對：「臣嘗守江西，韋丹有大功，德被八州，歿四十年，老幼思之不忘。」乃詔觀察使紇干㮚上丹功狀，命刻功于碑。

子宙，推蔭累調河南府司錄參軍，李珏表河陽幕府。宣宗謂宰相墀曰：「丹有子否？」以宙對。帝曰：「與好官。」乃拜侍御史，三遷度支郎中。

盧鈞節度太原，表宙爲副。是時，回鶻已破諸部，入塞下，剽殺吏民。鈞欲得信重吏視邊，宙請往。自定襄、鴈門、五原，絕武州塞，略雲中，踰句注，徧見酋豪，鐫諭之。視亭障守卒，增其稟。約吏不得擅以兵侵諸戎，犯者死，於是三部六蕃諸種皆信悅。召拜吏部郎中。出爲永州刺史。州方災歉，乃斥官下什用所以供刺史者，得九十餘萬錢，爲市糧餉。俗不知法，多觸罪，宙爲書制律幷種植爲生之宜，戶給之。州負嶺，轉餉艱險，每饑，人輒莩死，宙始築常平倉，收穀羨餘以待乏。罷冗役九百四十四員。縣舊置吏督賦，宙俾民自輸，家十相保，常先期。湘源生零陵香，歲市上供，人苦之，宙爲奏罷。民貧無牛，以力耕，宙爲置社，二十家月會錢若干，探名得者先市牛，以是爲準，久之，牛不乏。立學官，取仕家子弟十五人充之。初，俚民婚，出財會賓客，號「破酒」，晝夜集，多至數百人，貧者猶數十；力不足，則不迎，至淫奔者。宙條約，使略如禮，俗遂改。邑中少年，常以七月擊鼓，羣入民家，號「行盜」，皆迎爲辦具，謂之「起盆」，後爲解素，喧呼瑸闠，宙至，一切禁之。

還爲大理少卿。久之，拜江西觀察使，政簡易，南方以爲世官。遷嶺南節度使。南詔陷交趾，撫兵積備，以幹聞。加檢校尙書左僕射、同中書門下平章事。咸通中卒。

宙弟岫，字伯起，亦有名。宙在嶺南，以從女妻小校劉謙，或諫止之，岫曰：「吾子孫或當依之。」謙後以功爲封州刺史，生二子，即隱、龔。盧攜舉進士，陋甚，岫獨謂攜必大用。攜執政，岫自泗州刺史擢福建觀察使云。

盧弘宣字子章，元和中，擢進士第。鄭權帥襄陽，辟署幕府。李愬代權，又二人交憾。弘宣始謁愬，愬敕左右謹衞，既與語，見其沖遠，不覺洗然。裴度留守東都，表爲判官，遷累給事中。駙馬都尉韋處仁拜虢州刺史，弘宣謂非所任，還詔不下。

開成中，山南、江西大水，詔弘宣與吏部郎中崔瑨分道賑卹，使有指。還，遷京兆尹、刑部侍郎。拜劍南東川節度使。時歲饑，盜賫結，酋豪自王，僞署官吏，發敖廥，招亡命，聯蓬、瀘、嘉、榮諸州，誅蠻落搖亂，根株磐熾。弘宣下檄脅諭，賊黨稍降，其黠彊者署軍中，孱無能還之農。魁長逃入峽中，吏捕誅之。徙義武節度使。弘宣性寬厚，政目簡省，人便安之，然犯者不甚貸。河朔故法，偶語軍中則死，弘宣始除之。初，詔賜其軍粟三十萬斛，貯飛狐，弘宣計輓費不能滿直，敕吏守之。明年春，大旱，敎民隨力往取，時幽、魏饑甚，獨易、定自如。至秋，悉收所貸，軍食以饒。歷工部尚書、祕書監，以太子少傅致仕。卒年七十七，贈尚書右僕射。弘宣患士庶人家祭無定儀，乃合十二家法，損益其當，次以爲書。

子告，字子有，及進士第，終給事中。

薛元賞，亡里系所來。大和初，自司農少卿，出爲漢州刺史。時李德裕爲劍南西川節度使，會維州降，德裕受之以聞，牛僧孺沮其議，執還之。元賞上書極言可因撫之，潰虜腹，不可失。不省。段文昌代德裕，狀元賞治當最。遷累司農卿、京兆尹。出爲武寧節度使，罷泗口猥稅，人以爲便。俄徙邠寧。

會昌中，德裕當國，復拜京兆尹。都市多俠少年，以黛墨鑱膚，夸詭力，剽奪坊閭。元賞到府三日，收惡少，杖死三十餘輩，陳諸市，餘黨懼，爭以火滅其文。元賞長吏事，能推言時弊，件白之。禁屯怙勢擾府縣，元賞數與爭，不少縱，由是軍暴折戢，百姓賴安。就加檢校吏部尚書。閱歲，進工部尚書，領諸道鹽鐵轉運使。德裕用元賞弟元龜爲京兆少尹，知府事。宣宗立，罷德裕，而元龜坐貶崖州司戶參軍，元賞下除袁王傅。久之，復拜昭義節度使，卒。

何易于，不詳何所人及所以進。爲益昌令。縣距州四十里，刺史崔朴常乘春與賓屬汎舟出益昌旁，索民挽繂，易于身引舟，朴驚問狀，易于曰：「方春，百姓耕且蠶，惟令不事，可任其勞。」朴愧，與賓客疾驅去。鹽鐵官榷取茶利，詔下，所在毋敢隱。易于視詔書曰：「益昌人不征茶且不可活，矧厚賦毒之乎？」命吏閣詔，吏曰：「天子詔何敢拒？吏坐死，公得免竄邪？」對曰：「吾敢愛一身，移暴于民乎？亦不使罪爾曹。」即自焚之。觀察使素賢之，不劾也。民有死喪不能具葬者，以俸敕吏爲辦。召高年坐，以問政得失。凡鬬民在廷，易于丁寧指曉枉直，杖楚遣之，不以付吏，獄三年無囚。督賦役不忍迫下戶，或以俸代輸。餽給往來，傳符外一無所進，故無異稱。以中上考，遷羅江令。刺史裴休嘗至其邑，導侍不過三人，廉約蓋資性云。

校勘記

〔一〕鄭德本在瀛州賈敦頤爲冀州　冊府卷六七七載：「薛大鼎貞觀中爲滄州刺史。大鼎與瀛州刺史賈敦頤、冀州刺史鄭德本俱有美政，河北號『鐺脚刺史』。」本卷及舊書卷一八五上賈敦頤傳均謂賈任瀛州刺史。此處兩州名倒訛。

唐書卷一百九十八

列傳第一百二十三

儒學上

高祖始受命，鉏類夷荒，天下略定，即詔有司立周公、孔子廟于國學，四時祠。求其後，議加爵土。國學始置生七十二員，取三品以上子、弟若孫爲之；太學百四十員，取五品以上；四門學百三十員，取七品以上。郡縣三等，上郡學置生六十員，中、下以十爲差；上縣學置生四十員，中、下亦以十爲差。又詔宗室、功臣子孫就祕書外省，別爲小學。

太宗身櫜鞬，風纚露沐，然銳情經術，即王府開文學館，召名儒十八人爲學士，與議天下事。既即位，殿左置弘文館，悉引內學士番宿更休，聽朝之閒，則與討古今，道前王所以成敗，或日昃夜艾，未嘗少怠。貞觀六年〔一〕，詔罷周公祠，更以孔子爲先聖，顏氏爲先師，盡召天下惇師老德以爲學官。數臨幸觀釋菜，命祭酒博士講論經義，賜以束帛。生能通一經者，得署吏。廣學舍千二百區，三學益生員，并置書、算二學，皆有博士。大抵諸生員至三千二百。自玄武屯營飛騎，皆給博士受經，能通一經者，聽入貢限。四方秀艾，挾策負素，坌集京師，文治煟然勃興。於是新羅、高昌、百濟、吐蕃、高麗等羣酋長並遣子弟入學，鼓笥踵堂者，凡八千餘人。紆侈袂，曳方履，誾誾秩秩，雖三代之盛，所未聞也。帝又讎正五經繆缺，頒天下示學者，與諸儒稡章句爲義疏，俾久其傳。因詔前代通儒梁皇侃褚仲都、周熊安生沈重、陳沈文阿周弘正張譏、隋何妥劉炫等子孫，並加引擢。二十一年，詔「左丘明、卜子夏、公羊高、穀梁赤、伏勝、高堂生、戴聖、毛萇、孔安國、劉向、鄭衆、杜子春、馬融、盧植、鄭玄、服虔、何休、王肅、王弼、杜預、范甯二十一人，用其書，行其道，宜有以褒大之，自今並配享孔子廟廷」〔二〕。於是唐三百年之盛，稱貞觀，寧不其然。

高宗尚吏事，武后矜權變，至諸王駙馬皆得領祭酒。初，孔穎達等始署官，發五經題與諸生酬問，及是，惟判祥瑞案三牒卽罷。

玄宗詔羣臣及府郡舉通經士，而褚无量、馬懷素等勸講禁中，天子尊禮，不敢盡臣之。置集賢院部分典籍，乾元殿博彙羣書至六萬卷，經籍大備，又稱開元焉。祿山之禍，兩京所藏，一爲炎埃，官縢私褚，喪脫幾盡，章甫之徒，刼爲縵胡。於是嗣帝區區救亂未之得，安暇語貞觀、開元事哉？自楊綰、鄭餘慶、鄭覃等以大儒輔政，議優學科，先經誼，黜進士，後文辭，亦弗能克也。文宗定五經，鑱之石，張參等是正訛文，寥寥一二可紀。由是觀之，始未嘗不成于艱難，而後敗於易也。

嘗論之，武爲救世砭劑，文其膏粱歟！亂已定，必以文治之。否者，是病損而進砭劑，其傷多矣！然則武得之，武治之，不免霸且盜，聖人反是而王。故曰武創業，文守成，百世不易之道也。若乃舉天下一之於仁義，莫若儒。儒待其人，乃能光明厥功，宰相大臣是已。至專誦習傳授，無它大事業者，則次爲儒學篇。

徐曠字文遠，以字行。南齊司空孝嗣五世孫。父徹，梁祕書郎，尙元帝女安昌公主。江陵陷，俘以西，客偃師，貧不能自給。兄文林鬻書于肆，文遠日閱之，因博通五經，明左氏春秋。時耆儒沈重講太學，授業常千人，文遠從之質問，不數日辭去。或問其故，答曰：「先生所說，紙上語耳。若奧境，彼有所未見者，尚何觀？」重知其語，召與反復研辯，嗟歎其能。性方正，舉動純重，竇威、楊玄感、李密、王世充皆從受學。

隋開皇中，累遷太學博士，詔與漢王諒授經。會諒反，除名爲民。大業初，禮部侍郎許善心薦文遠及包愷、褚徽、陸德明、魯達爲學官，擢國子博士，愷等爲太學博士。世稱左氏有文遠，禮有褚徽，詩有魯達，易有陸德明，皆一時冠云。文遠說經，偏舉先儒異論，分明是非，乃出新意以折衷，聽者忘勞。越王侗署國子祭酒。

時洛陽飢，文遠自出城樵拾，爲李密所得。密使文遠南向坐，備弟子禮拜之，文遠謝曰：「前日以先王之道授將軍，今將軍擁兵百萬，威振四海，猶能屈體老夫，此盛德也，安敢不盡？將軍若欲爲伊、霍，繼絕扶傾，吾雖老，猶願盡力；如爲莽、卓，乘危迫險，則僕耄矣，無能爲也！」密頓首曰：「幸得位上公，思所以竭力，先征化及刷國恥，然後入見天子，請罪于有司，惟先生教之。」答曰：「將軍，名臣子，累世盡節，前陷玄感黨，迷未遠而復，今若終之以忠，天下之人所望於將軍者。」密頓首曰：「恭聞命。」俄而世充專制，密又問焉，對曰：「彼殘忍而意褊促，必速於亂，將軍非破之不可以朝。」密曰：「常謂先生儒者，不學軍旅，至籌大計，乃明略過人。」

密敗，復入東都。世充給稍異等，而文遠見輒先拜。或問：「君踞見李密而下王公，何邪？」答曰：「密，君子，能受酈生之揖；世充，小人，無容故人義。相時而動可也。」世充僭號，以爲國子博士。子士會奔長安，世充怒絕其稟，文遠餓幾死數矣。身出樵，爲羅士信所獲，送京師，仍爲國子博士。

高祖幸國學觀釋奠，文遠發春秋題，論難鋒生，隨方占對，莫能屈。帝異之，封東莞縣男。卒，年七十四。

孫有功，自有傳。

陸元朗字德明，以字行，蘇州吳人。善名理言，受學於周弘正。陳太建中，後主爲太子，集名儒入講承光殿，德明始冠，與下坐。國子祭酒徐孝克敷經，倚貴縱辯，衆多下之，獨德明申答，屢奪其說，舉坐咨賞。解褐始興國左常侍。陳亡，歸鄉閈。

隋煬帝擢祕書學士。大業間，廣召經明士，四方踵至。於是德明與魯達、孔褒共會門下省相酬難，莫能詘。遷國子助教。越王侗署爲司業，入殿中授經。王世充僭號，封子玄恕爲漢王，以德明爲師，即其廬行束脩禮。德明恥之，服巴豆劑，僵偃東壁下。玄恕入拜牀垂，德明對之遺利，不復開口，遂移病成皋。

世充平，秦王辟爲文學館學士，以經授中山王承乾，補太學博士。高祖已釋奠，召博士徐文遠、浮屠慧乘、道士劉進喜各講經，德明隨方立義，徧析其要。帝大喜曰：「三人者誠辯，然德明一舉輒蔽，可謂賢矣！」賜帛五十匹，遷國子博士，封吳縣男。卒。

論撰甚多，傳于世。後太宗閱其書，嘉德明博辯，以布帛二百段賜其家。

子敦信，麟德中，繇左侍極檢校右相，累封嘉興縣子，以老疾致仕，終大司成。

曹憲，揚州江都人。仕隋爲祕書學士，聚徒教授凡數百人，公卿多從之游。於小學家尤邃，自漢杜林、衞宏以後，古文亡絕，至憲復興。煬帝令與諸儒譔桂苑珠叢，規正文字。又注廣雅，學者推其該，藏于祕書。

貞觀中，揚州長史李襲譽薦之，以弘文館學士召，不至，卽家拜朝散大夫，當世榮之。太宗嘗讀書，有奇難字，輒遣使者問憲，憲具爲音注，援驗詳複，帝咨尙之。卒，年百餘歲。

憲始以梁昭明太子文選授諸生，而同郡魏模、公孫羅、江夏李善相繼傳授，於是其學大興。句容許淹者，自浮屠還爲儒，多識廣聞，精故訓，與羅等並名家。羅官沛王府參軍事、無錫丞。模，武后時爲左拾遺，子景倩亦世其學，以拾遺召，後歷度支員外郎。善，見子邕傳。

顏師古字籀，其先琅邪臨沂人。祖之推，自高齊入周，終隋黄門郎，遂居關中，爲京兆萬年人。父思魯，以儒學顯。武德初，爲秦王府記室參軍事。

師古少博覽，精故訓學，善屬文。仁壽中，李綱薦之，授安養尉。尚書左僕射楊素見其年弱，謂曰：「安養，劇縣，子何以治之？」師古曰：「割雞未用牛刀。」素驚其言大，後果以幹治聞。時薛道衡爲襄州總管，與之推舊，佳其才，每作文章，令指摘疵短。俄失職，歸長安，不得調，窶甚，資教授爲生。

高祖入關，謁見長春宮，授朝散大夫，拜燉煌公府文學，累遷中書舍人，專典機密。師古性敏給，明練治體。方軍國務多，詔令一出其手，册奏之工，當時未有及者。太宗即位，拜中書侍郎，封琅邪縣男，以母喪解。服除，還官。歲餘，坐公事免。

帝嘗歎五經去聖遠，傳習寖訛，詔師古於祕書省考定，多所釐正。既成，悉詔諸儒議，於是各執所習，共非詰師古。師古輒引晉、宋舊文，隨方曉答，誼據該明，出其悟表，人人歎服。尋加通直郎、散騎常侍。帝因頒所定書於天下，學者賴之。

俄拜祕書少監，專刊正事，古篇奇字世所惑者，討析申熟，必暢本源。然多引後生與讎校，抑素流，先貴勢，雖商賈富室子，亦竄選中，由是素議薄之，斥爲郴州刺史。未行，帝惜其才，讓曰：「卿之學，信可稱者，而事親居官，朕無聞焉。今日之行，自誰取之？念卿曩經任使，朕不忍棄，後宜自戒。」師古謝罪，復留爲故官。

師古性簡峭，視輩行傲然，罕所推接。旣負其才，早見驅策，意望甚高。及是頻被譴，仕益不進，罔然喪沮，乃闔門謝賓客，巾褐裘帔，放情蕭散，爲林墟之適。多藏古圖畫、器物、書帖，亦性所篤愛。與撰五禮成，進爵爲子。又爲太子承乾注班固漢書上之，賜物二百段、良馬一，時人謂杜征南、顏祕書爲左丘明、班孟堅忠臣。

帝將有事泰山，詔公卿博士雜定其儀，而論者爭爲異端，師古奏：「臣撰定封禪儀注書在十一年，于時諸儒謂爲適中。」於是以付有司，多從其說。遷祕書監、弘文館學士。十九年，從征遼，道病卒，年六十五，謚曰戴。

其所注漢書、急就章大顯于時。永徽三年，子揚廷爲符璽郎，表上師古所撰匡謬正俗八篇。

初，思魯與妻不相宜，師古苦諫，父不聽，情有所隔，故帝及之。

師古弟相時，字睿，亦以學聞。爲天策府參軍事。貞觀中，累遷諫議大夫；有爭臣風。轉禮部侍郎。羸瘠多病，師古死，不勝哀而卒。

師古叔游秦，武德初，累遷廉州刺史，封臨沂縣男。時劉黑闥初平，人多彊暴，比游秦至，禮讓大行，邑里歌之，高祖下璽書獎勞。終鄆州刺史。撰漢書決疑，師古多資取其義。

孔穎達字仲達，冀州衡水人。八歲就學，誦記日千餘言，闇記三禮義宗。及長，明服氏春秋傳、鄭氏尚書詩禮記、王氏易，善屬文，通步曆。嘗造同郡劉焯，焯名重海內，初不之禮。及請質所疑，遂大畏服。

隋大業初，舉明經高第，授河內郡博士。煬帝召天下儒官集東都，詔國子祕書學士與論議，穎達爲冠，又年最少，老師宿儒恥出其下，陰遣客刺之，匿楊玄感家得免。補太學助教。隋亂，避地虎牢。

太宗平洛，授文學館學士，遷國子博士。貞觀初，封曲阜縣男，轉給事中。時帝新即位，穎達數以忠言進。帝問：「孔子稱『以能問於不能，以多問於寡，有若無，實若虛』。何謂也？」對曰：「此聖人教人謙耳。己雖能，仍就不能之人以咨所未能；己雖多，仍就寡少之人更資其多。內有道，外若無；中雖實，容若虛。非特匹夫，君德亦然。故易稱『蒙以養正』，『明夷以莅衆』。若其據尊極之位，衒聰耀明，恃才以肆，則上下不通，君臣道乖。自古滅亡，莫不由此。」帝稱善。除國子司業，歲餘，以太子右庶子兼司業。與諸儒議曆及明堂事，多從其說。以論撰勞，加散騎常侍，爵爲子。

皇太子令穎達撰孝經章句，因文以盡箴諷。帝知數爭太子失，賜黃金一斤、絹百匹。久之，拜祭酒，侍講東宮。帝幸太學觀釋菜，命穎達講經，畢，上釋奠頌，有詔褒美。後太子稍不法，穎達爭不已，乳夫人曰：「太子既長，不宜數面折之。」對曰：「蒙國厚恩，雖死不恨。」剴切愈至。後致仕，卒，陪葬昭陵，贈太常卿，謚曰憲。

初，穎達與顏師古、司馬才章、王恭、王琰受詔撰五經義訓凡百餘篇，號義贊，詔改爲正義云。雖包貫異家爲詳博，然其中不能無謬冗，博士馬嘉運駁正其失，至相譏詆。有詔更令裁定，功未就。永徽二年，詔中書門下與國子三館博士、弘文館學士考正之，於是尚書左僕射于志寧、右僕射張行成、侍中高季輔就加增損，書始布下。

穎達子志，終司業。志子惠元，力學寡言，又爲司業，擢累太子諭德。三世司業，時人美之。

王恭者，滑州白馬人。少篤學，教授鄉閭，弟子數百人。貞觀初，召拜太學博士，講三禮，別爲義證，甚精博。蓋文懿、文達皆當時大儒，每講偏舉先儒義，而必暢恭所說。

馬嘉運，魏州繁水人。少爲沙門，還治儒學，長論議。貞觀初，累除越王東閤祭酒。退隱白鹿山，諸方來授業至千人。十一年，召拜太學博士、弘文館學士。以孔穎達正義繁釀，故掎摭其疵，當世諸儒服其精。高宗爲太子，引爲崇賢館學士，數與洗馬秦暐侍講宮中，終國子博士。

歐陽詢字信本，潭州臨湘人。父紇，陳廣州刺史，以謀反誅。詢當從坐，匿而免。江總以故人子，私養之。貌寢侻，敏悟絕人。總教以書記，每讀輒數行同盡，遂博貫經史。仕隋，爲太常博士。高祖微時，數與游，既即位，累擢給事中。詢初倣王羲之書，後險勁過之，因自名其體。尺牘所傳，人以爲法。高麗嘗遣使求之，帝歎曰：「彼觀其書，固謂形貌魁梧邪？」嘗行見索靖所書碑，觀之，去數步復返，及疲，乃布坐，至宿其傍，三日乃得去。其所嗜類此。

貞觀初，歷太子率更令、弘文館學士，封渤海男。卒，年八十五。

子通，儀鳳中累遷中書舍人。居母喪，詔奪哀。每入朝，徒跣及門。夜直，藉藁以寢。非公事不語，還家輒號慟。年饑，未克葬，居廬四年，不釋服。冬月，家人以氊絮潛置席下，通覺，即徹去。遷累殿中監，封渤海子。天授初，轉司禮卿，判納言事。輔政月餘，會鳳閣舍人張嘉福請以武承嗣爲太子，通與岑長倩等固執，忤諸武意。及長倩下獄，坐大逆死，來俊臣并引通同謀，通雖被慘毒無異詞，俊臣代占，誅之。神龍初，追復官爵。

通蚤孤，母徐敎以父書，懼其墯，嘗遺錢使市父遺跡，通乃刻意臨倣以求售，數年，書亞於詢，父子齊名，號「大小歐陽體」。褚遂良亦以書自名，嘗問虞世南曰：「吾書何如智永？」答曰：「吾聞彼一字直五萬，君豈得此？」曰：「孰與詢？」曰：「吾聞詢不擇紙筆，皆得如志；君豈得此？」遂良曰：「然則何如？」世南曰：「君若手和筆調，固可貴尙。」遂良大喜。通晚自矜重，以狸毛爲筆，覆以兔毫，管皆象犀，非是未嘗書。

朱子奢，蘇州吳人，從鄉人顧彪授左氏春秋，善文辭。隋大業中，爲直祕書學士。天下亂，辭疾還鄉里。後從杜伏威入朝，授國子助教。

太宗貞觀初，高麗、百濟同伐新羅，連年兵不解。新羅告急，帝假子奢員外散騎侍郎，持節諭旨，平三國之憾。子奢有儀觀，夷人尊畏之。二國上書謝罪，贈遺甚厚。初，子奢行，帝戒曰：「海夷重學，卿爲講大誼，然勿入其幣，還當以中書舍人處卿。」子奢唯唯。至其國，爲發春秋題，納其美女。帝責違旨，而猶愛其才，以散官直國子學，累轉諫議大夫、弘文館學士。

始，武德時，太廟享止四室，高祖崩，將祔主于廟，帝詔有司詳議。子奢建言：「漢丞相韋玄成奏立五廟，劉歆議當七，鄭玄本玄成，王肅宗歆，於是歷代廟議不能一。且天子七廟，諸侯五，降殺以兩，禮之正也。若天子與子、男同，則間無容等，非德厚游廣、德薄游狹之義。臣請依古爲七廟。若親盡，則以王業所基爲太祖，虚太祖室以俟無疆，迭遷乃處之。」於是尚書共奏：「自春秋以來，言天子七廟，諸侯五，大夫三，士二。推親親，顯尊尊，爲不可易之法，請建親廟六。」詔可。乃祔弘農府君、高祖神主爲六室。及帝崩，禮部尚書許敬宗議：「弘農府君廟應毁。按玄成說，毁廟主當瘞，且四海常所宗享矣，舉而瘞之，非神理所愜。晉范宣議別廟以奉毀廟之主，或言當藏天府。天府，瑞異所舍也。禮去祧有壇有墠，臣皆所未安。唐家宗廟，共殿異室，以右爲首。若奉遷主納右夾室，而得尊處，祈之禱之未絕也。」有詔如敬宗議。然言七廟者，本之子奢。

帝嘗詔：「起居紀錄臧否，朕欲見之以知得失，若何？」子奢曰：「陛下所舉無過事，雖見無嫌，然以此開後世史官之禍，可懼也。史官全身畏死，則悠悠千載，尚有聞乎？」

池陽令崔文康坐事，櫟陽尉魏禮臣劾治，獄成，御史言其枉。禮臣訴御史阿黨，乞下有司雜訊，不如所言請死。鞫報禮臣不實，詔如請。子奢曰：「在律，上書不實有定罪，今抵以死，死者不可復生，雖欲自新弗可得。且天下惟知上書獲罪，欲自言者，皆懼而不敢申矣。」詔可。

子奢爲人樂易，能劇談，以經誼緣飾。每侍宴，帝令論難羣臣，恩禮甚篤。卒于官。

張士衡，瀛州樂壽人。父文慶，北齊國子助教。士衡九歲居母喪，哀慕過禮，博士劉軌思見之，爲泣下，奇其操，謂文慶曰：「古不親教子，吾爲君成就之。」乃授以詩、禮。又從熊安生、劉焯等受經，貫知大義。仕隋爲餘杭令，以老還家。

大業兵起，諸儒廢學。唐興，士衡復講教鄉里。幽州都督燕王靈夔以禮邀聘，北面事之。太子承乾慕風迎致，謁太宗洛陽宮，帝賜食，擢朝散大夫、崇賢館學士。太子以士衡齊人也，問高氏何以亡？士衡曰：「高阿那瓌之凶險，駱提婆之佞，韓長鸞之虐，皆奴隸才，是信是使，忠良外誅，骨肉內離，剝喪黎元，故周師臨郊，人莫爲之用，此所以亡。」復問：「事佛營福，其應奈何？」對曰：「事佛在清靜仁恕爾，如貪惏驕虐，雖傾財事之，無損於禍。且善惡必報，若影赴形，聖人言之備矣。爲君仁，爲臣忠，爲子孝，則福祚永；反是而殃禍至矣！」時太子以過失聞，士衡因是規之，然不能用也。太子廢，給傳罷歸鄉里，卒。

士衡以禮教諸生，當時顯者永年賈公彥〔二〕、趙李玄植。

公彥終太學博士，撰次章句甚多。子大隱，儀鳳中，爲太常博士。會太常仲春告瑞太廟，高宗問禮官：「何世而然？」大隱對曰：「古者祭以首時，薦以仲月。近世元日奏瑞，則二月告廟。告者必有薦，本于始，不得其時焉。」遷累中書舍人。垂拱中，博士周悰請武氏廟爲七室，唐廟爲五，下比諸侯。大隱奏言：「秦、漢母后稱制，未有戾古越禮者。悰損國廟數，勃大義，不可以訓。」武后不獲已，僞聽之。時皆服大隱沈正不詭從，有大臣體。終禮部侍郎。

公彥傳業玄植，玄植又受左氏春秋於王德韶，受詩於齊威，該覽百家記書。貞觀間，爲弘文館直學士。高宗時，數召見，與方士、浮屠講說。玄植以帝闇弱，頗箴切其短，帝禮之，不寤。坐事遷巴令，卒。

張後胤字嗣宗，蘇州崑山人。祖僧紹，梁零陵太守。父沖，陳國子博士，入隋爲漢王諒并州博士。

後胤甫冠，以學行禪其家。高祖鎮太原，引爲客，以經授秦王。義寧初，爲齊王文學，封新野縣公。武德中，擢員外散騎侍郎，賜宅一區。

太宗即位，進燕王諮議，從王入朝，召見。初，帝在太原，嘗問：「隋運將終，得天下者何姓？」答曰：「公家德業，天下係心，若順天而動，自河以北，指撝可定。然後長驅關右，帝業可成。」至是自陳所言，帝曰：「是事未始忘之。」乃賜燕月池。帝從容曰：「今日弟子何如？」後胤曰：「昔孔子門人三千，達者無子男之位。臣翼贊一人，乃王天下，計臣之功，過於先聖。」帝爲之笑，令羣臣以春秋酬難。帝曰：「朕昔受大誼于君，今尚記之。」後胤頓首謝曰：

「陛下乃生知，臣叨天功爲己力，罪也。」帝大悅，遷燕王府司馬。出爲睦州刺史，乞骸骨，帝見其彊力，問欲何官，因陳謝不敢。帝曰：「朕從卿受經，卿從朕求官，何所疑？」後胤頓首，願得國子祭酒，授之。遷散騎常侍。永徽中致仕，加金紫光祿大夫，朝朔望，祿賜防閤如舊。卒，年八十三，贈禮部尚書，謚曰康，陪葬昭陵。

孫齊丘，歷監察御史、朔方節度使，終東都留守，謚曰貞獻。子鎰，別有傳。

蓋文達，冀州信都人。博涉前載，尤明春秋三家。刺史竇抗集諸生講論，於是，劉焯、劉軌思、孔穎達並以耆儒開門授業，是日悉至，而文達依經辯舉，皆諸儒意所未叩，一坐厭歎。抗奇之，問：「安所從學？」焯曰：「若人岐嶷，出自天然，以多問寡，則焯爲之師。」抗曰：「冰生於水而寒於水，其謂此邪？」

武德中，授國子助教，爲秦王文學館直學士。貞觀初，擢諫議大夫、兼弘文館學士，爲蜀王師。王有罪，文達免官。拜崇賢館學士，卒。

宗人文懿，亦以儒學稱，當時號「二蓋」。高祖於祕書省置學以教王公子，文懿爲國子助教。既升席，公卿更相質問，文懿讐曉密微，遠近宗仰。終國子博士。

谷那律，魏州昌樂人。貞觀中，累遷國子博士。淹識羣書，褚遂良嘗稱爲「九經庫」。遷諫議大夫，兼弘文館學士。從太宗出獵，遇雨沾濆，因問曰：「油衣若爲而無漏邪？」那律曰：「以瓦爲之，當不漏。」帝悅其直，賜帛二百段，卒。

孫倚相，仕爲祕書省正字，讎覆圖書，多所刊定。

子崇義，天寶末爲幽州大將，以雄敢聞。歷左金吾衞大將軍，遂客薊門。生子從政，略涉儒學，有風操。事李寶臣，歷定州刺史，封淸江郡王。寶臣及張孝忠妻，其女兄弟也。寶臣初倚任，晚稍疏忌，從政乃闔門謝交游不事。及惟岳知節度，與田悅謀拒天子命，從政諫曰：「上神斷，絀諸侯，欲致太平。爾考與燕有切骨恨。天子致討，命帥莫先於燕。誅怨復仇，必盡力後已。前日而考誅大將百餘，子弟存者常不平，乘危相覆，誰不能爾？昔魏有洺、相之圍，王師四集，身投零陵，仰天垂泣，不知所出。賴爾考保佑，頓兵不進，而先帝寬厚，廑獲赦貸。不然，田氏尙有種乎？今悅兇獪孰與承嗣？爾又幼富貴，不出戶廷，便欲旅拒？且人心難知，天道難欺，軍中諸將乘危投隙，自古豈少哉！今圖久安計，莫若令而兄惟誠攝留後，爾速入宿衞，則福祿可保矣。」不納。從政塞門移疾不出，惟岳所信王他奴等疑其怨望，日伺之。從政懼，乃吐血，即仰藥，五日死。曰：「吾不恨死，而痛渠覆宗矣！」後惟岳被殺于王武俊，如其揣云。

蕭德言字文行，陳吏部郎引子也，系出蘭陵。明左氏春秋。甫冠，以國子生爲岳陽王賓客。陳亡，徙關中。詭浮屠服亡歸江南，州縣部送京師。仁壽中，授校書郎。貞觀時，歷著作郎、弘文館學士。

太宗欲知前世得失，詔魏徵、虞世南、褚亮及德言裒次經史百氏帝王所以興衰者上之，帝愛其書博而要，曰：「使我稽古臨事不惑者，公等力也！」賚賜尤渥。

德言晚節學愈苦，每開經，輒祓濯束帶危坐，妻子諫曰：「老人何終日自苦？」答曰：「對先聖之言，何復憚勞？」詔以經授晉王。時許叔牙爲侍讀，同勸講。王爲太子，德言又兼侍讀，而叔牙亦兼弘文館學士。德言請致仕，太宗不許，下詔敦勉。封武陽縣侯，進祕書少監，久乃得謝。

高宗立，拜銀青光祿大夫，全給其祿，遣通事舍人即家致問。乘輿至肅章門引見，禮遇隆重。由是晉府及東宮舊臣子孫，並增秩賜金。卒，年九十七，贈太常卿，謚曰博。

叔牙字延基，句容人。貞觀時，遷晉王府參軍事、弘文館直學士。於詩、禮尤邃，獻詩纂義十篇，太子寫付司經。御史大夫高智周見之曰：「欲明詩者，宜先讀此。」

子子儒，字文舉，高宗時爲奉常博士。初，太尉長孫无忌等議：「祠令及禮用鄭玄六天說，圓丘祀昊天上帝，南郊太微感帝，明堂太微五帝。直據緯爲說，不指蒼昊爲天，而以昊天帝當北辰耀魄寶，郊、明堂當太微五帝。唐家祀圓丘，太史所上圖，昊天上帝外自有北辰。令李淳風曰『昊天上帝位于壇，北辰、斗列第二垓』。與緯書駁異。司馬遷天官書，太微宮五精之神，五星所奉，有人主象，故名曰帝，猶房、心有天王象，安得盡爲天乎？日月麗于天，草木麗于地，以日月爲天，草木爲地，昧者不信也。周官『兆五帝四郊』，又有『祀五帝』，皆不言天。知太微之神，非天也。經稱『郊祀后稷』，王肅以郊、圓丘爲一，玄析而二之，曰圓丘，曰郊，非聖人意。今祠令固守玄說，與著式相違，宜有刊正。且經『嚴父莫大於配天』、『宗祀文王於明堂，以配上帝』。明堂之祀，天也，星不足配之矣。月令『孟春祈穀上帝』、春秋『啓蟄而郊，郊而後耕』，故郊后稷以祈農，詩『春夏祈穀于上帝』，皆祭天也。著之感帝，尤爲不稽。請四郊迎氣祀太微五帝，郊、明堂罷六天說，止祀昊天。方丘既祭地，又祭神州北郊，皆不載經，請止一祠。」詔曰：「可。」

乾封初，帝已封禪，復詔祀感帝、神州，以正月祭北郊。司禮少常伯郝處俊等奏言：「顯慶定禮，廢感帝祀而祈穀昊天，以高祖配。舊祀感帝、神州，以元皇帝配。今改祈穀爲祀感帝，又祀神州，還以高祖配，何升降紛紛焉？虞氏禘黃帝，郊嚳；夏禘黃帝，郊鮌；殷禘嚳，郊冥；周禘嚳，郊稷。玄謂禘者，祭天圓丘；郊者，祭上帝南郊。崔靈恩說夏正郊天，王者各祭所出帝，所謂『王者禘祖之所自出，以其祖配之』。則禘遠祖，郊始祖也。今禘、郊同祖，禮無所歸。神州本祭十月，以方陰用事也。玄說三王之郊，一用夏正。靈恩謂祭神州北郊，以正月。諸儒所言，猥互不明。臣願會奉常、司成、博士普議。」於是，子儒與博士陸遵楷、張統師、權無二等共白：「北郊月不經見，漢光武正月建北郊，咸和中議北郊以正月，武德以來用十月，請循武德詔書。」明年，詔圓方二丘、明堂、感帝、神州宜奉高祖、太宗配，仍祭昊天上帝及五天帝於明堂。

子儒，長壽中，歷天官侍郎、弘文館學士，封潁川縣男。以選事委令史句直，日偃臥不下筆，時人語曰「句直平配」。既而補授失序，傳爲口實。

德言曾孫至忠，自有傳。

敬播，蒲州河東人。貞觀初，擢進士第。時顏師古、孔穎達撰次隋史，詔播詣祕書內省參纂。再遷著作佐郎，兼脩國史。從太宗伐高麗，而帝名所戰山爲駐蹕，播謂人曰：「鑾輿不復東矣，山所以名，蓋天意也！」其後果然。遷太子司議郎。時初置是官，尤淸近，中書令馬周歎曰：「恨資品妄高，不得歷此職！」又與令狐德棻等撰晉書，大抵凡例皆播所發也。

有司建言：「謀反大逆，惟父子坐死，不及兄弟，請更議。」詔羣臣大議，播曰：「兄弟雖孔懷之重，然比於父子則輕，故生有異室，死有別宗。今高官重爵，本蔭唯逮子孫，而不及昆季，烏得榮隔其蔭，而罪均其罰？」詔從播議。

永徽後，仕益貴，歷諫議大夫、給事中。始，播與許敬宗撰高祖實錄，與創業，盡貞觀十四年。至是，又撰太宗實錄，訖二十三年。坐事出爲越州長史，徙安州，卒。

房玄齡嘗稱播：「陳壽之流乎！」玄齡患顏師古注漢書文繁，令掇其要爲四十篇。

是時漢書學大興，其章章者若劉伯莊、秦景通兄弟、劉訥言，皆名家。

伯莊者，彭城人，爲弘文館學士，遷國子博士，與許敬宗等論譔甚多，終崇賢館學士。

自所著書亦百餘篇。

子之宏，世其學。武后時，以著作郎兼脩國史，終相王府司馬。睿宗立，贈祕書監。

景通者，晉陵人。與弟暐俱有名，皆精漢書，號「大秦君」、「小秦君」。當時治漢書，非其授者，以爲無法云。景通仕至太子洗馬兼崇賢館學士。暐後復踐其官及職。

訥言，乾封中歷都水監主簿，以漢書授沛王。王爲太子，擢訥言洗馬兼侍讀。嘗集俳諧十五篇，爲太子歡。太子廢，高宗見怒，除名爲民。復坐事流死振州。

羅道琮，蒲州虞鄉人。慷慨尚節義。貞觀末，上書忤旨，徙嶺表。有同斥者死荆、襄間，臨終泣曰：「人生有死，獨委骨異壤邪？」道琮曰：「吾若還，終不使君獨留此。」瘞路左去。歲餘，遇赦歸，方霖潦積水，失其殯處，道琮慟諸野，波中忽若溢沸者，道琮曰：「若屍在，可再沸。」祝已，水復湧，乃得屍，負之還鄉。尋擢明經，仕至太學博士，爲時名儒。

校勘記

〔一〕貞觀六年　舊書卷一八九上儒學傳、唐會要卷三五作「貞觀二年」。

〔二〕當時顯者永年賈公彥　「永年」，各本原作「永平」，舊書卷一八九上賈公彥傳作「洺州永年人」。按本書卷三九地理志，洺州領縣有「永年」，無「永平」。「平」當爲「年」之形訛，據改。

唐書卷一百九十九

列傳第一百二十四

儒學中

郎餘令 餘慶　徐齊聃 堅 嶠　沈伯儀　路敬淳 敬潛　王元感
王紹宗　彭景直　盧粲　尹知章　張齊賢　柳沖　馬懷素
殷踐猷　孔若思 季詡　至

郎餘令，定州新樂人。祖穎，字楚之，與兄蔚之俱有名。隋大業中，爲尚書民曹郎，蔚之位左丞。煬帝語稱「二郎」。武德時，楚之以大理卿封常山郡公，與李綱、陳叔達定律令。持節諭山東，爲竇建德所獲，脅以白刃，終不屈。賊平，以老乞身，謚曰平。

餘令博于學，擢進士第，授霍王元軌府參軍事。從父知年，亦爲王友。元軌每曰：「郎家二賢皆入府，不意培塿而松柏爲林也。」徙幽州錄事參軍。有爲浮屠者，積薪自焚，長史裴暕率官屬將觀焉，餘令曰：「人好生惡死，情也。彼違蔑教義，反其所欲，公當察之，毋輕往。」暕試廉按，果得其姦。

孝敬在東宮，餘令以梁元帝有孝德傳，更撰後傳數十篇獻太子，太子嗟重。改著作佐郎，卒。

兄餘慶，爲吏淸而刻於法。高宗時，爲萬年令，道無掇遺。累遷御史中丞，務謙謹下人，引御史坐與論議。吏部侍郎楊思玄倨貴，視選者不以禮，餘慶劾免其官。久之，出爲蘇州刺史。坐累下遷交州都督。

驩州司馬裴敬彝與餘慶雅故，以事督餘慶婢父，婢方孌，譖敬彝死獄中。又哀貨無藝，民詣闕訴之，使者十輩臨按，餘慶謾讕，不能得其情。最後，廣州都督陳善弘按之，餘慶自恃在朝廷久，明法令，輕善弘，不置對。善弘怒曰：「舞文弄法，吾不及君；今日以天子命治君，吾力有餘矣。」欲搒械之，餘慶懼，服罪。高宗詔放瓊州。會赦當還，朝廷惡其暴，徙春州。

始，餘慶治萬年，父知運嫌其酷，將杖之，餘慶避免。父歎曰：「國家用之矣，吾尙奈何！」及爲御史中丞，復歎曰：「郎氏危矣！」以憂死。餘慶卒以貪殘廢。

徐齊聃字將道，湖州長城人，世客馮翊。梁慈源侯整四世孫。八歲能文，太宗召試，賜所佩金削刀。舉弘文生，調曹王府參軍。高宗時，爲潞王府文學、崇文館學士，侍皇太子講，修書于芳林門。時姑爲帝婕妤〔一〕，嫌以恩進，故求出爲桃林令。召爲沛王侍讀，再遷司議郎，皆不就。累進西臺舍人。

咸亨初，詔突厥酋長子弟得事東宮，齊聃上書諫，以爲：「氈裘冒頓之裔，解辮削衽，使在左右，非所謂『恭慎威儀，以近有德』，『任官惟賢才，左右惟其人』之義。」又長孫无忌以讒死，家廟毀頓，齊聃言於帝曰：「齊獻公，陛下外祖，雖後嗣有罪，不宜毀及先廟。今周忠孝公廟反崇飾踰制，恐非所以示海內。」帝寤，有詔復獻公官，以无忌孫延主其祀。

齊聃善文誥，帝愛之，令侍皇太子及諸王屬文，以職樞劇，許間日一至。坐漏禁中事，貶蘄州司馬。又流欽州。卒，年四十四。睿宗時，贈禮部尚書。

子堅。

堅字元固，幼有敏性，沛王聞其名，召見，授紙爲賦，異之。十四而孤，及壯，寬厚長者。舉秀才及第，爲汾州參軍事，遷萬年主簿。

天授三年，上言：「書有五聽，令有三覆，慮失情也。比犯大逆，詔使者勘當，得實輒決。人命至重，萬有一不實，欲訴無由，以就赤族，豈不痛哉！此不足檢下之姦亂，適長使人威福耳。臣請如令覆奏，則死者無恨。又古者罰不逮嗣，故郤芮亂國而缺升諸朝，嵇康蒙戮而紹死于難，則於它親不復致疑。今選部廣責逆人親屬，至無服者尙數十條。且詔書『與逆同堂親不任京畿，緦麻親不得侍衞』，臣請如詔書外，一切不禁，以申曠蕩。」

聖曆中，東都留守楊再思、王方慶共引爲判官。方慶善禮學，嘗就質疑晦，堅爲申釋，常得所未聞。屬文典厚，再思每目爲鳳閣舍人樣。與徐彥伯、劉知幾、張說與脩三教珠英，時張昌宗、李嶠總領，彌年不下筆，堅與說專意撰綜，條彙粗立，諸儒因之乃成書。累遷給事中，封慈源縣子。

中宗怒韋月將，欲卽斬之，堅奏盛夏生長，請須秋乃決，時申救者亦衆，得以搒死。俄以禮部侍郎爲脩文館學士。

睿宗卽位，授太子左庶子兼崇文館學士，脩史，進東海郡公，遷黃門侍郎。時監察御史李知古兵擊姚州渳河蠻，降之，又請築城，使輸賦傜。堅議：「蠻夷羈縻以屬，不宜與中國同法，恐勞師遠伐，益不償損。」不聽，詔知古發劍南兵築城堡，列州縣。知古因是欲誅其豪酋，入子女爲奴婢，蠻懼，殺知古，相率潰叛，姚、巂路閉不通者數年。

初，太平公主用事，武攸暨屢邀請堅，堅不許；又以妻岑羲女弟，固辭機密，轉太子詹事，曰：「吾非求高，逃禍耳。」羲敗，不染於惡，出爲絳州刺史。數外徙，久乃遷祕書監、左散騎常侍。

玄宗改麗正書院爲集賢院，以堅充學士，副張說知院事。帝大酺集賢，幔舍在百司上，說令揭大榜以侈其寵，堅見，遽命撤之，曰：「君子烏取多尚人！」從上泰山，以參定儀典，加光祿大夫。堅於典故多所諳識，凡七當譔次高選。卒，年七十餘，帝悼惜，遣使就弔，贈太子少保，謚曰文。

齊聃姑爲太宗充容，仲爲高宗婕妤，皆明圖史，議者以堅父子如漢班氏。

子嶠，字巨山。開元中爲駕部員外郞、集賢院直學士，遷中書舍人、內供奉、河南尹。封慈源縣公。父子相次爲學士，自祖及孫，三世爲中書舍人。

沈伯儀，湖州吳興人。武后時，爲太子右諭德。

初，太常少卿韋萬石議明堂大享事，上言：「鄭玄說祀五天帝，王肅謂祀五行帝。貞觀禮從玄，至顯慶禮祀昊天上帝，乾封詔書祀五天帝兼祀昊天，上元詔書從貞觀禮，儀鳳初詔祀事一用周制。今應何樂？」高宗乃詔尚書省集諸儒議，未能定。於是大享參用貞觀、顯慶二禮。垂拱元年，成均助教孔玄義奏：「嚴父莫大配天，天於萬物爲最大，推父偶天，孝之大，尊之極也。易稱『先王作樂崇德，殷薦之上帝，以配祖、考』。上帝，天也。昊天之祭，宜祖、考並配，請以太宗、高宗配上帝於圓丘，神堯皇帝配感帝南郊。祭法：『祖文王，宗武王。』祖，始也；宗，尊也。一名而有二義。經稱『宗祀文王』，文王當祖而云宗，包武王以言也。知明堂以祖、考配，於二經合。」伯儀曰：「有虞氏禘黃帝而郊嚳，祖顓頊而宗堯；夏后氏禘黃帝而郊鯀，祖顓頊而宗禹；殷人禘嚳而郊冥，祖契而宗湯；周人禘嚳而郊稷，祖文王而宗武王。鄭玄曰：『禘、郊、祖、宗，皆配食也。祭昊天圓丘曰禘，祭上帝南郊曰郊，祭五帝、五神明堂曰祖、宗。』此爲最詳。虞夏退顓頊郊嚳，殷捨契郊冥，去取違舛，惟周得禮之序，至明堂始兩配焉。文王上配五帝，武王下配五神，別父子也。經曰：『嚴父莫大於配天。』又曰：『宗祀文王於明堂，以配上帝。』不言嚴武王以配天，則武王雖在明堂，未齊於配，雖同祭而終爲一主也。緯曰：『后稷爲天地主，文王爲五帝宗。』若一神而兩祭之，則薦獻數瀆，此神無二主也。貞觀、永徽禮實專配，由顯慶後始兼尊焉。今請以高祖配圓丘、方澤，太宗配南北郊，高宗配五天帝。」鳳閣舍人元萬頃、范履冰等議：「今禮昊天上帝等五祀，咸奉高祖、太宗兼配，以申孝也。詩昊天章『二后受之』，易『薦上帝，配祖、考』，有兼配義。高祖、太宗既先配五祀，當如舊。請奉高宗歷配焉。」自是郊、丘，三帝並配云。

伯儀歷國子祭酒、脩文館學士，卒。

路敬淳，貝州臨淸人。父文逸，遇隋季大亂，閭門死於盜。文逸遁免，流離辛苦，自傷家多難，閉口不食，行者哀其窮，彊飲食之，更負以行，乃得脫。貞觀末，官中州司馬。敬淳少志學，足不履門。居親喪，倚廬不出者三年。服除，號慟入門，形容癯毀，妻不之識。後擢進士第。天授中，再遷太子司議郎兼脩國史、崇賢館學士。數受詔纂輯慶卹儀典，武后稱之。尤明姓系，自魏、晉以降，推本其來，皆有條序，著姓略、衣冠系錄等百餘篇。後坐綦連耀交通，下獄死。神龍初，贈祕書少監。

弟敬潛，少與敬淳齊名，歷懷州錄事參軍，亦坐耀事繫獄，免死。後爲遂安令。先是，令多死，敬潛欲辭，妻曰：「君不死獄而得全，非生死有命邪？」從之。到官，有梟嘯其屛，鼠數十走于前，左右驅之，擁杖而號，敬潛不爲懼。久之，遷衞令，位中書舍人。

唐初，姓譜學唯敬淳名家。其後柳沖、韋述、蕭穎士、孔至各有撰次，然皆本之路氏。

王元感，濮州鄄城人。擢明經高第，調博城丞。紀王慎爲兗州都督，厚加禮，敕其子東平王續往受業。天授中，稍遷左衞率府錄事，兼直弘文館。武后時，已郊，遂享明堂，封嵩山，詔與韋叔夏等草儀具，衆推其練洽。轉四門博士，仍直弘文館。

年雖老，讀書不廢夜。所撰書糾謬、春秋振滯、禮繩愆等凡數十百篇，長安時上之，丏官筆楮寫藏祕書。有詔兩館學士、成均博士議可否。祝欽明、郭山惲、李憲等本章句家，見元感詆先儒同異，不懌，數沮詰其言，元感緣罅申釋，竟不詘。魏知古見其書，歎曰：「五經指南也。」而徐堅、劉知幾、張思敬等惜其異聞，每爲助理，聯疏薦之，遂下詔褒美，以爲儒宗。拜太子司議郎兼崇賢館學士。中宗以東宮官屬，加朝散大夫，卒。

元感初著論三年之喪以三十有六月；譏詆諸儒。鳳閣舍人張柬之破其說曰：「三年之喪，二十五月，由古則然。春秋僖公三十三年十二月『乙巳，公薨』。文公二年冬『公子遂如齊納幣』。左氏曰：『禮也。』杜預謂：「僖喪終是年十一月，納幣在十二月。』故謂之禮。公羊傳：『納幣不書，此何以書？譏。何以譏？三年之內不圖婚。』何休曰：『僖以十二月薨，未終二十五月，故譏云。』杜預推曆乙巳乃在十一月，經書十二月爲誤。文公元年四月，葬僖公。傳曰：『緩。』夫諸侯之葬五月，若十二月薨，五月不得云緩，則十一月明甚。然二家所競，乃一月，非一歲，則二十五月，其一驗也。書稱成湯既沒，太甲元年曰：『惟元祀，十有二月，伊尹祀于先王，奉嗣王祗見厥祖。』孔安國曰：『湯以元年十一月崩。』此則明年祥，又明年大祥，故下言『惟三祀，十有二月朔，伊尹以冕服，奉嗣王歸于亳』。是十一月服除而冕。顧命：『四月哉生魄，王不懌。翌日乙丑，王崩。丁卯，命作册度。越七日癸酉，伯相命士須材。』則成王崩至康王麻冕黼裳凡十日，康王始見廟。明湯崩在十一月。比殯訖，以十二月祗見其祖。顧命見廟訖『諸侯出廟門俟』，伊訓言『祗見厥祖，侯甸羣后咸在』，則崩及見廟，周因於殷也，非元年前復有一歲，此二十五月之二驗。禮：『三年之喪，二十五月而畢，哀痛未盡，然而以是爲斷者，送死有已，服生有節。』又曰：『期而小祥，食菜果；又期而大祥，有醯醬；中月而禫，食酒肉。』又曰：『再期之喪，三年；期之喪，二年；九月、七月之喪，三時；五月之喪，二時；三月之喪，一時。』此二十五月之三驗。儀禮：『期而小祥，又期而大祥，中月而禫，是月也，吉祭。』此二十五月之四驗。書、春秋、禮皆周公、尼父所定，敢問此可爲法否？昔鄭玄以中月而禫者，內容一月，自喪至禫，凡二十七月。今既用之，而二十五月初無疑論。大抵子於親喪，有終身之痛，創巨者日久，痛深者愈遲，何歲月而止乎？故練而慨然，悲慕未盡，而踊擗之情差末；祥而廓然，哀傷已除，而孤藐之懷更劇。此情之所致，寧外飾哉？故先王立其中制，使情文兩稱，是以祥則縞帶素紕，禫則無不佩。夫去衰麻，襲錦縠，行道之人皆不忍，直爲節之以禮，叵如之何。故仲由不能過制爲姊服，孔鯉不能過期哭母，彼詎不懷？畏名教之嚴也。」當世謂柬之言不詭聖人，而元感論遂廢。

王紹宗字承烈，梁左民尚書銓曾孫。系本琅邪，徙江都云。少貧狹，嗜學，工草隸，客居僧坊，寫書取庸自給，凡三十年。庸足給一月即止，不取贏，人雖厚償，輒拒不受。徐敬業起兵，聞其行，以幣劫之，稱疾篤。復令唐之奇彊遣，不肯赴。敬業怒，將殺之，之奇曰：「彼人望也，殺之沮士心，不可。」由是免。事平，大總管李孝逸表其節，武后召赴東都，謁殿中，褒慰良厚，擢太子文學。累進祕書少監，使侍皇太子。紹宗雅脩飾，當時公卿莫不慕悅其風，張易之兄弟亦頗結納。易之誅，坐廢，卒于家。

嘗與人書曰：「鄙夫書無工者，特由水墨之積習耳。常精心率意，虛神靜思以取之。吳中陸大夫常以余比虞君，以不臨寫故也。聞虞被中畫腹，與余正同。」虞，即世南也。紹宗兄玄宗隱嵩山，號太和先生，傳黃老術。

彭景直，瀛州河間人。中宗景龍末，爲太常博士。時獻、昭、乾三陵皆日祭，景直上言：

在禮，陵不日祭，宗廟有月祭，故王者設廟、祧、壇、墠，爲親疏多少之殺。立七廟、一壇、一墠。曰考廟，曰王考廟，曰皇考廟，曰顯考廟，皆月祭。遠廟爲祧，享嘗乃止。去祧爲壇，去壇爲墠，有禱祭之，無禱乃止。譙周曰：「天子始祖、高祖、曾祖、祖、考之廟，皆朔加薦，以象生時朔食，號月祭〔三〕，二祧廟不月祭。」則古無日祭者。今諸陵朔、望進食，近古之殷事；諸節進食，近古之薦新。鄭玄曰：『殷事，月之朔、半，薦新奠也。』於儀禮，朔、半日，猶常日朝夕也；既大祥，卽四時焉，此其祭皆在廟云。近世始以朔、望諸節祭陵寢，唯四時及臘，五享于廟。尋經質禮，無日祭於陵之文。漢時，京師自高祖下至宣帝，與太上皇、悼皇考陵旁立廟。園各有寢、便殿，故日祭諸寢，月祭諸便殿。貢禹以禮節煩數，白元帝願罷郡、國廟。丞相韋玄成等後因議七廟外寢園皆無復脩。議者亦以祭不欲數，宜復古四時祭於廟。劉歆引春秋外傳曰：『祖、禰日祭，曾、高月祀，二祧時享，壇、墠歲貢。』魏、晉以降，不祭墓。唐家擇古作法，臣謂宜罷諸陵日祭，如禮便。

帝不從，因下詔：「有司言諸陵不當日進食。夫禮以人情爲之沿革，何專古而泥所聞？乾陵宜朝晡進奠，昭、獻陵日一進，或所司乏于費，可減朕常膳爲之。」

帝崩，葬定陵，有司議以和思皇后祔葬，后爲武后所殺，不得其喪所，將以招魂合諸梓宮，景直曰：「招魂古無傳，不可。請如橋山藏衣冠故事，納后褘衣，復寢宮，舉衣魂輅，告以太牢，內之方中，奉帝梓棺右，覆以夷衾。」衆當其言，制曰：「可。」景直後歷禮部郎中卒。

盧粲，幽州范陽人，後魏侍中陽烏五世孫。祖彥卿，亦善著書。粲始冠，擢進士第。神龍中，累遷給事中。時節愍太子立，韋后疾之，諷中宗以衞府封物給東宮，粲駁奏：「太子匕鬯主，歲時服用，宜取於百司。周禮，諸用財器，『歲終則會，唯王及太子不會』。今乃與諸王等夷，非所謂憲章古昔者。」詔可。

武崇訓死，詔墓視陵制，粲曰：「凡王、公主墓，無稱陵者，唯永泰公主事出特制，非後人所援比。崇訓塋兆，請視諸王。」詔曰：「安樂公主與永泰不異，崇訓於主當同穴，爲陵不疑。」粲固執，以「陵之稱，本施尊極，雖崇訓之親，不及雍王，雍墓不稱陵，崇訓緣主而得假是名哉？」詔可。主大怒，出粲陳州刺史。粲曰：「苟所論得行，雖遠何憚」開元初，爲祕書少監。

其從父行嘉，仕爲雍王記室，亦以學聞。粲累封固安縣侯，終邠王傅，謚曰景。

尹知章，絳州翼城人。少雖學，未甚通解，忽夢人持巨鑿破其心，內若劑焉，驚悟，志思開澈，遂徧明六經。諸生嘗講授者，更北面受大義。長安中，擢定王府文學。遷太常博士。中宗時，或建言以涼武昭王爲七廟始祖，知章議：「武昭遠世，非王業所因。」乃止。出爲陸渾令，坐事，輒棄官去。時散騎常侍解琬亦罷歸，與知章潭思經術，舉訢訢然。張說表諸朝，擢禮部員外郎，轉國子博士。馬懷素緒定祕書，奏知章是正文字。

每休沐，講授未始輟。於易、老、莊書尤縣解。弟子貧者，賙給之。性和厚，人不見有喜愠。未嘗問產業，其子欲廣市樵米爲歲中計，知章曰：「如而計，則貧人何以取資？且吾尚應奪民利邪？」卒官。所注傳頗多行於時。門人孫季良等頌其德，刻著東都國子監門外。

季良，偃師人，一名翌，仕歷左拾遺、集賢院直學士。

張齊賢，陝州陝人。聖曆初，爲太常奉禮郎。武后詔百官議告朔于明堂，讀時令，布政事，京官九品以上、四方朝集使皆列於廷。太常博士辟閭仁諝曰：「經無天子月告朔。唯玉藻：『天子聽朔南門之外。』周太宰：『正月之吉，布政於邦國都鄙。』干寶曰：『建子月告朔日也。』此玉藻聽朔同誼。今元日讀時令，合古聽朔事。獨鄭玄以秦制月令有五帝五官，因言『聽朔必以特牲告時帝及神，以文王、武王配』。其言非是。月令曰『其帝太昊，其神句芒』，謂宣令告人，使奉時務業，月皆有令，故云，非天子月朔以配帝祭也。告朔者，諸侯禮也，春秋：『旣視朔，遂登臺。』玄又說人君月告朔於廟，其祭爲朝享。魯自文公始不視朔，明非天子所行。玄謂告帝卽人帝，神卽重、黎，五官，不言天子拜祭。臣請罷告朔、月祭，以應古禮。」齊賢不韙其說，質曰：「穀梁氏稱『閏月，天子不告朔』，它月故告朔矣。左氏言魯『不告閏朔，爲棄時政』，則諸侯雖閏告朔矣。周太史『頒朔于邦國』，玉藻『閏月，王居門』，是天子雖閏亦告朔。二家去聖不遠，載天子、諸侯告朔事，顯顯弗繆。今議者乃以太宰正月之吉，布治邦國，而言天子元日一告朔，殊失其旨。一歲之元，六官自布所職之典。干寶謂吉爲朔，故世人繆吉爲告，據繆失經，不得爲法。議者又引左氏說，專在諸侯，不知玉藻與左說正同，而獨於天子言歲首一告，何去取之恣也！又謂時帝，五人帝也。玄於時帝包天人，故以文、武作配，是並告兩五帝爲不疑。諸侯受朔天子，藏於廟。天子受朔于天，宜在明堂，故告時帝，配祖考。議者曰：『天子月告祭頒朔，則諸侯安得藏之？故太宰歲首布一歲事，太史頒之也。』是不然，周太史『頒朔邦國』，是總頒十二朔於諸侯；天子猶月告者，頒官府都鄙也。內外異言之也。禮不可罷。」鳳閣侍郎王方慶又推言：「明堂，布政之宮，所以明天氣，統萬物也。漢儒以明堂、太廟爲一，宗祀其祖，而配上帝。取宗祀曰淸廟，正室爲太室，向陽爲明堂，建學爲太學，圜水爲辟雍，異名同事，古之制也。天子以正月上辛總受十二月政於南郊，還藏于祖廟，月取一政，班之明堂。諸侯則受於天子，藏之祖廟，月取一政，行之于國。王者以其禮告廟，謂之告朔；視月之政，謂之視朔。玉藻：『玄冕而朝日東門之外，聽朔南門之外。』鄭玄說：『明堂在國陽，就其時之堂而聽朔焉。卒事，宿路寢。』今元日通天宮受朝，有司遂讀時令、布政，古之禮也。舊說天子歲入明堂者十八：大享，一；月告朔，十二；四時迎氣，四；巡狩之歲，一。今議者唯許歲首一入，不以隘乎？陛下幸建明堂，遵用告朔事，若月一聽，則近于煩，每孟月視朔，惟制定其禮，臣下不敢專。」成均博士吳楊吾等共言：「秦滅學，告朔禮廢。今用四孟月、季夏，至明堂告五時帝堂上，請兼如齊賢、方慶議。」不數歲，禮亦廢。

久之，齊賢遷博士。時東都置太社，禮部尚書祝欽明問禮官博士：「周家田主用所宜木，今社主石，奈何？」齊賢與太常少卿韋叔夏、國子司業郭山惲、尹知章等議：「春秋：『君以軍行，祓社釁鼓，祝奉以從。』故曰：『不用命，戮于社。』社稷主用石，以可奉而行也。崔靈恩曰：『社主用石，以地產最實歟！』呂氏春秋言『殷人社用石』。後魏天平中，遷太社石主，其來尚矣。周之田主用所宜木，其民間之社歟！非太社也。」於是舊主長尺有六寸，方尺七寸，問博士云何，齊賢等議：「社主之制，禮無傳。天子親征，載以行，則非過重。禮『社祭土，主陰氣』。韓詩外傳：『天子太社方五丈，諸侯半之。』五，土數。社主宜長五尺，以準數五；方二尺，以準陰偶；剡其上，以象物生；方其下，以象地體；埋半土中，本末均也。請度以古尺」云。又問：「社稷壇隨四方用色，而中不數尺，冒黃土，謂何？」齊賢等曰：「天子太社，度廣五丈，分四方，上冒黃土，象王者覆被四方，然則當以黃土覆壇上。舊壇上不數尺，覆被之狹，乖於古。」於是以方色飾壇四面及陛，而黃土全覆上焉。祭牲皆太牢。其後改先農曰「帝社」，又立「帝稷」，皆齊賢等參定。

中宗即位，因武后東都廟改爲唐廟，議滿七室，以涼武昭王爲始祖。齊賢上議：「禮，天子七廟，尊始封君曰太祖，百代不遷，始祖無聞焉。殷自玄王至湯，周后稷至武王，皆出太祖後，合食有序。景皇帝始封唐，實爲太祖，以世數近，故尙在昭穆。今乃上引武昭王爲始祖，異乎殷、周之本卨、稷也。卨、稷興胙，景皇帝是也。昭王國不世傳，後嗣失守。景帝實始封唐，子孫是承。若近捨唐，遠引涼，不見其可。且魏不祖曹參，晉不祖司馬卬，宋不祖楚元王，齊、梁不祖蕭何，陳、隋不祖胡公、楊震，今謂昭王爲祖，可乎？漢以周郊后稷，議欲郊堯，杜林以爲周興自后稷，漢業特起，功不緣堯，卒不果郊。武德初定，去昭王尤近，不託祖者，不可故也。今而立之，非祖宗意。景皇失位，神弗臨享，殆非詒厥孫謀者。」博士劉承慶、尹知章又言：「受命之君，王迹有淺深，代系有遠邇。祖以功，昭穆以親。有功者不遷，親盡者毁。今不宜以廟數未備，引當遷之主於昭穆上，苟充七室也。景皇帝既號太祖，以世淺猶在六室位，則室未當有七，非天子廟不當七也。大帝神主旣祔，宣皇帝當遷。宣非始祖，又無宗號，親盡而遷，不可復立。請仍爲六室。」詔宰相詳裁。於是祝欽明等上言：「博士等三百人爲兩說：齊賢等不祖武昭王，劉承慶等請遷宣皇帝。臣等欲皆可其奏。」詔可。俄以孝敬皇帝爲義宗，列於廟爲七室。西京太廟亦如之。

齊賢遷累諫議大夫，卒。

柳沖，蒲州虞鄉人，隋饒州刺史莊曾孫。父楚賢，大業中爲河北縣長。高祖兵興，堯君素據郡固守，楚賢說曰：「隋之亡，天下共知。唐公名在圖籙，動以誠信，豪英景赴，天所贊也。君子見幾而作，俟終日邪？」君素不從，楚賢潛行自歸，授侍御史。貞觀中，持節册拜突厥，辭其遺不受。歷交、桂二州都督，杭州刺史，皆有名。

沖好學，多所研總。天授初，爲司府寺主簿，詔遣安撫淮南，使有指，封河東縣男。中宗景龍中，遷左散騎常侍，脩國史。

初，太宗命諸儒撰氏族志，甄差羣姓，其後門胄興替不常，沖請改脩其書，帝詔魏元忠、張錫、蕭至忠、岑羲、崔湜、徐堅、劉憲、吳兢及沖共取德、功、時望、國籍之家，等而次之。夷蕃酋長襲冠帶者，析著別品。會元忠等繼物故，至先天時，復詔沖及堅、兢與魏知古、陸象先、劉子玄等討綴，書乃成，號姓系錄。歷太子賓客、宋王師、昭文館學士，以老致仕。開元初，詔沖與薛南金復加刊竄，乃定。

後柳芳著論甚詳，今刪其要，著之左方。芳之言曰：

氏族者，古史官所記也。昔周小史定繫世，辯昭穆，故古有世本，錄黃帝以來至春秋時諸侯、卿、大夫名號繼統。左丘明傳春秋，亦言：「天子建德，因生以賜姓，胙之土，命之氏；諸侯以字爲氏，以謚爲族。」昔堯賜伯禹姓曰姒，氏曰有夏；伯夷姓曰姜，氏曰有呂。下及三代，官有世功，則有官族，邑亦如之。後世或氏於國，則齊、魯、秦、吳；氏於謚，則文、武、成、宣；氏於官，則司馬、司徒；氏於爵，則王孫、公孫；氏於字，則孟孫、叔孫；氏於居，則東門、北郭；氏於志，則三烏、五鹿；氏於事，則巫、乙、匠、陶。於是受姓命氏，粲然衆矣。

秦既滅學，公侯子孫失其本系。漢興，司馬遷父子乃約世本脩史記，因周譜明世家，乃知姓氏之所由出，虞、夏、商、周、昆吾、大彭、豕韋、齊桓、晉文皆同祖也。更王迭霸，多者千祀，少者數十代。先王之封既絕，後嗣蒙其福，猶爲彊家。

漢高帝興徒步，有天下，命官以賢，詔爵以功，誓曰：「非劉氏王、無功侯者，天下共誅之。」先王公卿之胄，才則用，不才棄之，不辨士與庶族，然則始尙官矣。然猶徙山東豪傑以實京師，齊諸田，楚屈、景，皆右姓也。其後進拔豪英，論而錄之，蓋七相、五公之所由興也。

魏氏立九品，置中正，尊世胄，卑寒士，權歸右姓已。其州大中正、主簿，郡中正、功曹，皆取著姓士族爲之，以定門胄，品藻人物。晉、宋因之，始尙姓已。然其別貴賤，分士庶，不可易也。于時有司選舉，必稽譜籍，而考其眞僞。故官有世胄，譜有世官，賈氏、王氏譜學出焉。由是有譜局，令史職皆具。過江則爲「僑姓」，王、謝、袁、蕭爲大；東南則爲「吳姓」，朱、張、顧、陸爲大；山東則爲「郡姓」，王、崔、盧、李、鄭爲大；關中亦號「郡姓」，韋、裴、柳、薛、楊、杜首之；代北則爲「虜姓」，元、長孫、宇文、于、陸、源、竇首之。「虜姓」者，魏孝文帝遷洛，有八氏十姓，三十六族九十二姓。八氏十姓，出於帝宗屬，或諸國從魏者；三十六族九十二姓，世爲部落大人。並號河南洛陽人。「郡姓」者，以中國士人差第閥閱爲之制，凡三世有三公者曰「膏粱」，有令、僕者曰「華腴」，尚書、領、護而上者爲「甲姓」，九卿若方伯者爲「乙姓」，散騎常侍、太中大夫者爲「丙姓」，吏部正員郎爲「丁姓」。凡得入者，謂之「四姓」。又詔代人諸胄，初無族姓，其穆、陸、奚、于，下吏部勿充猥官，得視「四姓」。北齊因仍，舉秀才、州主簿、郡功曹，非「四姓」不在選。故江左定氏族，凡郡上姓第一，則爲右姓；太和以郡四姓爲右姓；齊浮屠曇剛類例凡甲門爲右姓；周建德氏族以四海通望爲右姓；隋開皇氏族以上品、茂姓則爲右姓；唐貞觀氏族志凡第一等則爲右姓；路氏著姓略，以盛門爲右姓；柳沖姓族系錄凡四海望族則爲右姓。不通歷代之說，不可與言譜也。今流俗獨以崔、盧、李、鄭爲四姓，加太原王氏號五姓，蓋不經也。

夫文之弊，至于尚官；官之弊，至于尚姓；姓之弊，至于尚詐。隋承其弊，不知其所以弊，乃反古道，罷鄉舉，離地著，尊執事之吏。於是乎士無鄉里，里無衣冠，人無廉恥，士族亂而庶人僭矣。故善言譜者，繫之地望而不惑，質之姓氏而無疑，綴之婚姻而有別。山東之人質，故尚婚婭，其信可與也；江左之人文，故尚人物，其智可與也；關中之人雄，故尚冠冕，其達可與也；代北之人武，故尚貴戚，其泰可與也。及其弊，則尚婚婭者先外族、後本宗，尚人物者進庶孽、退嫡長，尚冠冕者略伉儷、慕榮華，尚貴戚者徇勢利、亡禮教。四者俱弊，則失其所尚矣。

人無所守，則士族削；士族削，則國從而衰。管仲曰：「爲國之道，利出一孔者王，二孔者彊，三孔者弱，四孔者亡。」故冠婚者，人道大倫。周、漢之官人，齊其政，一其門，使下知禁，此出一孔也，故王；魏、晉官人，尊中正，立九品，鄉有異政，家有競心，此出二孔也，故彊；江左、代北諸姓，紛亂不一，其要無歸，此出三孔也，故弱；隋氏官人，以吏道治天下，人之行，不本鄉黨，政煩於上，人亂於下，此出四孔也，故亡。唐承隋亂，宜救之以忠，忠厚則鄉黨之行修；鄉黨之行修，則人物之道長；人物之道長，則冠冕之緒崇；冠冕之緒崇，則教化之風美，乃可與古參矣。

晉太元中，散騎常侍河東賈弼譔姓氏簿狀，十八州百十六郡，合七百一十二篇，甄析士庶無所遺。宋王弘、劉湛好其書。弘每日對千客，可不犯一人諱。湛爲選曹，譔百家譜以助銓序，文傷寡省，王儉又廣之，王僧孺演益爲十八篇，東南諸族自爲一篇，不入百家數。弼傳子匪之，匪之傳子希鏡，希鏡譔姓氏要狀十五篇，尤所諳究。希鏡傳子執，執更作姓氏英賢一百篇，又著百家譜，廣兩王所記。執傳其孫冠，冠撰梁國親皇太子序親簿四篇。王氏之學，本於賈氏。

唐興，言譜者以路敬淳爲宗，柳沖、韋述次之。李守素亦明姓氏，時謂「肉譜」者。後有李公淹、蕭穎士、殷寅、孔至，爲世所稱。

初，漢有鄧氏官譜，應劭有氏族一篇，王符潛夫論亦有姓氏一篇。宋何承天有姓苑二篇。譜學大抵具此。魏太和時，詔諸郡中正，各列本土姓族次第爲舉選格，名曰「方司格」，人到于今稱之。

馬懷素字惟白，潤州丹徒人。客江都，師事李善，貧無資，晝樵，夜輒然以讀書，遂博通經史。擢進士第，又中文學優贍科，補郿尉。積勞，遷左臺監察御史。長安中，大夫魏元忠爲張易之構謫嶺表，太僕崔貞慎、東宮率獨孤禕之祖道，易之怒，使人上急變，告貞慎等與元忠謀反。武后詔懷素按之，使者促迫，懷素執不從，曰：「貞慎餞流人當得罪，以爲謀反，則非。昔彭越以逆誅，欒布奏事尸下，漢不坐罪。今元忠罪非越比，不宜坐餞閙之人。且陛下操生殺柄，欲加之罪，自當處決聖心，旣付臣按狀，惟知守陛下法爾。」后意解，貞愼等乃免。宰相李迥秀藉易之勢，斂賕謏法，懷素劾罷之。轉禮部員外郎。以十道使黜陟江西，處決平恕。遷考功，覈取實才，權貴謁請不能阿橈。擢中書舍人內供奉，爲脩文館直學士。

開元初，爲戶部侍郎，封常山縣公，進兼昭文館學士。篤學，手未嘗廢卷。謙恭愼畏，推爲長者。玄宗詔與褚无量同爲侍讀，更日番入。旣叩閤，肩輿以進，或行在遠，聽乘馬。宮中每宴見，帝自送迎以師臣禮。有詔句校祕書。是時，文籍盈漫，皆炱朽蟫斷，籤滕紛舛，懷素建白：「願下紫微、黃門，召宿學巨儒就校繆缺。」又言：「自齊以前舊籍，王儉七志已詳。請採近書篇目及前志遺者，續儉志以藏祕府。」詔可。卽拜懷素祕書監。乃召國子博士尹知章、四門助敎王直、直國子監趙玄默、陸渾丞吳綽、桑泉尉韋述、扶風丞馬利徵、湖州司功參軍劉彥直、臨汝丞宋辭玉、恭陵令陸紹伯、新鄭尉李子釗、杭州參軍殷踐猷、梓潼尉解崇質、四門直講余欽、進士王愜、劉仲丘、右威衞參軍侯行果、邢州司戶參軍袁暉、海州錄事參軍晁良、右率府胄曹參軍毋煚、滎陽主簿王灣、太常寺太祝鄭良金等分部撰次；踐猷從弟祕書丞承業、武陟尉徐楚璧是正文字。懷素奏祕書少監盧俌、崔沔爲脩圖書副使，祕書郞田可封、康子元爲判官。然懷素不善著述，未能有所緒別。會卒，帝舉哀洛陽南城門，贈潤州刺史，謚曰文，給輿還鄉里，喪事官辦。

懷素卒後，詔祕書官並號脩書學士，草定四部，人人意自出，無所統一，踰年不成。有司疲於供擬，太僕卿王毛仲奏罷內料。又詔右常侍褚无量、大理卿元行沖考絀不應選者，无量等奏：「修撰有條，宜得大儒綜治。」詔委行沖。乃令煚、述、欽總緝部分，踐猷、愜治經，述、欽治史，煚、彥直治子，灣、仲丘治集。八年，四錄成，上之。學士無賞擢者。

行沖知麗正院，又奏紹伯、利徵、彥直、踐猷、行果、子釗、直、煚、述、灣、玄默、欽、良金與朝邑丞馮朝隱、冠氏尉權寅獻、祕書省校書郎孟曉、揚州兵曹參軍韓覃王嗣琳、福昌令張悱、進士崔藏之入校麗正書。由是祕書省罷撰緝，而學士皆在麗正矣。

愜、仲丘老病還鄉里。紹伯卒于官。直終岐王府記室參軍事。玄默，集賢直學士。利徵，出爲山茌令，儒緩無治術，免官，終于家。子釗坐保任非人，終德州長史。欽至太學博士、集賢院學士。灣，洛陽尉。良金，右補闕、京兆府倉曹參軍事。寅獻，臨淮太守。曉，左補闕。覃，萊州別駕，坐誣告刺史，流遠方。藏之，膳部員外郎。明年，以將仕郎梁令瓚文學直書院，後以右率府兵曹參軍而罷，終恆王府司馬。祕書省校書郎源幼良代利徵，後以協律郎罷。

殷踐猷字伯起，陳給事中不害五世從孫。博學，尤通氏族、曆數、醫方。與賀知章、陸象先、韋述最善，知章嘗號爲「五總龜」，謂龜千年五聚，問無不知也。初爲杭州參軍，舉文儒異等科，授祕書省學士，用曹州司法參軍，兼麗正殿學士。以叔父喪，哀慟歐血而卒，年四十八。

少子寅，舉宏辭，爲太子校書，出爲永寧尉。吏侮謾甚，寅怒殺之，貶澄城丞。病且死，以母蕭老，不忍決。及斂，其子亮斷指剪髮置棺中，自誓事祖母如寅在。其後侍蕭疾，不脫衣者數年，有白燕巢其楣。後終給事中、杭州刺史。

踐猷弟季友，歷祕書郎，善畫。

從父仲容，終冬官郎中，有重名。子承業，以謹樸稱，歷太子左諭德、右威衞將軍。

族子成己，晉州長史。初，母顏叔父吏部郎中敬仲爲酷吏所陷，率二妹割耳訴冤，敬仲得減死。及成己生，而左耳缺云。

孔若思，越州山陰人，陳吏部尚書奐四世孫。祖紹安，與兄紹新早知名。陳亡，客居鄠，勵志于學。外兄虞世南曰：「本朝淪覆，吾分湮滅，有弟若此，知不亡矣。」紹安與孫萬壽皆以文辭稱，時謂「孫孔」。隋大業末，爲監察御史。高祖討賊河東，紹安與夏侯端同監軍，禮遇尤密。帝受禪，端先歸，拜祕書監。已而紹安間道走長安，帝悅，擢內史舍人，賜宅一區、良馬二匹。

若思早孤，其母躬訓教，長以博學聞。有遺以褚遂良書者，納一卷焉，其人曰：「是書貴千金，何取之廉？」答曰：「審爾，此爲多矣。」更還其半。擢明經，歷庫部郎中，常曰：「仕宦至郎中足矣。」座右置止水一石，明自足意。

中宗初，敬暉、桓彥範當國，以若思多識古今，凡大政事，必咨質後行。三遷禮部侍郎，出爲衞州刺史。故事，以宗室爲州別駕，見刺史，驁放不肯致恭。若思劾奏別駕李道欽，請訊狀。有詔別駕見刺史致恭，自若思始。以清白擢銀青光祿大夫，賜絹百匹，累封梁郡公。開元七年卒，謚曰惠。

從父楨，第進士，歷監察御史，門無賓謁，時譏其介。高宗時，再遷絳州刺史，封武昌縣子，謚曰溫。

子季詡，字季和。永昌初，擢制科，授校書郎。陳子昂常稱其神清韻遠，可比衞玠。終左補闕。

若思子至，字惟微。歷著作郎，明氏族學，與韋述、蕭穎士、柳沖齊名。撰百家類例，以張說等爲近世新族，剟去之。說子垍方有寵，怒曰：「天下族姓，何豫若事，而妄紛紛邪？」垍弟素善至，以實告。初，書成，示韋述，述謂可傳，及聞垍語，懼，欲更增損，述曰：「止！丈夫奮筆成一家書，奈何因人動搖？有死不可改。」遂罷。時述及穎士、沖皆撰類例，而至書稱工。

校勘記

〔一〕時姑爲帝婕妤　糾謬卷四云：「案后妃傳云：太宗賢妃徐惠，太宗召爲才人，再遷充容，卒贈賢妃，惠之弟齊聃子堅，皆以學聞；女弟爲高宗婕妤。然則徐齊聃在本傳則爲賢妃、婕妤之姪，而堅爲姪孫；在賢妃傳則齊聃乃賢妃、婕妤之弟，而堅乃姪也。未知何者爲是。」

〔二〕號月祭　「月」，各本原作「日」。據本書卷一四禮樂志、唐會要卷二一、册府卷五八七、全唐文卷二七一彭景直請停諸陵每日奠祭疏改。

唐書卷二百

列傳第一百二十五

儒學下

褚无量 徐安貞　元行沖　陳貞節　施敬本　盧履冰　王仲丘
康子元 侯行果　趙冬曦 尹愔　陸堅　鄭欽說　盧僎　啖助　韋彤
陳京　暢當　林藴　韋公肅　許康佐

褚无量字弘度，杭州鹽官人。幼授經於沈子正、曹福，刻意墳典。家瀕臨平湖，有龍出，人皆走觀，无量尚幼，讀書若不聞，衆異之。尤精禮、司馬史記。擢明經第，累除國子博士，遷司業兼脩文館學士。

中宗將南郊，詔定儀典。時祝欽明、郭山惲建言皇后爲亞獻，无量與太常博士唐紹、蔣欽緒固爭，以爲：「郊祀，國大事，其折衷莫如周禮。周禮冬至祭天圜丘，不以地配，唯始祖爲主，亦不以妣配，故后不得與。又大宗伯：『凡大祭祀，王后不與，則攝而薦豆籩，徹。』是后不應助祭。又內宰職『大祭祀，后祼獻則贊瑤爵』。祭天無祼，知此乃宗廟祭耳。巾車、內司服，掌后六服與五路，無后祭天之服與路，是后不助祭天也。惟漢有天地合祭，皇后參享事。末代黷神，事不經見，不可爲法。」時左僕射韋巨源佐欽明，故无量議格。以母老解官。

玄宗爲太子，復拜國子司業兼侍讀，撰翼善記以進，厚被禮答。太子釋奠國學，令講經，建端樹義，博敏而辯，進銀青光祿大夫，錫予蕃渥。及卽位，遷左散騎常侍兼國子祭酒，封舒國公。母喪解，詔州刺史薛瑩弔祭，賜物加等。廬墓左，鹿犯所植松柏，无量號訴曰：「山林不乏，忍犯吾塋樹邪？」自是羣鹿馴擾，不復棖觸，无量爲終身不御其肉。喪除，召復故官。以耆老，隨仗聽徐行，又爲設腰輿，許乘入殿中。頻上書陳得失。

開元五年，帝將幸東都而太廟壞，姚崇建言廟本苻堅故殿，不宜罷行。无量鄙其言，以爲不足聽，乃上疏曰：「王者陰盛陽微，則先祖見變。今後宮非御幸者，宜悉出之，以應變異。舉畯良，擯奢靡，輕賦，愼刑，納諫爭，察諂諛，繼絕世，則天人和會，災異訖息。」帝是崇語，車駕遂東。无量又上言：「昔虞舜之狩，秩山川，徧羣神。漢孝景祠黃帝橋山，孝武祠舜九疑，高祖過魏祭信陵君墓，過趙封樂毅後，孝章祠桓譚冢。願陛下所過名山、大川、丘陵、墳衍，古帝王、賢臣在祀典者，並詔致祭。自古受命之君，必興滅繼絕，崇德報功。故存人之國，大於救人之災；立人之後，重於封人之墓。願到東都，收敘唐初逮今功臣世絕者，雖在支庶，咸得承襲。」帝納其言，卽詔无量祠堯平陽，宋璟祠舜蒲坂，蘇頲祠禹安邑，在所刺史參獻。又求武德以來勳臣苗裔，紹續其封。

初，內府舊書，自高宗時藏宮中，甲乙叢倒，无量建請繕錄補第，以廣秘籍。天子詔於東都乾元殿東廂部彙整比，无量爲之使。因表聞喜尉盧僎、江陽尉陸去泰、左監門率府胄曹參軍王擇從、武陟尉徐楚璧分部讎定。衞尉設次，光祿給食。又詔秘書省、司經局、昭文、崇文二館更相檢讎，采天下遺書以益闕文。不數年，四庫完治。帝詔羣臣觀書，賜无量等帛有差。无量又言：「貞觀御書皆宰相署尾，臣位卑不足以辱，請與宰相聯名跋尾。」不從。帝西還，徙書麗正殿，更以脩書學士爲麗正殿直學士，比京官預朝會。復詔无量就麗正纂續前功。皇太子及四王未就學，无量以孝經、論語五通獻帝。帝曰：「朕知之矣。」乃選郗常亨、郭謙光、潘元祚等爲太子、諸王侍讀。七年，太子齒胄于學，詔无量升坐講勸，百官觀禮，厚賚賜。卒，年七十五。病困，語人以麗正書未畢爲恨。帝聞悼痛，詔宰相曰：「无量，朕師，今其永逝，宜用優典。」於是贈禮部尙書，謚曰文，葬事官給。所譔述百餘篇。

歿後，有於書殿得講史記、至言十二篇上之，帝歎息，以絹五百匹賜其家。始，无量與馬懷素爲侍讀，後祕書少監康子元、國子博士侯行果亦踐其選，雖賞賚亟加，而禮遇衰矣。

陸去泰，歷左右補闕內供奉。

王擇從，京兆人，終汜水令。

徐楚璧，初應制舉，三登甲科，開元時爲中書舍人、集賢院學士，帝屬文多令視草。終中書侍郎，東海縣子。在中書省久，是時李林甫用事，或言計議多所參助。後更名安貞。

元澹字行沖，以字顯，後魏常山王素連之後〔一〕。少孤，養於外祖司農卿韋機。及長，博學，尤通故訓。及進士第，累遷通事舍人。狄仁傑器之。嘗謂仁傑曰：「下之事上，譬富家儲積以自資也，脯腊膎胰以供滋膳，參朮芝桂以防疾疢。門下充旨味者多矣，願以小人備一藥石，可乎？」仁傑笑曰：「君正吾藥籠中物，不可一日無也。」景雲中，授太常少卿。行沖以系出拓拔，恨史無編年，乃撰魏典三十篇，事詳文約，學者尙之。初，魏明帝時河西柳谷出石，有牛繼馬之象。魏收以晉元帝乃牛氏子冒司馬姓，以著石符。行沖謂昭成皇帝名犍，繼晉受命，獨此可以當之。有人破古冢得銅器似琵琶，身正圓，人莫能辨。行沖曰：「此阮咸所作器也。」命易以木，絃之，其聲亮雅，樂家遂謂之「阮咸」。

開元初，罷太子詹事，出爲岐州刺史，兼關內按察使。自以書生，非彈治才，固辭。入爲右散騎常侍、東都副留守。嗣彭王子志謙坐仇人告變，考訊自誣，株蔓數十人，行沖察其枉，列奏見原。四遷大理卿，不樂法家，固謝所居官，改左散騎常侍，封常山縣公。充使檢校集賢，再遷太子賓客、弘文館學士。先是，馬懷素撰書志，褚无量校麗正四部書，業未卒，相次物故。詔行沖并代之。玄宗自註孝經，詔行沖爲疏，立于學官。以老罷麗正校書事。

初，魏光乘請用魏徵類禮列于經，帝命行沖與諸儒集義作疏，將立之學，乃引國子博士范行恭、四門助敎施敬本采獲刊綴爲五十篇，上于官。於是右丞相張說建言：「戴聖所錄，向已千載，與經並立，不可罷。魏孫炎始因舊書擿類相比，有如鈔撥，諸儒共非之。至徵更加整次，乃爲訓注，恐不可用。」帝然之，書留中不出。行沖意諸儒間己，因著論自辯，名曰釋疑，曰：

客問主人：「小戴之學，康成之注，魏氏乃有刊易，二經孰優？」主人曰：「小戴禮行於漢末，馬融爲傳，盧植合二十九篇而爲之解，世所不傳。鉤黨獄起，康成於竄伏之中，理紛挐之典，雖存探究，咨謀靡所。具鄭志者百有餘科，章句之徒，曾不是省。王肅因之，或多攻詆。而鄭學有孫炎，雖扶鄭義，條例支分，箴石間起，增革百篇。魏氏病羣言之冗脞，采衆說之精簡，刊正芟礱，書畢以聞，太宗嘉賞，錄賜儲貳。陛下纂業，宜所循襲，乃制諸儒，甄分舊義。豈悟章句之士，堅持昔言，擯壓不申，疑於知新，果於仍故？」

客曰：「當局稱迷，傍觀必審，何所爲疑而不申列？」答曰：「改易章句，是有五難：漢孔安國注古文尚書，族兄臧與書曰：『相如常忿俗儒淫詞冒義〔二〕，欲撥亂反正而未能也。浮學守株，衆非非正，自古而然，恐此道未信，而獨智爲譴。』一也。昔孔季產專古學〔三〕，有孔扶者與俗浮沈，每誡產曰：『今朝廷率章句內學，君獨脩古義。古義非章句內學，危身之道也，獨善不容於世，君其殆哉！』二也。劉歆好左氏，欲建學官，哀帝納之，諸儒遷延不肯置對。歆移書誚讓，諸博士皆忿恨。龔勝時爲光祿大夫，見歆議，乃乞骸骨。司空師丹因大發怒，詆歆改亂前志，非毀先帝所立。歆懼，出爲五原太守。以君賓之學，公仲之博，猶迫同門朋黨之議，卒令子駿負謗。三也。王肅規鄭玄數千百條，鄭學馬昭詆劾肅短。詔遣博士張融按經問詰，融推處是非，而肅酬對疲於歲時。四也。王粲曰：『世稱伊、雒以東，淮、漢以北，康成一人而已。咸言先儒多闕，鄭氏道備。』粲竊嗟怪，因求所學，得尚書注，退思其意，意皆盡矣，所疑猶未諭焉，凡有二篇。王邵曰：『魏、晉浮華，古道湮替，歷載三百，士大夫恥爲章句，唯草野生專經自許，不能博究，擇從其善，徒欲父康成，兄子慎，寧道孔聖誤，諱言鄭、服非。』然則鄭、服之外，皆讎矣。五也。夫物極則變，比及百年，當有明哲君子，恨不與吾同世者。道之行廢，必有其時者歟？何遽速近名之嫌邪？」

俄丐致仕。十七年卒，年七十七，贈禮部尚書，謚曰獻。

陳貞節，潁川人。開元初，爲右拾遺。初，隱、章懷、懿德、節愍四太子並建陵廟，分八署，置官列吏卒，四時祠官進饗。貞節以爲非是，上言：「王者制祀，以功德者猶親盡而毀；四太子廟皆別祖，無功於人，而園祠時薦，有司守衞，與列帝侔。金奏登歌，所以頌功德，詩曰：『鍾鼓既設，一朝饗之。』使無功而頌，不曰舞詠非度邪？周制：始祖乃稱小廟。未知四廟欲何名乎？請罷卒吏，詔祠官無領屬，以應禮典。古者別子爲祖，故有大、小宗。若謂祀未可絕，宜許所後子孫奉之。」詔有司博議。駕部員外郎裴子餘曰：「四太子皆先帝冢嗣，列聖念懿屬而爲之享。春秋書晉世子曰：『將以晉畀秦，秦將祀予。』此不祀也。又言：『神不歆非類，君祀無乃戾乎！』此有廟也。魯定公元年，立煬宮。煬，伯禽子，季氏遠祖，尚不爲限，況天子篤親親以及旁朞，誰不曰然？」太常博士段同曰：「四陵廟皆天子睦親繼絕也。逝者錫蘋蘩，猶生者之開茅土。古封建子弟，詎皆有功？生無所議，死乃援禮停祠，人其謂何？隱於上，伯祖也，服緦；章懷，伯父也，服朞；懿德、節愍，堂昆弟也，服大功。親未盡，廟不可廢。」禮部尚書鄭惟忠等二十七人亦附其言。於是四陵廟惟減吏卒半，它如舊。

遷太常博士。玄宗奉昭成皇后祔睿宗室，又欲肅明皇后并升焉。貞節奏言：「廟必有配，一帝一后，禮之正也。昭成皇后有大姒之德，宜升配睿宗；肅明皇后旣非子貴，宜在別廟。周人『奏夷則，歌小呂，以享先妣』。先妣，姜嫄也，以生后稷，故特立廟曰閟宮。晉簡文帝鄭宣皇后不配食，築宮於外，以歲時致享。肅明請準周姜嫄、晉宣后，納主別廟，時享如儀。」於是，留主儀坤廟，詔隸太廟，毋置官屬。貞節又與博士蘇獻上言：「睿宗於孝和，弟也。按賀循說，兄弟不相爲後。故殷盤庚不序陽甲，而上繼先君；漢光武不嗣孝成，而上承元帝；晉懷帝繼世祖，不繼惠帝。故陽甲、孝成，出爲別廟。」又言：「兄弟共世，昭穆位同，則不可兼毀二廟〔四〕。有天下者，從禰而上事七廟，尊者所統廣，故及遠祖。若容兄弟，則上毀祖考，天子不得全事七世矣。請以中宗爲別廟，大祫則合食太祖。奉睿宗繼高宗，則祼獻永序。」詔可。乃奉中宗別廟，升睿宗爲第七室。

五年，太廟壞，天子舍神主太極殿，營新廟，素服避正寢，三日不朝，猶幸東都。伊闕男子孫平子上書曰：「乃正月太廟毁，此躋二帝之驗也。春秋：『君薨，卒哭而祔，祔而作主，特祀於主，烝嘗禘於廟。』今皆違之。魯文公之二年，躋僖於閔上。後太室壞，春秋書其災，說曰：『僖雖閔兄，嘗爲之臣，臣居君上，是謂失禮，故太室壞。』且兄臣於弟，猶不可躋；弟嘗臣兄，乃可躋乎？莊公薨，閔公二年而禘，春秋非之。況大行夏崩，而太廟冬禘，不亦亟乎？太室尊所，若曰魯自是陵夷，墮周公之祀。太廟今壞，意者其將陵夷，墮先帝之祀乎？陛下未祭孝和，先祭太上皇，先臣後君。昔躋兄弟上，今弟先兄祭。昔太室壞，今太廟毁，與春秋正同，不可不察。武后篡國，孝和中興有功，今內主別祠，不得列于世，亦已薄矣。夫功不可棄，君不可下，長不可輕。且臣繼君，猶子繼父。故禹不先鮌，周不先不窋，宋、鄭不以帝乙、厲王不肖，猶尊之也，況中興邪？晉太康時，宣帝廟地陷梁折，又三年，太廟殿陷而及泉，更營之，梁又折。天之所譴，非必朽而壞也。晉不承天，故及于亂。臣謂宜遷孝和還廟，何必違禮，下同魯、晉哉？」帝異其言，詔有司復議。貞節、獻與博士馮宗質之曰：「天子七廟，三昭三穆，與太祖而七。父昭子穆，兄弟不與焉。殷自成湯至帝乙十二君，其父子世六。易乾鑿度曰：『殷之帝乙六世王。』則兄弟不爲世矣。殷人六廟：親廟四，并湯而六。殷兄弟四君，若以爲世，方上毁四室，乃無祖禰，是必不然。古者繇禰極祖，雖迭毁迭遷，而三昭穆未嘗闕也。禮，大宗無子，則立支子。又曰：『爲人後者爲之子。』無兄弟相爲後者，故捨至親，取遠屬。父子曰繼，兄弟曰及，兄弟不相入廟，尙矣。借有兄弟代立承統，告享不得稱嗣子、嗣孫，乃言伯考、伯祖，何統序乎？殷十二君，惟三祖、三宗，明兄弟自爲別廟。漢世祖列七廟，而惠帝不與。文、武子孫昌衍，文爲漢太宗。晉景帝亦文帝兄，景絕世，不列于廟。及告謚世祖，稱景爲從祖。今謂晉武帝越崇其父，而廟毀及亡，何漢出惠帝而享世長久乎？七廟、五廟，明天子、諸侯也；父子相繼，一統也；昭穆列序，重繼也。禮，兄弟相繼，不得稱嗣子，明睿宗不父孝和，必上繼高宗者。偶室於廟，則爲二穆，於禮可乎？禮所不可，而使天子旁紹伯考，棄己親正統哉？孝和中興，別建園寢，百世不毀，尙何議哉？平子猥引僖公逆祀爲比，殊不知孝和升新寢，聖眞方祔廟，則未嘗一日居上也。」帝語宰相召平子與博士詳論。博士護前言，合軋平子。平子援經辯數分明，獻等不能屈。蘇頲右博士，故平子坐貶都城尉。然諸儒以平子孤挺，見迮於禮官，不平。帝亦知其直，久不決，然卒不復中宗於廟。

明年，帝將大享明堂，貞節惡武后所營，非古所謂「木不鏤、土不文」之制，乃與馮宗上言：「明堂必直丙巳，以憲房、心布政，太微上帝之所。武后始以乾元正寢占陽午地，先帝所以聽政，故毀殿作堂。撤之日，有音如雷，庶民讙訕，以爲神靈不悅。堂成，災火從之。后不脩德，俄復營構，殫用極侈，詭禳厭變，又欲嚴配上帝，神安肯臨？且密邇掖廷，人神雜擾，是謂不可放物者也。二京上都，四方是則。天子聽政，乃居便坐，無以尊示羣臣。願以明堂復爲乾元殿，使人識其舊，不亦愈乎？」詔所司詳議。刑部尚書王志愔等僉謂：「明堂瓌怪不法，天燼之餘，不容大享。請因舊循制，還署乾元正寢。正、至，天子御以朝會。若大享，復寓圓丘。」制曰可。貞節以壽卒。

施敬本，潤州丹陽人。開元中，爲四門助敎。玄宗將封禪，詔有司講求典儀。舊制，盥手、洗爵，皆侍中主之；詔祀天神，太祝主之。敬本上言曰：「周制，大宗伯鬱人，下士二，掌祼事。漢無鬱人，用近臣。漢世侍中微甚，籍孺、閎孺等幸臣爲之。後漢邵闔自侍中遷步兵校尉，秩千石，其職省起居，執虎子，蓋褻臣也。今侍中位宰相，非鬱人比。祝者薦主人意於神，非賤職也。古二君相見，卿爲上儐，況天人際哉！周太祝，下大夫二，上士四。下大夫，今郎中、太常丞之比；上士，員外郎、博士之比。漢太祝令秩六百石，今太祝乃下士。以下士接天，以大臣奉天子，輕重不倫，非禮也。舊制，謁者引太尉升壇。謁者位下，升壇禮重。漢尚書御史屬，有謁者僕射一，秩六百石，銅印青綬；謁者三十五，以郎中滿歲稱給事中，未滿歲稱謁者。光祿勳屬，有謁者，掌賓贊，員七十，秩比六百石。則古謁者名秩差異等，今謁者班微，循空名，忘實事，非所以事天也。」帝詔中書令張說引敬本孰悉其議，故侍中、祝、謁者，視禮輕重，以它官攝領。

敬本以太常博士爲集賢院脩撰。踰年，遷右補闕、秘書郎，卒。

盧履冰，幽州范陽人，元魏都官尚書義僖五世孫。開元五年，仕歷右補闕。建言：「古者父在爲母朞，徹靈而心喪。武后始請同父三年，非是，請如禮便。」玄宗疑之，又以舅、嫂叔服未安，幷下百官議。刑部郎中田再思曰：「會禮之家比聚訟。循古不必是，而行今未必非。父在爲母三年，高宗實行之，著令已久。何必乖先帝之旨，閡人子之情，愛一朞服於其親，使與伯叔母、姑姊妹同？嫂叔、舅甥服，太宗實制之，閱百年無異論，不可改。」履冰因言：「上元中，父在爲母三年，后雖請，未用也，逮垂拱始行之。至有祖父母在而子孫婦沒，行服再朞，不可謂宜。禮，女子無專道，故曰『家無二尊』。父在爲母服朞，統一尊也。今不正其失，恐後世復有婦奪夫之敗，不可不察。」書留未下。履冰卽極陳：「父在爲母立几筵者一朞，心喪者再朞，父必三年而後娶，以達子之志。夫聖人豈蔑情於所生？固有意於天下。

昔武后陰儲篡謀，豫自光崇，升朞齊，抗斬衰，俄而乘陵唐家，以啓釁階。孝和僅得反正，韋氏復出，酖殺天子，幾亡宗社。故臣將以正夫婦之綱，非特母子間也。議者或言：『降母服，非詩所謂罔極者，而又與伯叔母、姑姊妹等。且齊、斬已有升降，則歲月不容異也。』此迂生鄙儒，未習先王之旨，安足議夫禮哉？罔極者，春秋祭祀，以時思之，君子有終身之憂之謂，何限一朞、二朞服哉？聖人之於禮，必建中制，使賢不肖共成文理而後釋，彼伯叔、姑姊，烏有筵杖之制、三年心喪乎？母齊父斬，不易之道也。」左散騎常侍元行沖議曰：「古緣情制服：女天父，妻天夫，斬衰三年，情禮俱盡者，因心立極也。妻喪杖朞，情禮俱殺者，遠嫌疑，尊乾道也。爲嫡子三年斬衰而不去官，尊祖重嫡，崇其禮，殺其情也。孝莫大於嚴父，故父在爲母免官，齊而朞，心喪三年，情已申而禮殺也。自堯、舜、周公、孔子所同。而令捨尊厭之重，虧嚴父之義，謂之禮，可乎？姨兼從母之名，以母之女黨，加於舅服，不爲無理。嫂叔不服，則遠嫌也。請據古爲適。」帝弗報。是時言喪服，各以所見奮，交口紛騰。七年，乃下詔：「服紀一用古制。」自是人間父在爲母服，或朞而禫，禫而釋，心喪三年。或朞而禫，終三年。或齊衰三年。

後履冰以官卒。

王仲丘，沂州琅邪人。祖師順，仕高宗，議漕輸事有名當時，終司門郎中。仲丘開元中歷左補闕內供奉、集賢脩撰、起居舍人。

時典章差駁，仲丘欲合貞觀、顯慶二禮，據「有其舉之，莫可廢之」之誼，即上言：「貞觀禮，正月上辛，祀感帝於南郊。顯慶禮，祀昊天上帝於圓丘以祈穀。臣謂詩『春夏祈穀于上帝』。禮，上辛祈穀于上帝。則上帝當昊天矣。鄭玄曰：『天之五帝遞王，王者必感一以興。故夏正月祭所生於郊，以其祖配之，因以祈穀。』感帝之祀，貞觀用之矣。請因祈穀之壇，偏祭五方帝。五帝者，五行之精，九穀之宗也。請二禮皆用。貞觀禮，雩祀五方上帝、五人帝、五官于南郊。顯慶禮，祀昊天上帝于圓丘。臣謂雩上帝，爲百穀祈甘雨，故月令：『大雩帝，用盛樂。』鄭玄說：『帝，上帝也，乃天別號。』祀于圓丘，尊天位也。顯慶祀昊天，與月令合，而貞觀嘗祀五帝矣，請二禮皆用。貞觀禮，季秋祀五方帝、五官於明堂。顯慶禮，祀昊天上帝於明堂。臣謂周郊祀后稷以配天，宗祀文王於明堂以配上帝。先儒以天爲感帝，引太微五帝，著之上帝，則屬之昊天。鄭玄稱周官旅上帝，祀五帝，各文而異禮，不容并而爲一。故於孝經天、上帝，申之曰：『上帝亦天也。』神無二主，但異其處，以避后稷。今顯慶享上帝，合於經。然貞觀嘗祀五方帝矣。請二禮皆用。」詔可。

遷禮部員外郎。卒，贈秘書少監。

康子元，越州會稽人。仕歷獻陵令。開元初，詔中書令張說舉能治易、老、莊者，集賢直學士侯行果薦子元及平陽敬會眞於說，說藉以聞，並賜衣幣，得侍讀。子元擢累秘書少監，會眞四門博士，俄皆兼集賢侍講學士。

玄宗將東之太山，說引子元、行果、徐堅、韋縚商裁封禪儀。初，高宗之封，中書令許敬宗議：「周人尚臭，故前祭而燔柴。」說、堅、子元白奏：「周官：樂六變，天神降。是降神以樂，非緣燔也。宋、齊以來，皆先嚌福酒，乃燎。請先祭後燔，如貞觀禮便。」行果與趙冬曦議，以爲：「先燎降神，尚矣。若祭已而燔，神無由降。」子元議挺不從。說曰：「康子獨出蒙輪，以當一隊邪？」議未判，說請決于帝，帝詔後燔。

乘輿自岱還，減從官，先次東都，唯子元、毋煚、韋述以學士從。久乃徙宗正少卿，以疾授秘書監，致仕。卒，贈汴州刺史。帝嘗制贊賜說、子元，命工圖其象，詔冬曦、述、煚分爲傳。

行果者，上谷人，歷國子司業，侍皇太子讀。卒，贈慶王傅。始，行果、會眞及長樂馮朝隱同進講，朝隱能推索老、莊秘義，會眞亦善老子，每啓篇，先薰盥乃讀。帝曰：「我欲更求善易者，然無賢行果」云。朝隱終太子右諭德，會眞太學博士。

趙冬曦，定州鼓城人。進士擢第，歷左拾遺。神龍初，上書曰：「古律條目千餘。隋時姦臣侮法，著律曰：『律無正條者，出罪舉重以明輕，入罪舉輕以明重。』一辭而廢條目數百。自是輕重沿愛憎，被罰者不知其然，使賈誼見之，慟哭必矣。夫法易知，則下不敢犯而遠機穽；文義深，則吏乘便而朋附盛。律、令、格、式，謂宜刊定科條，直書其事。其以准加減比附、量情及舉輕以明重、不應爲之類皆勿用。使愚夫愚婦相率而遠罪，犯者雖貴必坐。律明則人信，法一則主尊。」當時稱是。

開元初，遷監察御史，坐事流岳州。召還復官，與秘書少監賀知章、校書郎孫季良、大理評事咸廙業入集賢院脩撰。是時，將仕郎王嗣琳、四門助教范仙廈爲校勘，翰林供奉呂向、東方顥爲校理。未幾，冬曦知史官事，遷考功員外郎。踰年，與季良、廙業、知章、呂向皆爲直學士。冬曦俄遷中書舍人內供奉，以國子祭酒卒。

冬曦性放達，不屑世事。兄夏日，弟和璧、安貞、居貞、頤貞、彙貞，皆擢進士第。安貞給事中，居貞吳郡採訪使，頤貞安西都護。居貞子昌，別傳。

王嗣琳以太子校書郎罷。東方顥上書忤旨，左遷高安丞。廩業亦坐事左遷餘杭令。仙夏善講論，後爲道士。

開元集賢學士，又有尹愔、陸堅、鄭欽說、盧僎名稍著。

尹愔，秦州天水人。父思貞，字季弱。明春秋，擢高第。嘗受學於國子博士王道珪，稱之曰：「吾門人多矣，尹子叵測也。」以親喪哀毀。除喪，不仕。左右史張說、尹元凱薦爲國子大成，每釋奠，講辨三教，聽者皆得所未聞。遷四門助教，撰諸經義樞、續史記皆未就。夢天官、麟臺交辟，寤而會親族敍訣，二日卒，年四十。

愔博學，尤通老子書。初爲道士，玄宗尙玄言，有薦愔者，召對，喜甚，厚禮之，拜諫議大夫、集賢院學士，兼脩國史，固辭不起。有詔以道士服視事，乃就職，顓領集賢、史館圖書。開元末，卒，贈左散騎常侍。

陸堅，河南洛陽人。初爲汝州參軍，以友婿李慈伏誅，貶涪州參軍，再遷通事舍人。有詔起復〔五〕，遣中官敦諭，不就。以給事中兼學士。善書。初名友悌，玄宗嘉其剛正，更賜名。從封泰山，封建安男。帝待之甚厚，圖形禁中，親製贊。以秘書監卒，年七十一，贈吏部尚書，謚曰懿。

鄭欽說，後魏濮陽太守敬叔八世孫。開元初，繇新津丞請試五經，擢第，授鞏縣尉、集賢院校理。歷右補闕內供奉。通曆術，博物。初，梁太常任昉大同四年七月於鍾山壙中得銘曰：「龜言土，蓍言水，甸服黃鍾啓靈址。瘞在三上庚，墮遇七中巳。六千三百浹辰交，二九重三四百圮。」當時莫能辨者，因藏之，戒諸子曰：「世世以銘訪通人，有知之者，吾死無恨。」昉五世孫升之，隱居商洛，寫以授欽說。欽說出使，得之於長樂驛，至敷水三十里而悟曰：「卜宅者庚葬之歲月，而先識墓圮日辰。甸服，五百也；黃鍾十一也；繇大同四年郤求漢建武四年，凡五百一十一年。葬以三月十日庚寅，三上庚也。圮以七月十二日己巳，七中巳也。浹辰，十二也；建武四年三月至大同四年七月，六千三百一十二月，月一交，故曰六千三百浹辰交。二九，十八也。重三，六也。建武四年三月十日，距大同四年七月十二日，十八萬六千四百日，故曰二九重三四百圮。」升之大驚，服其智。

欽說雅爲李林甫所惡，韋堅死，欽說時位殿中侍御史，常爲堅判官，貶夜郎尉，卒。子克鈞，爲都官郎中。吐蕃圍靈州，軍餉匱竭，德宗以克鈞爲靈、夏二州運糧使，轉米峙塞下，守者遂安。

盧僎，吏部尚書從愿三從父也。自聞喜尉爲學士，終吏部員外郎。兄俌，中宗時歷右補闕。默啜入寇，敗沙吒忠義，詔百官陳破賊勝策，獨俌上疏以爲：「治內可以及外，賞罰明則士盡節。鳴沙之役，主將先遁，中軍猶能死戰。正法紀功，則戎行可勸。若忠義，驍將材，不可當大任。宜因古法，募人徙邊，免行役，次廬伍，明敎令，賞虜獲，近戰則守家，遠戰則利貨。購辯勇，結諸蕃，以圖攻取。擇邊州刺史，蒐乘積粟，謹烽燧以備守。」中宗善其言，然無施行者。俌終祕書少監。

啖助字叔佐，趙州人，後徙關中。淹該經術。天寶末，調臨海尉、丹楊主簿。秩滿，屏居，甘足疏糗。

善爲春秋，考三家短長，縫綻漏闕，號集傳，凡十年乃成，復攝其綱條，爲例統。其言孔子脩春秋意，以爲：「夏政忠，忠之敝野；商人承之以敬，敬之敝鬼；周人承之以文，文之敝僿。救僿莫若忠。夫文者，忠之末也。設教於本，其敝且末；設教於末，敝將奈何？武王、周公承商之敝，不得已用之。周公沒，莫知所以改，故其敝甚於二代。孔子傷之曰：『虞、夏之道，寡怨於民；商、周之道，不勝其敝！』故曰：『後代雖有作者，虞帝不可及已。』蓋言唐、虞之化，難行於季世，而夏之忠，當變而致焉。故春秋以權輔用，以誠斷禮，而以忠道原情云。不拘空名，不尙狷介，從宜捄亂，因時黜陟。古語曰：『商變夏，周變商，春秋變周。』而公羊子亦言：『樂道堯、舜之道，以擬後聖。』是知春秋用二帝、三王法，以夏爲本，不壹守周典明矣。」又言：「幽、厲雖衰，雅未爲風。逮平王之東，人習餘化，苟有善惡，當以周法正之。故斷自平王之季，以隱公爲始，所以拯薄勉善，捄周之弊，革禮之失也。」助愛公、穀二家，以左氏解義多謬，其書乃出於孔氏門人。且論語孔子所引，率前世人老彭、伯夷等，類非同時；而言「左丘明恥之，丘亦恥之」。丘明者，蓋如史佚、遲任者。又左氏傳、國語，屬綴不倫，序事乖刺，非一人所爲。蓋左氏集諸國史以釋春秋，後人謂左氏，便傅著丘明，非也。助之鑿意多此類。

助門人趙匡、陸質，其高第也。助卒，年四十七。質與其子異裒錄助所爲春秋集註總例，請匡損益，質纂會之，號纂例。匡者，字伯循，河東人，歷洋州刺史；質所稱爲趙夫子者。

大曆時，助、匡、質以春秋，施士匄以詩，仲子陵、袁彝、韋彤、韋茝以禮，蔡廣成以易，強蒙以論語，皆自名其學，而士匄、子陵最卓異。

士匄，吳人，兼善左氏春秋，以二經敎授。繇四門助敎爲博士，秩滿當去，諸生封疏乞留，凡十九年，卒于官。弟子共葬之。士匄撰春秋傳，未甚傳。後文宗喜經術，宰相李石因言士匄春秋可讀。帝曰：「朕見之矣，穿鑿之學，徒爲異同，但學者如浚井，得美水而已，何必勞苦旁求，然後爲得邪？」

子陵，蜀人，好古學，舍峨眉山。舉賢良方正，擢太常博士，通后蒼、大小戴禮。有司請正太祖東嚮位，而遷獻、懿二主。子陵議藏主德明、興聖廟，其言典正。後異論紛洄，復爲通難示諸儒，諸儒不能詘。久之，典黔中選補，乘傳過家，西人以爲榮。終司門員外郎。子陵以文義自怡，及亡，其家所存，惟圖書及酒數斛而已。

贊曰：春秋、詩、易、書，由孔子時師弟子相傳，歷暴秦，不斷如系。至漢興，剗挾書令，則儒者肆然講授，經典寖興。左氏與孔子同時，以魯史附春秋作傳，而公羊高、穀梁赤皆出子夏門人。三家言經，各有回舛，然猶悉本之聖人，其得與失蓋十五，義或繆誤，先儒畏聖人不敢輒改也。啖助在唐，名治春秋，摭詘三家，不本所承，自用名學，憑私臆決，尊之曰「孔子意也」，趙、陸從而唱之，遂顯于時。嗚呼！孔子沒乃數千年，助所推著果其意乎？其未可必也。以未可必而必之，則固；持一己之固而倡兹世，則誣。誣與固，君子所不取。助果謂可乎？徒令後生穿鑿詭辨，詬前人，捨成說，而自爲紛紛，助所階已。

韋彤，京兆人。四世從祖方質爲武后時宰相。彤名治禮，德宗時爲太常博士。

先此，天寶中，詔尙食朔望進食太廟，天子使中人侍祠，有司不與也。貞元十二年，帝始詔朔望食，畀宗正、太常合供。於是彤與博士裴堪議曰：「禮，宗廟朔望不祭，園寢則有之。貞觀、開元間，在禮若令，不敢變古。天寶中，始有進食事，殆王璵緣生事亡，用燕具褻饌，參瀆禮薦，不可示遠。傳曰：『祭非外至，生于心者也。』是故聖人等牲牢，布籩豆，昆蟲、草木可薦者，莫不咸在，所以享宗廟，交神明，全孝敬也。絜膳羞，八珍百品，可嗜之饌，美臟甘旨，謂之褻味，所以燕賓客，接人情，示慈惠也。是則薦與宴，聖人判爲二物，不可亂也。今若熟饗而享，非以異爲敬之意。且祭不欲數，亦不欲疏，感時致享，以制中也。今園寢月二祭，不爲疏，廟歲五享，不爲數，有司奉承，得盡其恭。若又加盛饌於朔望，是失禮之中，有司不得盡其恭也。故王者稽古，弗敢以孝思之極而溢禮，弗敢以肴品之多而黷味。願罷天寶所增，奉園寢以珍，奉宗廟以禮，兩得所宜。」帝曰：「是禮先帝裁定，遽更之，其謂朕何？徐議其可。」而朔望食卒不廢。

會昭陵寢宮爲原火延燔，而客祭瑤臺佛寺。又故宮在山上，乏水泉，作者憚勞，欲即行宮作寢，詔宰相百官議。吏部員外郎楊於陵議曰：「園寢非三代制，自秦、漢以來，附陵置寢，或遠若邇，則無聞焉。韋玄成等議園陵，於興廢初無適語。且寢宮所占，在柏城中，距陵不遠，使諸陵之寢，皆有區限，故不可徙；若止柏城，則故寢已燔，行宮已久，因以治飾，亦復何嫌？或曰：『太宗創業，寢宮不輒易。』是不然。夫陵域宅神，神本靜，今大興荒廢，嚣役密邇，非幽窔所安，改之便。」彤曰：「先王建都立邑，不利則爲之遷，況有故邪？今文寢災，徙而宮之，非無故也。神安于徙，因而建寢，於禮至順。又它陵皆在柏城，隨便營作，不越封兆，力省易從。」帝重改先帝制，還宮山顛。

彤卒後，武宗會昌五年，詔京城不許羣臣作私廟。宰相李德裕等引彤所議：「古制：廟必中門之外，吉凶皆告，以親而尊之，不自專也。今俾立廟京外，不能得其意於禮。宮之南九坊，三坊曰圜外，地荒左，立廟無嫌；餘六坊可禁。」詔不許，聽準古即居所立廟。

陳京字慶復，陳宜都王叔明五世孫。父兼，爲右補闕、翰林學士。京善文辭，常袞稱之，妻以兄子。擢進士第，遷累太常博士。

德宗在奉天，聞段秀實爲賊所害，七日不朝。宰相以爲「方多難時，不宜壅萬機，天下其謂何」？京曰：「丞相之言非也。夫褒大節，卹賢臣，天下所以安，況卓卓特異者乎？」帝曰「善」。還京師，擢左補闕。帝以盧杞爲饒州刺史，京與趙需、裴佶、宇文炫、盧景亮、張薦共劾：「杞輔政要位，大臣踰時月不得對，百官懍懍常若兵在頸。陛下復用之，姦賊唾掌復興。」帝不聽。京等爭尤確，帝大怒，左右辟易，諫者稍引卻。京正色曰：「需等毋遽退！」極道不可，以死請，杞遂廢。帝之立，迎訪太后，久不得，意且怠。京密白：「弟遣使物色以求。」帝大悟，終代不敢置。

初，玄宗、肅宗既祔室，遷獻、懿二祖于西夾室，引太祖位東嚮。禮儀使于休烈議：「獻、懿屬尊於太祖，若合食，則太祖位不得正，請藏二祖神主，以太宗、中宗、睿宗、肅宗從世祖南向，高宗、玄宗從高祖北向。」禘祫不及二祖，凡十八年。建中初，代宗喪畢，當大祫。京以太常博士上言：「春秋之義，毀廟之主陳於太祖，未毀廟之主合食于祖，無毀廟遷主不享之言。唐家祀制與周異，周以后稷爲始封祖，而毀主皆在后稷下，故太祖東向，常統其尊。

司馬晉以高皇、太皇、征西四府君爲別廟，大禘祫則正太祖位，無所屈。別廟祭高、太以降，所以敍親也。唐家宜別爲獻、懿二祖立廟，禘祫則祭，太祖遂正東向位。德明、興聖二帝，向已有廟，則藏祔二祖爲宜。」

詔百官普議。禮儀使、太子少師顏眞卿曰：「今議者有三：一謂獻、懿親遠而遷，不當祫，宜藏主西室；二謂二祖宜祫食，與太祖並昭穆，缺東向位；三謂引二祖祫禘，即太祖永不得全其始，宜以二主祔德明廟。雖然，於人神未厭也。景帝既受命始封矣，百代不遷矣，而又配天，尊無與上，至禘祫時，暫屈昭穆以申孝尊先，實明神之意，所以教天下之孝也。況晉蔡謨等有成議，不爲無據。請大祫享奉獻主東向，懿主居昭，景主居穆，重本尙順，爲萬代法。夫祫，合也。有如別享德明，是乃分食，非合食也。」時議者舉然，於是還獻、懿主祫於廟，如眞卿議。

貞元七年，太常卿裴郁上言：「商、周以卨、稷爲祖，上無餘尊，故合食有序。漢受命，祖高皇帝，故太上皇不以昭穆合食。魏祖武帝，晉祖宣帝，故高皇、處士、征西等君，亦不以昭穆合食。景皇帝始封唐，唐推祖焉，而獻、懿親盡廟遷，猶居東向，非禮之祀，神所不享。願下羣臣議。」於是太子左庶子李嶸等上言：「謹按晉孫欽議：『太祖以前，雖有主，禘祫所不及；其所及者，太祖後未毀已升藏於二祧者，故雖百代及之。』獻、懿在始封前，親盡主遷，上擬三代，則禘祫所不及。太祖而下，若世祖，則春秋所謂『陳於太祖』者。漢議罷郡國廟，丞相韋玄成議：『太上皇、孝惠親盡宜毁。太上主宜瘞于園，惠主遷高廟。』太上皇在太祖前，主瘞於園，不及禘祫，獻、懿比也。惠遷高廟，在太祖後，而及禘祫，世祖比也。魏明帝遷處士主，置園邑，歲時以令丞奉薦；東晉以征西等祖遷入西除，同謂之祧，皆不及祀。故唐初下訖開元，禘祫猶虛東向位。洎立九廟，追祖獻、懿，然祝於三祖不稱臣。至德時，復作九廟，遂不爲弘農府君主，以祀不及也。廣德中，始以景皇帝當東向位，以獻、懿兩主親盡，罷祫而藏。顏眞卿引蔡謨議，復奉獻主東向，懿昭景穆。不記謨義晉未嘗用，而唐一王法容可準乎？臣等謂嘗、禘、郊、社無二尊，瘞、毁、遷、藏，各以義斷。景皇帝已東向，一日改易，不可謂禮，宜復藏獻、懿二主於西室，以本祭法『遠廟爲祧，去祧而壇，去壇而墠，壇、墠，有禱祭，無禱止』之義。太祖得正，無所屈。」

吏部郎中柳冕等十二人議曰：「天子以受命之君爲太祖，諸侯以始封之主爲祖，故自太祖、祖以下，親盡迭毁。洎秦滅學，漢不暇禮，晉失宋因，故有違王廟之制，有虛太祖之位。且不列昭穆，非所謂有序；不建迭毁，非所謂有殺；違王廟，非所謂有別；虛太祖位，非所謂一尊。此禮所由廢也。傳曰：『父爲士，子爲天子，祭以天子，葬以士。』今獻、懿二祖，在唐未受命時，猶士也。故高祖、太宗以天子之禮祭之，而不敢奉以東向位。今而易之，無乃亂先帝序乎？周有天下，追王太王、王季以天子禮；及其祭，則親盡而毀。漢有天下，尊太上皇以天子之禮；及祭也，親盡而毀。唐家追王獻、懿二祖以天子禮；及其祭也，親盡而毀，復何所疑？周官有先公之祧、先王之祧。先公遷主，藏后稷之廟，其周未受命之祧乎？先王遷主，藏文、武之廟，其周已受命之祧乎？故有二祧，所以異廟也。今自獻而下，猶先公也；自景而下，猶先王也。請別廟以居二祖，則行周道，復古制，便。」

工部郎中張薦等請自獻而降，悉入昭穆，虛東向位。司勳員外郎裴樞曰：「禮：『親親故尊祖，尊祖故敬宗，敬宗故收族，收族故宗廟嚴，宗廟嚴故社稷重。』太祖之上，復追尊焉，則尊祖之義乖。太廟之外，別祭廟焉，則社稷不重。漢韋玄成請瘞主於園，晉虞喜請瘞廟兩階間。喜據左氏自證曰：『先王日祭祖、考，月祀曾、高，時享及二祧，歲祫及壇墠，終禘及郊宗石室，是謂郊宗之祖。』喜請夾室中爲石室以處之，是不然。何者？夾室所以居太祖下〔六〕，非太祖上藏主所居。未有卑處正、尊居傍也。若建石室于園寢，安遷主，采漢、晉舊章，祫禘率一祭，庶乎春秋得變之正。」

是時，京以考功員外郎又言：「興聖皇帝則獻之曾祖，懿之高祖。以曾孫祔曾高之廟，人情大順也。」京兆少尹韋武曰：「祫則大合，禘則序祧。當祫之歲，常以獻東向，率懿而後以昭穆極親親。及禘，則太祖筵于西，列衆主左右，是於太祖不爲降，獻無所厭。」時諸儒以左氏「子齊聖，不先父食」，請迎獻主權東向，太祖暫還穆位。同官尉仲子陵曰：「所謂不先食者，丘明正文公逆祀。儒者安知夏后世數未足時〔七〕，言禹不先鯀乎？魏、晉始祖卑近，始祖上皆有遷主。引閟宮詩，則永閟可也。因虞主，則瘞園可也。緣遠祧，則築宮可也。以太祖實卑，則虛位可也。然永閟與瘞園，臣子所不安。若虛正位，則太祖之尊無時而申。請奉獻、懿二祖遷于德明、興聖廟爲順。或曰二祖別廟，非合食。且德明、興聖二廟禘祫之年，皆有薦饗，是已分食，奚獨疑二祖乎？」

國子四門博士韓愈質衆議，自申其說曰：「一謂獻、懿二主宜永藏夾室，臣不謂可。且禮，祫祭，毀主皆合食。今藏夾室，至祫得不食太廟乎？若二祖不豫，不謂之合矣。二謂兩主宜毀而瘞之，臣不謂可。禮，天子七廟、一壇、一墠，遷主皆藏於祧，雖百代不毀。祫則太廟享焉。魏、晉以來，始有毀瘞之議，不見于經。唐家立九廟；以周制推之，獻、懿猶在壇墠，可毀瘞而不禘祫乎？三謂二祖之主宜各遷諸陵，臣不謂可。二祖享太廟二百年，一日遷之，恐眷顧依違，不卽享於下國。四謂宜奉主祔興聖廟而不禘祫，臣不謂可。禮，『祭如在』。景皇帝雖太祖，於獻、懿，子孫也。今引子東向，廢父之祭，不可爲典。五謂獻、懿宜別立廟京師，臣不謂可。凡禮有降有殺，故去廟爲祧，去祧爲壇，去壇爲墠，去墠爲鬼，漸而遠者，祭益希。昔魯立煬宮，春秋非之，謂不當取已毀之廟、既藏之主，復築宮以祭。今議正同，故臣皆不謂可。古者殷祖玄王，周祖后稷，太祖之上，皆自爲帝。又世數已遠，不復祭之，故始祖得東向也。景皇帝雖太祖，於獻、懿，子孫也。當禘祫，獻祖居東向位，景從昭若穆，是祖以孫尊，孫以祖屈，神道人情，其不相遠。又常祭衆，合祭寡，則太祖所屈少，而所伸多。與其伸孫尊，廢祖祭，不以順乎？」

冕又上禘祫義證十四篇，帝詔尚書省會百官、國子儒官，明定可否。左司郎中陸淳奏：「按禮及諸儒議復太祖之位，正也。太祖位正，則獻、懿二主宜有所安。今議者有四：曰藏夾室，曰置別廟，曰各遷於園，曰祔興聖廟。臣謂藏夾室，則享獻無期，非周人藏二祧之義；置別廟，論始曹魏，禮無傳焉，司馬晉議而不用；遷諸園，亂宗廟之制。唯祔興聖廟，禘若祫一祭，庶乎得禮。」帝依違未決也。

十九年，將禘祭，京復奏禘祭大合祖宗，必尊太祖位，正昭穆。請詔百官議。尚書左僕射姚南仲等請奉獻、懿主祔德明、興聖廟。鴻臚卿王權申衍之曰：「周人祖文王，宗武王，故詩清廟章曰：『祀文王也。』胡不言太王、王季？則太王、王季而上，皆祔后稷，故清廟得祀文王也。太王、王季之尊，私禮也；祔后稷廟，不敢以私奪公也。古者先王遷廟主，以昭穆合藏于祖廟。獻、懿主宜祔興聖廟，則太祖東向得其尊，獻、懿主歸得其所。」是時，言祔興聖廟什七八，天子尚尤豫未剛定。至是，羣臣稍顯言：二祖本追崇，非有受命開國之鴻構；又權根援詩、禮明白。帝泮然，於是定遷二祖于興聖廟，凡禘祫一享。詔增廣興聖二室。會祀日薄，廟未成，張繒爲室，內神主廟垣間，奉興聖、德明主居之。廟成而祔。自是景皇帝遂東向。

京自博士獻議，彌二十年乃決，諸儒無後言。帝賜京緋衣、銀魚。昭陵寢占山上，宦侍憚輓汲乏，請更其所，宰相未能抗。京曰：「此太宗之廟，其儉足以爲後世法，不可改。」議者多附宦人，帝曰：「京議善。」卒不徙。帝器京，謂有宰相才，欲用之。會病狂易，自刺弗殊，又言中書舍人崔邠、御史中丞李汶訕己，帝使詰辨無狀，然猶自考功員外再遷給事中，皆兼集賢殿學士。帝疑京爲忌者中傷，中人問賚相繼。後對延英，帝諭遣，京沮駭走出，罷爲秘書少監，卒。

初，帝討李希烈，財用屈，京與戶部侍郎趙贊請稅民屋架，籍賈人貲力，以率貸之。憲宗嘗問宰相李吉甫：「我在藩邸，聞德宗播遷梁、漢，久乃復，誰實召亂，爲我言之。」對曰：「德宗始即位，躬行慈儉，引崔祐甫輔政，四方企望至治。祐甫歿，宰相非其人，姦佞營蠱，謂河北叛臣可以力服，甘語先入，主聽惑焉。而陳京、趙贊爲帝稅屋架，貣賈緡，內怨外忿，身及大亂。咎興信脊人，剝下佐上，賴天之靈，敗不抵亡。」帝恨惋曰：「京與贊，眞賊臣。」

京無子，以從子褒嗣。褒孫伯宣，辭著作佐郎不拜。

贊曰：德宗斂政，稅間架、借商錢、宮市爲最甚。順宗爲太子，欲極陳之，懲王叔文之諫而止，其畏如此。區區之臣，冒顏而闗說，難哉！其饗國日淺，志不在民矣。憲宗聞暴斂之令首於賊臣，感憤太息，愛人之至也。及任程异、皇甫鎛，諫者不聽。興利之臣敗君之德，甚矣！

暢當，河東人。父璀，左散騎常侍，代宗時，與裴冕、賈至、王延昌待制集賢院，終戶部尙書。

當進士擢第，貞元初，爲太常博士。昭德皇后崩，中外服除，皇太子、諸王將服三年，詔太常議太子服。當與博士張薦、柳冕、李吉甫曰：「子爲母齊衰三年，蓋通喪也；太子爲皇后服，古無文。晉元皇后崩，亦疑太子服。杜預議：『古天子三年喪，既葬除服，魏亦以既葬爲節。皇太子與國爲體，若不變除，則東宮臣僕亦以衰麻出入殿省。』太子遂以卒哭除服。貞觀十年六月，文德皇后崩，十一月而葬，太子喪服之節，國史不書。至明年正月，以晉王爲幷州都督。既命官，當已除矣。今皇太子宜如魏、晉制：既葬而虞，虞而卒哭，卒哭而除，心喪三年。」宰相劉滋、齊映召問當等：「『子食於有喪者之側，未嘗飽也。』今太子以衰服侍膳至葬，可乎？令：羣臣齊衰三十日公除。宜約以爲服限。」乃請如宋、齊皇后爲其父母服三十日除，入謁則服墨慘，還宮衰麻。右補闕穆質上疏曰：「『三年之喪，自天子達于庶人。』漢文帝以宗廟社稷之重自貶，乃以日易月，後世所不能革。太子，人臣也，不得如人君之制，母喪宜無厭降。惟晉既葬公除，議者詭辭以甘時主，不足師法。今有司之議，虧化敗俗，常情所鬱。夫政以德爲本，德以孝爲大。後世記禮之失，自今而始，顧不重哉！父在爲母朞，古禮也。國朝服之三年，臣謂三年則太重，唯行古爲得禮。」德宗遣內常侍馬欽敍謂質曰：「太子有撫軍、監國、問安、侍膳之事，有司以三十日除，既葬釋服，以墨衰終喪，何疑邪？」質又奏疏曰：「太子於陛下，子道也，臣道也。君臣以義，則撫軍監國，有權奪。父子問安侍膳，固無服衰之嫌，古未有服衰而廢者。舒王以下服三年，將不得問安侍膳邪？太子、舒王，皆臣子也，不宜甚異。且皇后，天下之母，其父母，士庶也，以天下之母，爲士庶降服，可也。太子，臣子也，以臣子爲母降，可乎？公除，非古也。入公門變服，今朞喪以下慘制是也。太子晨昏侍，非公除比。墨衰奪情，事緣金革。今不監國撫軍，何抑奪邪？子之於父母，禮異而情均。太子奉君父之日遠，報母之日少，忍使失令名哉？」乃詔宰臣與有司更議，當等曰：「禮有公門脫齊衰，開元禮，皇后父母服十三月，從朝旨則十三日而除；皇太子外祖父母服五月，從朝旨則五日而除。恐喪服入侍，傷至尊之意，非特以金革奪也。太子公除，以墨慘奉朝，歸宮衰麻，酌變爲制可也。」宰相乃令太常卿鄭叔則草奏：「既葬卒哭，十一月小祥，十三月大祥，十五月禫，內謁卽墨服。」復詔問質，質以爲雖不能循古禮，猶愈於魏、晉之文遠甚。宰相乃言：「太子居皇后喪，至朝則抑哀承慈，實臣子至行。唯心與服，內外宜稱。今質請降詔於外，無害墨衰於內。臣謂言行於外，而服異於內，事非至誠，乖於德教。請下明詔如叔則議。」天子從之。及董晉代叔則爲太常卿，帝曰：「皇太子服朞，繇諫官，初非朕意。暢當等請循魏、晉故事，至論也。」

當以果州刺史卒。

林蘊字復夢，泉州莆田人。父披，字茂彥，以臨汀多山鬼淫祠，民厭苦之，撰無鬼論。刺史樊晃奏署臨汀令，以治行遷別駕。

蘊世通經，西川節度使韋皋辟推官。劉闢反，蘊曉以逆順，不聽。復遺書切諫，闢怒，械于獄，且殺之，將就刑，大呼曰：「『危邦不入，亂邦不居』，得死爲幸矣！」闢惜其直，陰戒刑人抽劍磨其頸，以脅服之。蘊叱曰：「死卽死，我項豈頑奴砥石邪？」闢知不可服，捨之，斥爲唐昌尉。及闕敗，蘊名重京師。

李吉甫、李絳、武元衡爲相，蘊貽書諷以「國家有西土，猶右臂也。今臂不附體，北彌豳郊，西極汧、隴，不數百里爲外域。涇原、鳳翔、邠寧三鎭皆右臂，大藩擁旄鉞，數十百人，唯李抱玉請復河、湟，命將不得其人，宜拔行伍之長，使守秦、隴。王者功成作樂，治定制禮。有權臣制樂曲，自立喪紀。舜命契：『百姓弗親，五品不遜，汝作司徒。』唐以皐、佑、鍔、季安爲司徒，官不擇人。盧從史、于皐謨罪大而刑輕。農桑無百分之一，農夫一人給百口，蠶婦一人供百身，竭力於下者，飢不得食，寒不得衣。邊兵菜色，而將帥縱侈自養。中人十戶不足以給一無功之卒，百卒不足奉一驕將」。六事皆當時極敝。蘊亦韋皐所引重，嫉其專制，感憤闕說。然嗜酒多忤物，宰相置不用也。

滄景程權辟掌書記。既而權上四州版籍請吏，而軍中習熟擅地，畏內屬，挾權拒命，不得出。蘊陳君臣大誼，諭首將，人人釋然，於是權得去。蘊遷禮部員外郎。刑部侍郎劉伯芻薦之於朝，出爲邵州刺史。嘗杖殺客陶玄之，投尸江中，籍其妻爲倡，復坐贓，杖流儋州而卒。

蘊辯給，嘗有姓崔者矜氏族，蘊折之曰：「崔杼弒齊君，林放問禮之本，優劣何如邪？」其人俯首不能對。

韋公肅，隋儀同觀城公約七世孫。元和初爲太常博士兼脩撰。憲宗將耕藉，詔公肅草具儀典，容家善之。太子少傅判太常卿事鄭餘慶廟有二祖妣，疑於祔祭，請諸有司。公肅議：「古諸侯一娶九女，故廟無二嫡。自秦以來有再娶，前娶後繼，皆嫡也，兩祔無嫌。晉驃騎大將軍溫嶠繼室三，疑並爲夫人，以問太學博士陳舒，舒曰：『妻雖先沒，榮辱並從夫。禮祔於祖姑，祖姑有三，則各祔舅之所生。是皆夫人也。生以正禮，沒不可貶。』於是遂用舒議。且嫡繼於古有殊制，於今無異等，祔配之典，安得不同？卿士之寢祭二妻，廟享可異乎？古繼以媵妾，今以嫡妻，不宜援一娶爲比，使子孫榮享不逮也。或曰：『春秋，魯惠公元妃孟子卒，繼室以聲子，聲子，孟姪娣也，不入惠廟。宋武公生仲子，歸於魯，生桓公而惠薨，立宮而奉之，不合于惠公，而別宮者何？追父志也。然其比奈何？』曰：晉南昌府君廟有荀、薛兩氏，景帝廟有夏侯、羊兩氏，唐家睿宗室則昭成、肅明二后，故太師顏眞卿祖室有殷、柳兩氏。二夫人並祔，故事則然。」諸儒不能異。

初，睿宗祥月，太常奏朔望弛朝，尙食進蔬具，止樂。餘日御便殿，具供奉仗。中書、門下官得侍，它非奏事毋謁。前忌與晦三日、後三日，皆不聽事。忌晦之明日，百官叩側門通慰。後遂爲常。及是，公肅上言：「禮，忌日不樂，而無忌月。唯晉穆帝將納后，疑康帝忌月，下其議有司，於是荀納、王洽等引忌時、忌歲譏破其言。今有司承前所禁，在二十五月限，有弛朝徹樂事。喪除則禮革，王者不以私懷踰禮節，故禫禮徙月樂，漸去其情也，不容追遠，而立禮反重。今茲太常，雖郊廟，樂且停習，是謂反重以慢神也。有司悉禁中外作樂，是謂無故而徹也。願依經誼，裁正其違。」有詔中書門下召禮官、學官議，咸曰宜如公肅所請。制可。以官壽卒。

許康佐，貞元中舉進士、宏辭，連中之。家苦貧，母老，求爲知院官，人譏其不擇祿。及母喪已除，凡辟命皆不答，人乃知其爲親屈，由是有名。

遷侍御史。以中書舍人爲翰林侍講學士，與王起皆爲文宗寵禮。帝讀春秋至「閽弒吳子餘祭」，問：「閽何人邪？」康佐以中官方彊，不敢對，帝嘻笑罷。後觀書蓬萊殿，召李訓問之，對曰：「古閽寺，今宦人也。君不近刑臣，以爲輕死之道，孔子書之以爲戒。」帝曰：「朕邇刑臣多矣，得不慮哉！」訓曰：「列聖知而不能遠，惡而不能去，陛下念之，宗廟福也。」於是內謀翦除矣。康佐知帝指，因辭疾，罷爲兵部侍郎。遷禮部尚書。卒，贈吏部，謚曰懿。

諸弟皆擢進士第，而堯佐最先進，又舉宏辭，爲太子校書郎　八年，康佐繼之。堯佐位諫議大夫。

校勘記

〔一〕後魏常山王素連之後　「素連」，汲、殿、局本作「素蓮」，衲本及舊書卷一〇二元行冲傳作「素連」，魏書卷一五常山王傳無「連」字。

〔二〕相如　全漢文卷一三據孔叢子連叢上作「臧報侍中相知」。

〔三〕昔孔季産專古學　「孔季産」，後漢書卷七九上孔僖傳及孔叢子卷七連叢子均作「孔季彥」。

〔四〕則不可兼毀二廟　「不可兼」，各本脫，據本書卷一三禮樂志、舊書卷二五禮儀志、唐會要卷一二廟制度及文苑英華卷七六三陳貞節等太廟遷祔議補。

〔五〕有詔起復　考異卷五六謂「『有詔』之上，當有『親喪』字」。

〔六〕夾室所以居太祖下　舊書卷二六禮儀志、通典卷五〇及唐會要卷一三「太祖下」有「毀主」二字。

〔七〕儒者安知夏后世數未足時　「世」，舊書卷二六禮儀志、通典卷五〇及唐會要卷一三均作「廟」。

唐書卷二百一

列傳第一百二十六

文藝上

袁朗 誼 承序 利貞 賀德仁 庾抱 蔡允恭 謝偃 崔信明 鄭世翼

劉延祐 藏器 知柔 張昌齡 崔行功 銑 杜審言 易簡 甫 王勃

勔 助 楊烱 盧照隣 駱賓王 元萬頃 正 義方 季方 范履冰 周思茂

胡楚賓

唐有天下三百年，文章無慮三變。高祖、太宗，大難始夷，沿江左餘風，絺句繪章，揣合低卬，故王、楊爲之伯。玄宗好經術，羣臣稍厭雕瑑，索理致，崇雅黜浮，氣益雄渾，則燕、許擅其宗。是時，唐興已百年，諸儒爭自名家。大曆、貞元間，美才輩出，擩嚌道眞，涵泳聖涯，於是韓愈倡之，柳宗元、李翺、皇甫湜等和之，排逐百家，法度森嚴，抵轢晉、魏，上軋漢、周，唐之文完然爲一王法，此其極也。若侍從酬奉則李嶠、宋之問、沈佺期、王維，制册則常衮、楊炎、陸贄、權德輿、王仲舒、李德裕，言詩則杜甫、李白、元稹、白居易、劉禹錫，譎怪則李賀、杜牧、李商隱，皆卓然以所長爲一世冠，其可尚已。

然嘗言之，夫子之門以文學爲下科，何哉？蓋天之付與，於君子小人無常分，惟能者得之，故號一藝。自中智以還，恃以取敗者有之，朋姦飾僞者有之，怨望訕國者有之。若君子則不然，自能以功業行實光明于時，亦不一于立言而垂不腐，有如不得試，固且闡繹優游，異不及排，怨不及誹，而不忘納君於善，故可貴也。今但取以文自名者爲文藝篇，若韋應物、沈亞之、閻防、祖詠、薛能、鄭谷等，其類尚多，皆班班有文在人間，史家逸其行事，故弗得而述云。

袁朗，其先雍州長安人。父樞，仕陳爲尚書左僕射。朗在陳爲祕書郎，江總尤器之。後主聞其才，詔爲月賦一篇，洒然無留思，後主曰：「謝莊不得獨美於前矣。」復詔爲芝草、嘉蓮二頌，歎賞尤厚。累遷太子洗馬、德教殿學士。陳亡入隋，歷尚書儀曹郎。

武德初，隱太子與秦王、齊王相傾，爭致名臣以自助。太子有詹事李綱竇軌、庶子裴矩鄭善果、友賀德仁、洗馬魏徵、中舍人王珪、舍人徐師謩、率更令歐陽詢、典膳監任璨、直典書坊唐臨、隴西公府祭酒韋挺、記室參軍事庾抱、左領大都督府長史唐憲；秦王有友于志寧、記室參軍事房玄齡虞世南顏思魯、諮議參軍事竇綸蕭景、兵曹杜如晦、鎧曹褚遂良、士曹戴胄閻立德、參軍事薛元敬、蔡允恭、主簿薛收李道玄、典籤蘇勖〔二〕、文學姚思廉褚亮、敦煌公府文學顏師古、右元帥府司馬蕭瑀、行軍元帥府長史屈突通、司馬竇誕、天策府長史唐儉、司馬封倫、軍諮祭酒蘇世長、兵曹參軍事杜淹、倉曹李守素、參軍事顏相時；齊王有記室參軍事榮九思、戶曹武士逸、典籤裴宣儼，朗爲文學。從父弟承序亦有名，王召爲文學館學士。朗累封汝南縣男，再轉給事中。卒，太宗爲廢朝一日，謂高士廉曰：「朗任淺而性謹厚，使人悼惜。」詔給喪費，存問其家。

朗遠祖滂，爲漢司徒。自滂至朗凡十二世，其間位司徒、司空者四世，淑、顗、察皆死宋難，昂著節齊、梁時。朗自以中外人物爲海內冠，雖琅邪王氏踵爲公卿，特以累朝佐命有功，鄙不爲伍。

朗孫諠，神功中爲蘇州刺史。司馬張沛者，侍中文瓘子，嘗白諠曰：「州得一長史，隴西李亶，天下甲門也。」誼曰：「夫門戶者，歷世名節爲天下所高，老夫是也。山東人尚婚媾，求祿利耳，至見危受命，則無人焉，何足尚邪？」沛大慚。

承序爲齊王元吉府學士，府廢，補建昌令。治尚慈簡，吏民懷德。高宗之爲晉王也，太宗崇選僚屬，問梁、陳名臣子弟誰可者。岑文本曰：「昔陳亡，百司奔散，有袁憲者，朝服立後主傍，白刃不避也。王世充篡隋，羣臣表勸進，而憲子給事中承家稱疾不肯署。今其少子承序，風操淸亮，無愧先烈。」帝乃召拜晉王友、兼侍讀，加弘文館學士，卒。

朗從祖弟利貞，陳中書令敬孫，高宗時爲太常博士、周王侍讀。及王立爲太子，百官上禮，帝欲大會羣臣、命婦合宴宣政殿，設九部伎、散樂。利貞上疏諫，以爲：「前殿路門，非命婦宴會、倡優進御之所，請徙命婦別殿，九部伎從左右門入，罷散樂不進。」帝納之。既會，帝傳詔利貞曰：「卿弈葉忠鯁，能抗疏規朕之失，不厚賜無以勸能者。」乃賜物百段。擢祠部員外郎，卒。中宗立，以舊恩追贈祕書少監。

賀德仁，越州山陰人。父朗，終陳散騎常侍。德仁與從兄德基師事周弘正，以文辭稱，人爲語曰：「學行可師賀德基，文質彬彬賀德仁。」兄弟八人，時比漢荀氏，太守鄱陽王伯山改所居甘滂里爲高陽云。

始，德仁在陳，爲吳興王友。入隋，楊素薦其材，授豫章王記室，王遇之厚；徙封齊，復爲府屬。王廢，官吏抵罪，而德仁以忠謹獲貰，補河東司法參軍。素與隱太子善，高祖起兵，太子封隴西公，以德仁爲友，庾抱爲記室。俄並遷中舍人。以年耆不更吏職，徙洗馬，與蕭德言、陳子良皆爲東宮學士。貞觀初，遷趙王友，卒。

從子紀、敳亦博學。高宗時，紀爲太子洗馬，豫脩五禮，敳率更令、兼太子侍讀，皆爲崇賢館學士。

抱者，陳御史中丞衆孫。開皇中，爲延州參軍。入調吏部，尚書牛弘給筆札，令自序，援筆而成。爲元德太子學士，會嫡皇孫生，大宴，坐中獻頌，太子嗟賞。及在隴西府，文檄皆出其手。

蔡允恭，荆州江陵人，後梁左民尚書大業子。美姿容，工爲詩。仕隋，歷起居舍人。煬帝有所賦，必令諷誦。遣敎宮人，允恭恥之，數稱疾。授內史舍人，俾入宮，固辭，繇是疎斥。帝遇弑，經事宇文化及、竇建德，歸國爲秦王府參軍、文學館學士。貞觀初，除太子洗馬，卒。著後梁春秋。

謝偃，衞州衞人，本姓直勒氏，祖孝政，仕北齊爲散騎常侍，改姓謝。偃在隋爲散從正員郎。

貞觀初，應詔對策高第，歷高陵主簿。太宗幸東都，方穀、洛壞洛陽宮，詔求直言，偃上書陳得失，帝稱善，引爲弘文館直學士，遷魏王府功曹。嘗爲塵、影賦二篇，帝美其文，召見，欲偃作賦。先爲序一篇，頗言天下乂安、功德茂盛意，授偃使賦。偃緣帝指，名篇曰述聖，帝悅，賜帛數十。

初，帝卽位，直中書省張藴古上大寶箴，諷帝以民畏而未懷，其辭挺切，擢大理丞。偃又獻惟皇誡德賦，其序大略言：「治忘亂，安忘危，逸忘勞，得忘失，四者人主莫不然。桀以瑤臺爲麗，而不悟南巢之禍；殷辛以象箸爲華，而不知牧野之敗。是以聖人處宮室則思前王所以亡，朝萬國則思己所以尊，巡府庫則思今所以得，視功臣則思其輔佐之始，見名將則思用力之初，如此則人無易心，天下何患乎不化哉？且行之堯、舜，暮失之桀、紂，豈異人哉？」其賦蓋規帝成功而自處至難云。又撰玉諜眞紀以勸封禪。時李百藥工詩，而偃善賦，時人稱「李詩謝賦」。府廢，終湘潭令。

蘊古，洹水人。敏書傳，曉世務，文擅當時。後坐事誅。

崔信明，青州益都人。高祖光伯，仕後魏爲七兵尚書。信明之生，五月五日日方中，有異雀鳴集庭樹，太史令史良爲占曰：「五月爲火，火主離，離爲文，日中，文之盛也，雀五色而鳴，此兒將以文顯，然雀類微，位殆不高邪。」及長，彊記，美文章。鄉人高孝基嘗語人曰：「崔生才富，爲一時冠，但恨位不到耳。」隋大業中，爲堯城令。竇建德僭號，而信明族弟敬素者，爲賊鴻臚卿，自謂得意，語信明曰：「夏王英武，有舉天下心，士女襁負而至不可數。兄不以此時立功立事，豈所謂見機不俟終日乎？」答曰：「昔申胥海隅釣師，能固其節。爾欲吾屈身賊中求斗筲邪？」遂踰城去，隱太行山。貞觀六年，有詔卽家拜興勢丞。遷秦川令，卒。

信明蹇亢，以門望自負，嘗矜其文，謂過李百藥，議者不許。揚州錄事參軍鄭世翼者，亦驁倨，數恍輕忤物，遇信明江中，謂曰：「聞公有『楓落吳江冷』，願見其餘。」信明欣然多出衆篇，世翼覽未終，曰：「所見不逮所聞！」投諸水，引舟去。

世翼，鄭州滎陽人，周儀同大將軍敬德孫。貞觀時，坐怨謗流死巂州。譔交游傳，行於世。

信明子冬日，武后時位黃門侍郎，爲酷吏誣死。

劉延祐，徐州彭城人。伯父胤之，少志學，與孫萬壽、李百藥相友善。武德中，杜淹薦爲信都令，有惠政。永徽初，以著作郎、弘文館學士與令狐德棻、陽仁卿等撰次國史并實錄，以勞封陽城縣男。終楚州刺史。

延祐擢進士，補渭南尉，有吏能，治第一。李勣戒之曰：「子春秋少而有美名，宜稍自抑，無爲出人上。」延祐欽納。後檢校司賓少卿，封薛縣男。

徐敬業敗，詔延祐持節到軍。時吏議敬業所署五品官殊死，六品流，延祐謂誣脅可察以情，乃論授五品官當流，六品以下除名，全宥甚衆。拜箕州刺史，轉安南都護。舊俚戶歲半租，延祐責全入，衆始怨，謀亂。延祐誅其渠李嗣仙，而餘黨丁建等遂叛，合衆圍安南府。城中兵少不支，嬰壘待援。廣州大族馮子猷幸立功，按兵不出，延祐遇害。桂州司馬曹玄靜進兵討建，斬之。

延祐從弟藏器，高宗時爲侍御史。衞尉卿尉遲寶琳脅人爲妾，藏器劾還之，寶琳私請帝止其還，凡再劾再止。藏器曰：「法爲天下縣衡，萬民所共，陛下用捨繇情，法何所施？今寶琳私請，陛下從之；臣公劾，陛下亦從之。今日從，明日改，下何所遵？彼匹夫匹婦猶憚失信，況天子乎。」帝乃詔可，然內銜之，不悅也。稍遷比部員外郎。監察御史魏元忠稱其賢，帝欲擢任爲吏部侍郎，魏玄同沮曰：「彼守道不篤者，安用之？」遂出爲宋州司馬，卒。

子知柔，性儉靜，美風儀。居親喪，廬墓側，詔築闕表之。歷國子司業，累遷工部尙書。開元六年，河南大水，詔知柔馳驛察民疾苦及吏善惡，所表陳州刺史韋嗣立、汝州刺史崔日用、兗州刺史韋元珪、符離令綦毋頊等，止二十七人有治狀。久之，遷太子賓客，封彭城縣侯。致仕，給全祿終身。遺令薄葬，祖載服用皆自處其費。贈太子少保，謚曰文。弟知幾別有傳。

張昌齡，冀州南宮人。與兄昌宗皆以文自名，州欲舉秀才，昌齡以科廢久，固讓。更舉進士，與王公治齊名，皆爲考功員外郎王師旦所絀。太宗問其故，答曰：「昌齡等華而少實，其文浮靡，非令器也。取之則後生勸慕，亂陛下風雅。」帝然之。貞觀末，翠微宮成，獻頌闕下，召見，試息兵詔，少選成文。帝大悅，戒之曰：「昔禰衡、潘岳矜己慠物，不得死，卿才不減二人，宜鑒于前，副朕所求。」乃敕於通事舍人裏供奉。俄爲崑山道記室，平龜茲露布爲士所稱。賀蘭敏之奏豫北門脩撰，卒。昌宗官至太子舍人、脩文館學士。撰古文紀年新傳數十篇。

崔行功，恆州井陘人。祖謙之，仕北齊，終鉅鹿太守，徙占鹿泉。少好學，唐儉愛其才，妻以女，因倩作文奏。高宗時，累轉吏部郎中，以善占奏，常兼通事舍人內供奉。坐事貶游安令，又召爲司文郎中，與蘭臺侍郎李懷儼並主朝廷大典册。

初，太宗命祕書監魏徵寫四部羣書，將藏內府，置讎正二十員、書工百員。徵徙職，又詔虞世南、顏師古踵領，功不就。顯慶中，罷讎正員，聽書工寫于家，送官取直，使散官隨番刊正。至是詔東臺侍郎趙仁本、舍人張文瓘及行功、懷儼相次充使檢校，置詳正學士代散官。以勞遷蘭臺侍郎，卒。

孫銑，尚定安公主，爲太府卿。初，主降王同晈，後降銑，主卒，晈子繇請與父合葬。給事中夏侯銛駁奏「主與王氏絕，喪當還崔」，詔可。銛猶出爲瀘州都督。

行功兄子玄暐別有傳。

杜審言字必簡，襄州襄陽人，晉征南將軍預遠裔。擢進士，爲隰城尉，恃才高，以傲世見疾。蘇味道爲天官侍郎，審言集判，出謂人曰：「味道必死。」人驚問故，答曰：「彼見吾判，且羞死。」又嘗語人曰：「吾文章當得屈、宋作衙官，吾筆當得王羲之北面。」其矜誕類此。累遷洛陽丞，坐事貶吉州司戶參軍。司馬周季重、司戶郭若訥構其罪，繫獄，將殺之。季重等酒酣，審言子幷年十三，袖刃刺季重於坐，左右殺幷。季重將死，曰：「審言有孝子，吾不知，若訥故誤我。」審言免官，還東都。蘇頲傷幷孝烈，誌其墓，劉允濟祭以文。

後武后召審言，將用之，問曰：「卿喜否？」審言蹈舞謝，后令賦歡喜詩，歎重其文，授著作佐郎，遷膳部員外郎。神龍初，坐交通張易之，流峯州。入爲國子監主簿、脩文館直學士，卒。大學士李嶠等奏請加贈，詔贈著作郎。

初，審言病甚，宋之問、武平一等省候何如，答曰：「甚爲造化小兒相苦，尚何言？然吾在，久壓公等，今且死，固大慰，但恨不見替人」云。少與李嶠、崔融、蘇味道爲文章四友，世號「崔、李、蘇、杜」。融之亡，審言爲服緦云。

從祖兄易簡，九歲能屬文，長博學，爲岑文本所器。擢進士，補渭南尉。咸亨初，歷殿中侍御史。嘗道遇吏部尚書李敬玄，不避，敬玄恨，召爲考功員外郎屈之。而侍郎裴行儉與敬玄不平，故易簡上書言敬玄罪，敬玄曰：「襄陽兒輕薄乃爾。」因奏易簡險躁，高宗怒，貶開州司馬。

審言生子閑，閑生甫。

甫字子美，少貧不自振，客吳越、齊趙間。李邕奇其材，先往見之。舉進士不中第，困長安。

天寶十三載，玄宗朝獻太淸宮，饗廟及郊，甫奏賦三篇。帝奇之，使待制集賢院，命宰相試文章，擢河西尉，不拜，改右衞率府胄曹參軍。數上賦頌，因高自稱道，且言：「先臣恕、預以來，承儒守官十一世，迨審言，以文章顯中宗時。臣賴緒業，自七歲屬辭，且四十年，然衣不蓋體，常寄食於人，竊恐轉死溝壑，伏惟天子哀憐之。若令執先臣故事，拔泥塗之久辱，則臣之述作雖不足鼓吹六經，至沈鬱頓挫，隨時敏給，揚雄、枚臯可企及也。有臣如此，陛下其忍棄之？」

會祿山亂，天子入蜀，甫避走三川。肅宗立，自鄜州羸服欲奔行在，爲賊所得。至德二年，亡走鳳翔上謁，拜右拾遺。與房琯爲布衣交，琯時敗陳濤斜，又以客董廷蘭，罷宰相。甫上疏言：「罪細，不宜免大臣。」帝怒，詔三司雜問。宰相張鎬曰：「甫若抵罪，絕言者路。」帝乃解。甫謝，且稱：「琯宰相子，少自樹立爲醇儒，有大臣體，時論許琯才堪公輔，陛下果委而相之。觀其深念主憂，義形於色，然性失於簡。酷嗜鼓琴，廷蘭託琯門下，貧疾昏老，依倚爲非，琯愛惜人情，一至玷汙。臣歎其功名未就，志氣挫衄，覬陛下棄細錄大，所以冒死稱述，涉近訐激，違忤聖心。陛下赦臣百死，再賜骸骨，天下之幸，非臣獨蒙。」然帝自是不甚省錄。

時所在寇奪，甫家寓鄜，彌年艱窶，孺弱至餓死，因許甫自往省視。從還京師，出爲華州司功參軍。關輔饑，輒棄官去，客秦州，負薪採橡栗自給。流落劍南，結廬成都西郭。召補京兆功曹參軍，不至。會嚴武節度劍南東、西川，往依焉。武再帥劍南，表爲參謀，檢校工部員外郎。武以世舊，待甫甚善，親入其家。甫見之，或時不巾，而性褊躁傲誕，嘗醉登武牀，瞪視曰：「嚴挺之乃有此兒！」武亦暴猛，外若不爲忤，中銜之。一日欲殺甫及梓州刺史章彝，集吏於門。武將出，冠鉤于簾三，左右白其母，奔救得止，獨殺彝。武卒，崔旰等亂，甫往來梓、夔間。

大曆中，出瞿唐，下江陵，泝沅、湘以登衡山，因客耒陽。游嶽祠，大水遽至，涉旬不得食，縣令具舟迎之，乃得還。令嘗饋牛炙白酒，大醉，一昔卒，年五十九。

甫曠放不自檢，好論天下大事，高而不切。少與李白齊名，時號「李杜」。嘗從白及高適過汴州，酒酣登吹臺，慷慨懷古，人莫測也。數嘗寇亂，挺節無所汙，爲歌詩，傷時橈弱，情不忘君，人憐其忠云。

贊曰：唐興，詩人承陳、隋風流，浮靡相矜。至宋之問、沈佺期等，研揣聲音，浮切不差，而號「律詩」，競相襲沿。逮開元間，稍裁以雅正，然恃華者質反，好麗者壯違，人得一槩，皆自名所長。至甫，渾涵汪茫，千彙萬狀，兼古今而有之，它人不足，甫乃厭餘，殘膏賸馥，沾丐後人多矣。故元稹謂：「詩人以來，未有如子美者。」甫又善陳時事，律切精深，至千言不少衰，世號「詩史」。昌黎韓愈於文章慎許可，至歌詩，獨推曰：「李、杜文章在，光燄萬丈長。」誠可信云。

王勃字子安，絳州龍門人。六歲善文辭，九歲得顏師古注漢書讀之，作指瑕以擿其失。麟德初，劉祥道巡行關內，勃上書自陳，祥道表于朝，對策高第。年未及冠，授朝散郎，數獻頌闕下。沛王聞其名，召署府脩撰，論次平臺祕略。書成，王愛重之。是時，諸王鬭雞，勃戲爲文檄英王雞，高宗怒曰：「是且交構。」斥出府。

勃既廢，客劍南。嘗登葛憒山曠望，慨然思諸葛亮之功，賦詩見情。聞虢州多藥草，求補參軍。倚才陵藉，爲僚吏共嫉。官奴曹達抵罪，匿勃所，懼事洩，輒殺之。事覺當誅，會赦除名。父福畤，繇雍州司功參軍坐勃故左遷交阯令。勃往省，度海溺水，痵而卒，年二十九。

初，道出鍾陵，九月九日都督大宴滕王閣，宿命其婿作序以夸客，因出紙筆徧請客，莫敢當，至勃，汎然不辭。都督怒，起更衣，遣吏伺其文輒報。一再報，語益奇，乃矍然曰：「天才也！」請遂成文，極歡罷。勃屬文，初不精思，先磨墨數升，則酣飲，引被覆面臥，及寤，援筆成篇，不易一字，時人謂勃爲腹稿。尤喜著書。

初，祖通，隋末居白牛溪，教授門人甚衆。嘗起漢、魏盡晉作書百二十篇，以續古尚書，後亡其序，有錄無書者十篇，勃補完缺逸，定著二十五篇。嘗謂人子不可不知醫，時長安曹元有祕術，勃從之游，盡得其要。嘗讀易，夜夢若有告者曰：「易有太極，子勉思之。」寤而作易發揮數篇，至晉卦，會病止。又謂：「王者乘土王，世五十，數盡千年；乘金王，世四十九，數九百年；乘水王，世二十，數六百年；乘木王，世三十，數八百年；乘火王，世二十，數七百年。天地之常也。自黃帝至漢，五運適周，土復歸唐，唐應繼周、漢，不可承周、隋短祚。」乃斥魏、晉以降非眞主正統，皆五行沴氣。遂作唐家千歲曆。

武后時，李嗣眞請以周、漢爲二王後，而廢周、隋，中宗復用周、隋。天寶中，太平久，上言者多以詭異進，有崔昌者采勃舊說，上五行應運曆，請承周、漢，廢周、隋爲閏，右相李林甫亦贊佑之。集公卿議可否，集賢學士衞包、起居舍人閻伯璵上表曰：「都堂集議之夕，四星聚於尾，天意昭然矣。」於是玄宗下詔以唐承漢，黜隋以前帝王，廢介、酅公，尊周、漢爲二王後，以商爲三恪，京城起周武王、漢高祖廟。授崔昌太子贊善大夫，衞包司虞員外郎。楊國忠爲右相，自稱隋宗，建議復用魏爲三恪，周、隋爲二王後，酅、介二公復舊封，貶崔昌烏雷尉，衞包夜郎尉，閻伯璵涪川尉。

勃兄勔，弟助，皆第進士。

勴，長壽中爲鳳閣舍人，壽春等五王出閤，有司具儀，忘載册文，羣臣已在，乃悟其闕，宰相失色。勴召五吏執筆，分占其辭，粲然皆畢，人人嗟服。壽加弘文館學士，兼知天官侍郎。始，裴行儉典選，見勴與蘇味道，曰：「二子者，皆銓衡才。」至是語驗。勴素善劉思禮，用爲箕州刺史，與綦連耀謀反，勴與兄涇州刺史勔及助皆坐誅。神龍初，詔復官。

助字子功，七歲喪母哀號，隣里爲泣。居父憂，毁骨立。服除，爲監察御史裏行。

初，勔、勴、勃皆著才名，故杜易簡稱「三珠樹」，其後助、劼又以文顯。劼蚤卒。福畤少子勸亦有文。福畤嘗詫韓思彦，思彦戲曰：「武子有馬癖，君有譽兒癖，王家癖何多邪？」使助出其文，思彦曰：「生子若是，可夸也。」

勃與楊炯、盧照鄰、駱賓王皆以文章齊名，天下稱「王、楊、盧、駱」，號「四傑」。炯嘗曰：「吾媿在盧前，恥居王後。」議者謂然。

炯，華陰人。舉神童，授校書郎。永隆二年，皇太子已釋奠，表豪俊充崇文館學士，中書侍郎薛元超薦炯及鄭祖玄、鄧玄挺、崔融等，詔可。遷詹事司直。俄坐從父弟神讓與徐敬業亂，出爲梓州司法參軍。遷盈川令，張說以箴贈行，戒其苛。至官，果以嚴酷稱，吏稍忤意，搒殺之，不爲人所多。卒官下，中宗時贈著作郎。

照隣字昇之，范陽人。十歲從曹憲、王義方授蒼、雅。調鄧王府典籤，王愛重，謂人曰：「此吾之相如。」調新都尉，病去官，居太白山，得方士玄明膏餌之，會父喪，號嘔，丹輒出，由是疾益甚。客東龍門山，布衣藜羹，裴瑾之、韋方質、范履冰等時時供衣藥。疾甚，足攣，一手又廢，乃去具茨山下，買園數十畝，疏潁水周舍，復豫爲墓，偃臥其中。照隣自以當高宗時尚吏，己獨儒；武后尚法，己獨黄老；后封嵩山，屢聘賢士，己已廢。著五悲文以自明。病既久，與親屬訣，自沈潁水。

賓王，義烏人。七歲能賦詩。初爲道王府屬，嘗使自言所能，賓王不答。歷武功主簿。裴行儉爲洮州總管，表掌書奏，不應，調長安主簿。武后時，數上疏言事。下除臨海丞，鞅鞅不得志，棄官去。徐敬業亂，署賓王爲府屬，爲敬業傳檄天下，斥武后罪。后讀，但嘻笑，至「一抔之土未乾，六尺之孤安在」，矍然曰：「誰爲之？」或以賓王對，后曰：「宰相安得失此人！」敬業敗，賓王亡命，不知所之。中宗時，詔求其文，得數百篇。

它日，崔融與張說評勃等曰：「勃文章宏放，非常人所及，炯、照隣可以企之。」說曰：「不然。盈川文如縣河，酌之不竭，優於盧而不減王。恥居後，信然；愧在前，謙也。」

開元中，說與徐堅論近世文章，說曰：「李嶠、崔融、薛稷、宋之問之文如良金美玉，無施不可。富嘉謨如孤峯絕岸，壁立萬仞，濃雲鬱興，震雷俱發，誠可畏也，若施於廊廟，駭矣。閻朝隱如麗服靚粧，燕歌趙舞，觀者忘疲，若類之風、雅，則罪人矣。」堅問：「今世奈何？」說曰：「韓休之文如大羹玄酒，有典則，薄滋味。許景先如豐肌膩理，雖穠華可愛，而乏風骨。張九齡如輕縑素練，實濟時用，而窘邊幅。王翰如瓊杯玉斝，雖爛然可珍，而多玷缺。」堅謂篤論云。

元萬頃，後魏京兆王子推裔。祖白澤，武德中，仕至梁、利十一州都督，封新安公。萬頃起家爲通事舍人。

從李勣征高麗，管書記。勣命別將郭待封以舟師赴平壤，馮師本載糧繼之，不及期。欲報勣，而恐爲諜所得，萬頃爲作離合詩遺勣。勣怒曰：「軍機切遽，何用詩爲？」欲斬待封，萬頃言狀，乃免。又使萬頃草檄讓高麗，而譏其不知守鴨淥之險，莫離支報曰：「謹聞命。」徙兵固守，軍不得入。高宗聞之，投萬頃嶺外。

會赦還，爲著作郎。武后諷帝召諸儒論譔禁中，萬頃與周王府戶曹參軍范履冰、苗神客、太子舍人周思茂、右史胡楚賓與選，凡撰列女傳、臣軌、百寮新戒、樂書等九千餘篇。至朝廷疑議表疏皆密使參處，以分宰相權，故時謂「北門學士」。思茂、履冰、神客供奉左右，或二十餘年。

萬頃敏文辭，然放達不治細檢，無儒者風。武后時，累遷鳳閣侍郎，坐誅。

履冰者，河內人。垂拱中，歷鸞臺天官二侍郎、春官尙書、同鳳閣鸞臺平章事，兼脩國史。載初初，坐舉逆人被殺。

神客，東光人，終著作郎。

思茂，漳南人，與弟思鈞早知名。累遷麟臺少監、崇文館學士。垂拱中，下獄死。

楚賓，秋浦人。屬文敏甚，必酒中，然後下筆。高宗命作文，常以金銀杯斟酒飮之，文成輒賜焉。家居率沈飮，無留賄，費盡復入，得賜而出，類爲常。性重愼，未嘗語禁中事，人及其醉問之，亦熟視不答。尋兼崇賢直學士，卒。

萬頃孫正，脩名節，擢明經高第，授監門衞兵曹參軍。舅孫逖與譚物理，歎己不逮。肅宗初，吏部尚書崔寓典選，正以書判第一召詣京師，以父詢倩老，辭疾免。河南節度使崔光遠表置其府。史思明陷河、洛，輦父匿山中，賊以名購，正度事急，謂弟曰：「賊祿不可養親，彼利吾名，難免矣，然不汙身而死，吾猶生也。」賊既得，誘以高位，瞋目固拒，兄弟皆遇害，父聞，仰藥死，路人爲哭。事平，詔錄伏節十一姓，而正爲冠。贈祕書少監，以其子義方爲華州參軍。

義方，歷京兆府司錄，韋夏卿、李實繼爲尹，事必咨之。歷虢商二州刺史、福建觀察使。中官吐突承璀，閩人也，義方用其親屬爲右職。李吉甫再當國，陰欲承璀奧助，即召義方爲京兆尹。李絳惡其黨，出爲鄜坊觀察使，一切辦治，然苛刻，人多怨之。卒，贈左散騎常侍。

弟季方，舉明經，調楚丘尉，歷殿中侍御史。兵部尚書王紹表爲度支員外郎，遷金、膳二部郎中，號能職。王叔文用事，憚季方不爲用，以兵部郎中使新羅。新羅聞中國喪，不時遣，供饋乏，季方正色責之，閉戶絕食待死，夷人悔謝，結驩乃還。卒，年五十一，贈同州刺史。

校勘記

〔一〕典籤蘇勖　「蘇勖」，各本原作「蘇幹」，按本書卷一二五蘇幹傳載，幹父勖「武德中爲秦王諮議典籤、文學館學士」。本書卷一〇二及舊書卷七二褚亮傳、通鑑卷一八九記秦王府十八學士，亦有「典籤蘇勖」而無「蘇幹」。據改。

唐書卷二百二

列傳第一百二十七

文藝中

李適字子至，京兆萬年人。舉進士，再調猗氏尉。武后修三教珠英書，以李嶠、張昌宗爲使，取文學士綴集，於是適與王無競、尹元凱、富嘉謨、宋之問、沈佺期、閻朝隱、劉允濟在選。書成，遷戶部員外郎，俄兼脩書學士。景龍初，又擢脩文館學士。睿宗時，待詔宣光閣，再遷工部侍郎。卒，年四十九，贈貝州刺史。

嘗夢與人論大衍數，寤而曰：「吾壽盡此乎！」敕其子曰：「霸陵原西視京師，吾樂之，可營墓，樹十松焉。」及未病時，衣冠往寢石榻上，置所譔九經要句及素琴于前，士貴其達。

子季卿，亦能文，舉明經、博學宏辭，調鄠尉。肅宗時，爲中書舍人，以累貶通州別駕。代宗立，還爲京兆少尹，復授舍人，進吏部侍郎、河南江淮宣慰使。振拔幽滯，號振職。大曆中，終右散騎常侍，遺命以布車一乘葬，贈禮部尚書。季卿在朝，薦進才髦，與人交，有終始，恢博君子也。

初，中宗景龍二年，始於脩文館置大學士四員、學士八員、直學士十二員，象四時、八節、十二月。於是李嶠、宗楚客、趙彥昭、韋嗣立爲大學士，適、劉憲、崔湜、鄭愔、盧藏用、李乂、岑羲、劉子玄爲學士，薛稷、馬懷素、宋之問、武平一、杜審言、沈佺期、閻朝隱爲直學士，又召徐堅、韋元旦、徐彥伯、劉允濟等滿員。其後被選者不一。凡天子饗會游豫，唯宰相及學士得從。春幸梨園，並渭水祓除，則賜細柳圈辟癘；夏宴蒲萄園，賜朱櫻；秋登慈恩浮圖，獻菊花酒稱壽；冬幸新豐，歷白鹿觀，上驪山，賜浴湯池，給香粉蘭澤，從行給翔麟馬，品官黃衣各一。帝有所感即賦詩，學士皆屬和。當時人所歆慕，然皆狎猥佻佞，忘君臣禮法，惟以文華取幸。若韋元旦、劉允濟、沈佺期、宋之問、閻朝隱等無它稱，附篇左方。

韋元旦，京兆萬年人。祖澄，越王府記室，撰女誡傳于時。元旦擢進士第，補東阿尉，遷左臺監察御史。與張易之有姻屬，易之敗，貶感義尉。俄召爲主客員外郞，遷中書舍人。舅陸頌妻，韋后弟也，故元旦憑以復進云。

劉允濟字允濟，河南鞏人，其先出沛國，齊彭城郡丞瓛六世孫。少孤，事母尤孝。工文辭，與王勃齊名。舉進士，補下邽尉，遷累著作佐郞。采魯哀公後十二世接戰國爲魯後春秋獻之，遷左史，兼直弘文館。

武后明堂成，奏賦述功德，手詔褒咨，除著作郞。爲來俊臣飛構當死，以母老丐餘年，繫獄，會赦免，貶大庾尉。復爲著作佐郞，脩國史。常曰：「史官善惡必書，使驕主賊臣懼，此權顧輕哉？而班生受金，陳壽求米，僕乃視如浮雲耳。」遷鳳閣舍人，坐二張昵狎，除青州長史，有淸白稱，巡察使路敬潛言狀。以內憂去官。服除，召爲脩文館學士，旣久斥，喜甚，與家人樂飮數日，卒。

沈佺期字雲卿，相州內黃人。及進士第，由協律郞累除給事中，考功受賕，劾未究，會張易之敗，遂長流驩州。稍遷台州錄事參軍事。入計，得召見，拜起居郞兼脩文館直學士。

既侍宴，帝詔學士等舞回波，佺期爲弄辭悅帝，還賜牙、緋。尋歷中書舍人、太子少詹事。開元初卒。

弟全交、全宇，皆有才章而不逮佺期。

宋之問字延清，一名少連，汾州人。父令文，高宗時爲東臺詳正學士。之問偉儀貌，雄于辯。甫冠，武后召與楊炯分直習藝館。累轉尚方監丞、左奉宸內供奉。武后游洛南龍門，詔從臣賦詩，左史東方虯詩先成，后賜錦袍，之問俄頃獻，后覽之嗟賞，更奪袍以賜。

于時張易之等烝昵寵甚，之問與閻朝隱、沈佺期、劉允濟傾心媚附，易之所賦諸篇，盡之問、朝隱所爲，至爲易之奉溺器。及敗，貶瀧州，朝隱崖州，並參軍事。之問逃歸洛陽，匿張仲之家。會武三思復用事，仲之與王同晈謀殺三思安王室，之問得其實，令兄子曇與冉祖雍上急變，因丐贖罪，由是擢鴻臚主簿，天下醜其行。

景龍中，遷考功員外郎，諂事太平公主，故見用，及安樂公主權盛，復往諧結，故太平深疾之。中宗將用爲中書舍人，太平發其知貢舉時賕餉狼藉，下遷汴州長史，未行，改越州長史。頗自力爲政。窮歷剡溪山，置酒賦詩，流布京師，人人傳諷。

睿宗立，以獪險盈惡詔流欽州。祖雍歷中書舍人、刑部侍郎。倡飲省中，爲御史劾奏，貶蘄州刺史。至是，亦流嶺南，並賜死桂州。之問得詔震汗，東西步，不引決。祖雍請使者曰：「之問有妻子，幸聽訣。」使者許之，而之問荒悸不能處家事。祖雍怒曰：「與公俱負國家當死，奈何遲回邪？」乃飲食洗沐就死。祖雍，江夏王道宗甥，及進士第，有名于時。

魏建安後迄江左，詩律屢變，至沈約、庾信，以音韻相婉附，屬對精密。及之問、沈佺期，又加靡麗，回忌聲病，約句準篇，如錦繡成文。學者宗之，號爲「沈、宋」，語曰「蘇、李居前，沈、宋比肩」，謂蘇武、李陵也。

初，之問父令文，富文辭，且工書，有力絕人，世稱「三絕」。都下有牛善觸，人莫敢嬰，令文直往抜取角，折其頸殺之。旣之問以文章起，其弟之悌以驕勇聞，之遜精草隸，世謂皆得父一絕。

之悌，長八尺，開元中，歷劍南節度使、太原尹。嘗坐事流朱鳶，會蠻陷驩州，授總管擊之。募壯士八人，被重甲，大呼薄賊曰：「獠動卽死！」賊七百人皆伏不能興，遂平賊。

之遜爲連州參軍，刺史聞其善歌，使教婢，日執笏立簾外，唱吟自如。

閻朝隱字友倩，趙州欒城人，少與兄鏡幾、弟仙舟皆著名。連中進士、孝悌廉讓科，補陽武尉。中宗爲太子，朝隱以舍人幸。性滑稽，屬辭奇詭，爲武后所賞。累遷給事中、仗內供奉。后有疾，令往禱少室山，乃沐浴，伏身俎盤爲犧，請代后疾。還奏，會后亦愈，大見褒賜。其資佞譎如此。景龍初，自崖州遇赦還，累遷著作郎。先天中，爲祕書少監，坐事貶通州別駕，卒。

尹元凱，瀛州樂壽人。由慈州司倉參軍坐事免，栖遲不出者三十年。與張說、盧藏用厚，詔起爲右補闕。

時又有富嘉謨、吳少微，皆知名。

嘉謨，武功人，舉進士，長安中，累轉晉陽尉；少微，新安人，亦尉晉陽，尤相友善；有魏谷倚者，爲太原主簿。並負文辭，時稱「北京三傑」。天下文章尚徐、庾，浮俚不競，獨嘉謨、少微本經術，雅厚雄邁，人爭慕之，號「吳富體」。豫脩三教珠英。韋嗣立薦嘉謨、少微並爲左臺監察御史。已而嘉謨死，少微方病，聞之爲慟，亦卒。

劉憲字元度，宋州寧陵人。父思立，在高宗時爲名御史，于時河南、北大旱，詔遣御史中丞崔謐等分道賑贍，思立建言：「蠶務未畢而遣使撫巡，所至不能無勞餞。又賑給須立簿最，稽出入，往返停滯，妨廢且廣。若無驛處，馬須豫集，以一馬勞數家，今農事待雨興作，輟日役，破歲計，本欲安存，更煩擾之。望且責州縣給貸，須秋遣使便。」詔聽，罷謐等行。遷考功員外郎。始議加明經帖、進士雜文。卒官下。

憲擢進士，調河南尉，累進左臺監察御史。天授中，奉詔按來俊臣罪，憲疾其酷，欲痛繩之，反爲所構，貶潾水令。俊臣死，召爲給事中，轉中書舍人。坐善張易之，出爲渝州刺史。除太僕少卿，脩國史，兼脩文館學士，遷太子詹事。時玄宗在東宮，雅意墳史，憲啓曰：「殿下位副君，有絕人之才，非以尋摘章句，要通大意而已。侍讀褚无量經明行脩，耆年宿望，宜數召問以察其言。」太子順納。會卒，贈兗州都督。

武后時，敕吏部糊名考判，求高才，惟憲與王適、司馬鍠、梁載言入第二等。適，幽州人，終雍州司功參軍。鍠，河南人，神龍初，以中書侍郎卒。事繼母孝，奉祿不入私舍。與弟銓、伯父希象皆歷殿中侍御史。希象，剛直不諂，終主爵員外郎。載言，聊城人，歷鳳閣舍人，專知制誥，終懷州刺史。

李邕字泰和，揚州江都人。父善，有雅行，淹貫古今，不能屬辭，故人號「書簏」。顯慶中，累擢崇賢館直學士兼沛王侍讀。爲文選注，敷析淵洽，表上之，賜賚頗渥。除潞王府記室參軍，爲涇城令，坐與賀蘭敏之善，流姚州，遇赦還。居汴、鄭間講授，諸生四遠至，傳其業，號「文選學」。

邕少知名。始善注文選，釋事而忘意。書成以問邕，邕不敢對，善詰之，邕意欲有所更，善曰：「試爲我補益之。」邕附事見義，善以其不可奪，故兩書並行。既冠，見特進李嶠，自言「讀書未徧，願一見祕書」。嶠曰：「祕閣萬卷，豈時日能習邪？」邕固請，乃假直祕書。未幾辭去，嶠驚，試問奧篇隱帙，了辯如響，嶠歎曰：「子且名家！」

嶠爲內史，與監察御史張廷珪薦邕文高氣方直，才任諫諍，乃召拜左拾遺。御史中丞宋璟劾張昌宗等反狀，武后不應，邕立階下大言曰：「璟所陳社稷大計，陛下當聽。」后色解，即可璟奏。邕出，或讓曰：「子位卑，一忤旨，禍不測。」邕曰：「不如是，名亦不傳。」

中宗立，鄭普思以方伎幸，擢祕書監。邕諫曰：「陛下躬政日淺，有九重之嚴，未聞道路橫議。今藉藉皆言普思馮詭惑，說妖祥，陛下不知，猥見驅使。孔子曰：『詩三百，一言以蔽之，曰：思無邪。』陛下誠以普思術可致長生，則爽鳩氏且因之永有天下，非陛下乃今可得；

能致神人邪，秦、漢且因之永有天下，非陛下乃今可得；能致佛法邪，梁武帝且因之永有天下，非陛下乃今可得；能鬼道邪，墨翟、干寶且各獻其主，永有天下，非陛下乃今可得。自古堯、舜稱聖者，臣觀所以行，皆在人事，敦睦九族，平章百姓，不聞以鬼神道治天下，惟陛下省察。」不納。

五王誅，坐善張柬之，出爲南和令，貶富州司戶參軍事。韋氏平，召拜左臺殿中侍御史，彈劾任職，人頗憚之。譙王重福謀反，邕與洛州司馬崔日知捕支黨，遷戶部員外郎。岑羲、崔湜惡日用，而邕與之交，玄宗在東宮，邕及崔隱甫、倪若水同被禮遇，羲等忌之，貶邕舍城丞。玄宗卽位，召爲戶部郎中。張廷珪爲黃門侍郎，而姜皎方幸，共援邕爲御史中丞。姚崇疾邕險躁，左遷括州司馬，起爲陳州刺史。

帝封太山還，邕見帝汴州，詔獻辭賦，帝悅。然矜肆，自謂且宰相。邕素輕張說，與相惡。會仇人告邕贓貣枉法，下獄當死。許昌男子孔璋上書天子曰：

明主舉能而捨過，取才而棄行，烈士抗節，勇者不避死，故晉用林父不以過，漢任陳平不以行，禽息殞身不祈生，北郭碎首不愛死。向若林父誅，陳平死，百里不用，晏嬰見逐，是晉無赤狄之土，漢無天子之尊，秦不彊，齊不霸矣。伏見陳州刺史邕，剛毅忠烈，難不苟免。往者折二張之角，挫韋氏之鋒，雖身受謫屈，而姦謀沮解，卽邕有功於國。且邕所能者，拯孤恤窮，救乏賙惠，家無私聚。今聞坐贓下吏，死在旦夕。臣聞生無益於國者，不若殺身以明賢。臣願以六尺之軀膏鈇鉞，以代邕死。臣與邕生平不款曲，臣知有邕，邕不知有臣，臣不逮邕明矣。夫知賢而舉，仁也；任人之患，義也。獲二善以死，臣又何求？伏惟陛下寬邕之死，使率德改行。興林父、曲逆之功，臣得瞑目；附禽息、北郭之迹，大願畢矣。若以陽和方始，重行大戮，則臣請伏劍，不敢煩有司，皇天后土，實聞臣言。昔吳、楚反，漢得劇孟則不憂，夫以一賢而敵七國之衆，伏惟敷含垢之道，棄瑕之義，遠思劇孟，近取於邕。況告成岱宗，天地更新，赦而復論，人誰無罪，惟明主圖之。臣聞士爲知己者死，臣不爲死者所知，而甘之死者，非特惜邕賢，亦以成陛下矜能之慈。

疏奏，邕得減死，貶遵化尉，流璋嶺南。邕妻溫，復爲邕請戍邊自贖，曰：

邕少習文章，疾惡如讎，不容於衆，邪佞切齒，諸儒側目。頻讁遠郡，削跡朝端，不奮十載。歲時歎戀，聞者傷懷。屬國家有事泰山，法駕旋路，邕獻牛酒，例蒙恩私。妾聞正人用則佞人憂，邕之禍端，故自此始。且邕比任外官，卒無一毀，天意暫顧，罪過旋生。諺曰：「士無賢不肖，入朝見疾。」惟陛下明察。邕初蒙訊責，便繫牢戶，水不入口者踰五日，氣息奄奄，惟吏是聽。事生吏口，迫邕手書。貸人蠶種，以爲枉法；市羅貢奉，指爲姦贓。于時匭使朝堂，守捉嚴固，號天訴地，誰肯爲聞？泣血去國，投骨荒裔，永無還期。妾願使邕得充一卒，効力王事，膏塗朔邊，骨糞沙壤，成邕夙心。

表入不省。

邕後從中人楊思勗討嶺南賊有功，徙澧州司馬。開元二十三年，起爲括州刺史，喜興利除害。復坐誣枉，且得罪，天子識其名，詔勿劾。後歷淄、滑二州刺史，上計京師。始，邕蚤有名，重義愛士，久斥外，不與士大夫接。既入朝，人間傳其眉目瓌異，至阡陌聚觀，後生望風內謁，門巷塡隘。中人臨問，索所爲文章，且進上。以讒媢不得留，出爲汲郡、北海太守。

天寶中，左驍衞兵曹參軍柳勣有罪下獄，邕嘗遺勣馬，故吉溫使引邕嘗以休咎相語，陰賂遺。宰相李林甫素忌邕，因傅以罪。詔刑部員外郎祁順之、監察御史羅希奭就郡杖殺之，時年七十。代宗時，贈祕書監。

邕之文，於碑頌是所長，人奉金帛請其文，前後所受鉅萬計。邕雖詘不進，而文名天下，時稱李北海。盧藏用嘗謂：「邕如干將、莫邪，難與爭鋒，但虞傷缺耳。」後卒如言。杜甫知邕負謗死，作八哀詩，讀者傷之。邕資豪放，不能治細行，所在賄謝，畋游自肆，終以敗云。

呂向字子回，亡其世貫，或曰涇州人。少孤，託外祖母隱陸渾山。工草隸，能一筆環寫百字，若縈髮然，世號「連錦書」。彊志于學，每賣藥，即市閱書，遂通古今。玄宗開元十年，召入翰林，兼集賢院校理，侍太子及諸王爲文章。時帝歲遣使采擇天下姝好，內之後宮，號「花鳥使」，向因奏美人賦以諷，帝善之，擢左拾遺。天子數校獵渭川，向又獻詩規諷，進左補闕。帝自爲文，勒石西嶽，詔向爲鐫勒使。

以起居舍人從帝東巡，帝引頡利發及蕃夷酋長入仗內，賜弓矢射禽。向上言：「鴟梟不鳴，未爲瑞鳥；豺虎雖伏，弗曰仁獸。況突厥安忍殘賊，莫顧君父，陛下震以武義，來以文德，勢不得不廷，故稽顙稱臣，奔命遣使。陛下引內從官，陪封禪盛禮，使飛鏃於前，同獲獸之樂，是狎昵太過。或荆卿詭動，何羅竊發，逼嚴蹕，冒淸塵，縱醢單于，汙穹廬，何以塞責？」帝順納，詔蕃夷出仗。久之，遷主客郎中，專侍皇太子，眷賚良異。

始，向之生，父岌客遠方不還。少喪母，失墓所在，將葬，巫者求得之。不知父在亡，招魂合諸墓。後有傳父猶在者，訪索累年不獲。它日自朝還，道見一老人，物色問之，果父也。下馬抱父足號慟，行人爲流涕。帝聞，咨歎，官岌朝散大夫，賜錦綵，給內敎坊樂工，娛懌其心。卒，贈東平太守。

向終喪，再遷中書舍人，改工部侍郎，卒，贈華陰太守。嘗以李善釋文選爲繁釀，與呂延濟、劉良、張銑、李周翰等更爲詁解，時號五臣注。

王翰字子羽，并州晉陽人。少豪健恃才，及進士第，然喜蒱酒。張嘉貞爲本州長史，偉其人，厚遇之。翰自歌以舞屬嘉貞，神氣軒舉自如。張說至，禮益加。復舉直言極諫，調昌樂尉，又舉超拔羣類。方說輔政，故召爲祕書正字，擢通事舍人、駕部員外郎。家畜聲伎，目使頤令，自視王侯，人莫不惡之。說罷宰相，翰出爲汝州長史，徙仙州別駕。日與才士豪俠飲樂游畋，伐鼓窮歡，坐貶道州司馬，卒。

孫逖，博州武水人，後魏光祿大夫惠蔚，其先也。祖希莊，爲韓王府典籤，四世傳一子，故無近屬。父嘉之，少孤，依外家，客涉、翟間。垂拱初，詣洛陽獻書，不報。第進士，終襄邑令。

逖幼有文，屬思警敏。年十五，見雍州長史崔日用，令賦土火爐，援筆成篇，理趣不凡，日用駭歎，遂與定交。舉手筆俊拔、哲人奇士隱淪屠釣及文藻宏麗等科。開元十年，又舉賢良方正。玄宗御洛城門引見，命戶部郎中蘇晉等第其文異等，擢左拾遺。張說命子均、垍往拜之；李邕負才，自陳州入計，哀其文示逖。

李暠鎮太原，表置幕府。以起居舍人入爲集賢院脩撰。時海內少事，帝賜羣臣十日一燕，宰相蕭嵩會百官賦天成、玄澤、維南有山、楊之華、三月、英英有蘭、和風、嘉木等詩八篇，繼雅、頌體，使逖序所以然。改考功員外郎，取顏眞卿、李華、蕭穎士、趙驊等，皆海內有名士。俄遷中書舍人。是時，嘉之且八十，猶爲令，逖求降外官，增父秩。帝嘉納，拜嘉之宋州司馬，聽致仕。父喪闋，復拜舍人。開元間，蘇頲、齊澣、蘇晉、賈曾、韓休、許景先及逖典詔誥，爲代言最，而逖尤精密，張九齡視其草，欲易一字，卒不能也。居職八年，判刑部侍郎，以病風乞解，徙太子左庶子，遂緜廢累年，徙少詹事。上元中卒，贈尙書右僕射，謚曰文。

諸子成最知名。

成字思退，推蔭仕累洛陽、長安令。兄宿爲華州刺史，因悸病瘖，成請告往視，不待報輒行，代宗嘉其悌，不責也。稍遷倉部郎中、京兆少尹。爲信州刺史，歲大旱，發倉以賤直售民，故飢而不亡。再期增戶五千，詔書褒美。徙蘇州，改桂管觀察使，卒。

成通經術，奏議据正。嘗有期喪，弔者至，成不易縗而見。客疑之，請故，答曰：「縗者，古居喪常服，去之則廢喪也。今而巾幞，失矣。」子公器，亦至邕管經略使。

公器子簡，字樞中，元和初，登進士第，辟鎭國、荆南幕府。累遷左司、吏部二郎中，繇諫議大夫知制誥，進中書舍人。初，遜掌誥，至代宗時，宿又居職，逮簡凡三世。

會昌初，遷尙書左丞，建言：

班位以品秩爲等差，今官兼臺省，位置遷誤，不可爲法。元和元年，御史臺白奏，常參官兼大夫、中丞者，視檢校官，居本品同類官上。其後侍郎兼大夫者皆在左、右丞上。當時侍郎兼大夫少，唯京兆尹兼之。京兆尹從三品，今位乃在本品同類官從三品卿、監上，太常、宗正卿正三品下。左丞乃正四品上，戶部侍郎正四品下，今戶部侍郎兼大夫當在本品同類正四品下，諸曹侍郎上，不宜居正四品丞、郎上。又右丞正四品下，吏部侍郎正四品上，今吏部侍郎位右丞之下。蓋以丞有繩轄之重，雖吏部品高，猶居其下，然則戶部侍郎雖兼大夫，安得居其上哉？今散官自將仕郎至開府、特進，每品正、從有上有下，名級各異，則正從上下不得謂之同品。京兆、河南司錄及諸府州錄事參軍事皆操紀律，正諸曹，與尚書省左、右丞紀綱六曹略等，假使諸曹掾因功勞加臺省官，安得位在司錄、錄事參軍上？且左丞糾射八坐，主省內禁令、宗廟祠祭事，御史不當，得彈奏之，良以臺官所奏拘牽成例，不揣事之輕重。使理可循，雖無往比，自宜行之。否者，雖曰舊章，正可改也。

武宗詔兩省官詳議，皆從簡請。

歷河中、興元、宣武節度使，檢校尚書右僕射、東都留守。而弟範亦爲淄青節度使，世推顯家。

李白字太白，興聖皇帝九世孫。其先隋末以罪徙西域，神龍初，遁還，客巴西。白之生，母夢長庚星，因以命之。十歲通詩書，既長，隱岷山。州舉有道，不應。蘇頲爲益州長史，見白異之，曰：「是子天才英特，少益以學，可比相如。」然喜縱橫術，擊劍，爲任俠，輕財重施。更客任城，與孔巢父、韓準、裴政、張叔明、陶沔居徂來山，日沈飲，號「竹溪六逸」。天寶初，南入會稽，與吳筠善，筠被召，故白亦至長安。往見賀知章，知章見其文，歎曰：「子，謫仙人也！」言於玄宗，召見金鑾殿，論當世事，奏頌一篇。帝賜食，親爲調羹，有詔供奉翰林。白猶與飲徒醉于市。帝坐沈香子亭，意有所感，欲得白爲樂章，召入，而白已醉，左右以水頮面，稍解，授筆成文，婉麗精切，無留思。帝愛其才，數宴見。白嘗侍帝，醉，使高力士脫鞾。力士素貴，恥之，擿其詩以激楊貴妃，帝欲官白，妃輒沮止。白自知不爲親近所容，益驁放不自脩，與知章、李適之、汝陽王璡、崔宗之、蘇晉、張旭、焦遂爲「酒八仙人」。懇求還山，帝賜金放還。白浮游四方，嘗乘月與崔宗之自采石至金陵，著宮錦袍坐舟中，旁若無人。

安祿山反，轉側宿松、匡廬間，永王璘辟爲府僚佐。璘起兵，逃還彭澤；璘敗，當誅。初，白游并州，見郭子儀，奇之。子儀嘗犯法，白爲救免。至是子儀請解官以贖，有詔長流夜郎。會赦，還尋陽，坐事下獄。時宋若思將吳兵三千赴河南，道尋陽，釋囚辟爲參謀，未幾辭職。李陽冰爲當塗令，白依之。代宗立，以左拾遺召，而白已卒，年六十餘。

白晚好黃老，度牛渚磯至姑孰，悅謝家青山，欲終焉。及卒，葬東麓。元和末，宣歙觀察使范傳正祭其冢，禁樵採。訪後裔，惟二孫女嫁爲民妻，進止仍有風範，因泣曰：「先祖志在青山，頃葬東麓，非本意。」傳正爲改葬，立二碑焉。告二女，將改妻士族，辭以孤窮失身，命也，不願更嫁。傳正嘉歎，復其夫傜役。

文宗時，詔以白歌詩、裴旻劍舞、張旭草書爲「三絕」。

旭，蘇州吳人。嗜酒，每大醉，呼叫狂走，乃下筆，或以頭濡墨而書，既醒自視，以爲神，不可復得也，世呼張顚。

初，仕爲常熟尉，有老人陳牒求判，宿昔又來，旭怒其煩，責之。老人曰：「觀公筆奇妙，欲以藏家爾。」旭因問所藏，盡出其父書，旭視之，天下奇筆也，自是盡其法。旭自言，始見公主檐夫爭道，又聞鼓吹，而得筆法意，觀倡公孫舞劍器，得其神。後人論書，歐、虞、褚、陸皆有異論，至旭，無非短者。傳其法，惟崔邈、顏眞卿云。

旻嘗與幽州都督孫佺北伐，爲奚所圍，旻舞刀立馬上，矢四集，皆迎刀而斷，奚大驚引去。後以龍華軍使守北平。北平多虎，旻善射，一日得虎三十一，休山下，有老父曰：「此彪也。稍北，有眞虎，使將軍遇之，且敗。」旻不信，怒馬趨之。有虎出叢薄中，小而猛，據地大吼，旻馬辟易，弓矢皆墮，自是不復射。

王維字摩詰，九歲知屬辭，與弟縉齊名，資孝友。開元初，擢進士，調太樂丞，坐累爲濟州司倉參軍。張九齡執政，擢右拾遺。歷監察御史。母喪，毀幾不生。服除，累遷給事中。

安祿山反，玄宗西狩，維爲賊得，以藥下利，陽瘖。祿山素知其才，迎置洛陽，迫爲給事中。祿山大宴凝碧池，悉召梨園諸工合樂，諸工皆泣，維聞悲甚，賦詩悼痛。賊平，皆下獄。或以詩聞行在，時縉位已顯，請削官贖維罪，肅宗亦自憐之，下遷太子中允。久之，遷中庶子，三遷尚書右丞。

縉爲蜀州刺史未還，維自表「己有五短，縉五長，臣在省戶，縉遠方，願歸所任官，放田里，使縉得還京師」。議者不之罪。久乃召縉爲左散騎常侍。上元初卒，年六十一。疾甚，縉在鳳翔，作書與別，又遺親故書數幅，停筆而化。贈祕書監。

維工草隸，善畫，名盛於開元、天寶間，豪英貴人虛左以迎，寧、薛諸王待若師友。畫思入神，至山水平遠，雲勢石色，繪工以爲天機所到，學者不及也。客有以按樂圖示者，無題識，維徐曰：「此霓裳第三疊最初拍也。」客未然，引工按曲，乃信。

兄弟皆篤志奉佛，食不葷，衣不文綵。別墅在輞川，地奇勝，有華子岡、欹湖、竹里館、柳浪、茱萸沜、辛夷塢，與裴迪游其中，賦詩相酬爲樂。喪妻不娶，孤居三十年。母亡，表輞川第爲寺，終葬其西。

寶應中，代宗語縉曰：「朕嘗於諸王座聞維樂章，今傳幾何？」遣中人王承華往取，縉裒集數十百篇上之。

鄭虔，鄭州滎陽人。天寶初，爲協律郎，集綴當世事，著書八十餘篇。有窺其稿者，上書告虔私撰國史，虔蒼黃焚之，坐謫十年。還京師，玄宗愛其才，欲置左右，以不事事，更爲置廣文館，以虔爲博士。虔聞命，不知廣文曹司何在，訴宰相，宰相曰：「上增國學，置廣文館，以居賢者，令後世言廣文博士自君始，不亦美乎？」虔乃就職。久之，雨壞廡舍，有司不復修完，寓治國子館，自是遂廢。

初，虔追紬故書可誌者得四十餘篇，國子司業蘇源明名其書爲會稡。虔善圖山水，好書，常苦無紙，於是慈恩寺貯柿葉數屋，遂往日取葉肄書，歲久殆遍。嘗自寫其詩并畫以獻，帝大署其尾曰：「鄭虔三絕。」遷著作郎。

安祿山反，遣張通儒劫百官置東都，僞授虔水部郎中，因稱風緩，求攝市令，潛以密章達靈武。賊平，與張通、王維並囚宣陽里。三人者，皆善畫，崔圓使繪齋壁，虔等方悸死，即極思祈解於圓，卒免死，貶台州司戶參軍事，維止下遷。後數年卒。

虔學長於地里，山川險易、方隅物產、兵戍衆寡無不詳。嘗爲天寶軍防錄，言典事該。諸儒服其善著書，時號鄭廣文。在官貧約甚，澹如也。杜甫嘗贈以詩曰「才名四十年，坐客寒無氈」云。

有鄭相如者，自滄州來，師事虔，虔未之禮，間問何所業，相如曰：「聞孔子稱『繼周者百世可知』，僕亦能知之。」虔駭然，卽曰：「開元盡三十年當改元，盡十五年天下亂，賊臣僭位，公當汙僞官，顧守節，可以免。」虔又問：「自謂云何？」答曰：「相如有官三年，死衢州。」是年及進士第，調信安尉。既三年，虔詢吏部，則相如果死，故虔念其言，終不附賊。

蕭穎士字茂挺，梁鄱陽王恢七世孫。祖晶，賢而有謀，任雅相伐高麗，表爲記室。越王貞擧兵，杖策詣之，陳三策，王不用，晶度必敗，乃亡去，客死廣陵。

穎士四歲屬文，十歲補太學生。觀書一覽卽誦，通百家譜系、書籒學。開元二十三年，擧進士，對策第一。父旻，以莒丞抵罪，穎士往訴於府佐張惟一，惟一曰：「旻有佳兒，吾以旻獲譴不憾。」乃平宥之。

天寶初，穎士補祕書正字。于時裴耀卿、席豫、張均、宋遙、韋述皆先進，器其材，與鈞禮，由是名播天下。奉使括遺書趙、衞間，淹久不報，爲有司劾免，留客濮陽。於是尹徵、王恆、盧異、盧士式、賈邕、趙匡、閻士和、柳幷等皆執弟子禮，以次授業，號蕭夫子。召爲集賢校理。宰相李林甫欲見之，穎士方父喪，不詣。林甫嘗至故人舍邀穎士，穎士前往，哭門內以待，林甫不得已，前弔乃去。怒其不下己，調廣陵參軍事，穎士急中不能堪，作伐櫻桃樹賦曰：「擢無庸之瑣質，蒙本枝以自庇。雖先寢而或薦，非和羹之正味。」以譏林甫云。君子恨其褊。會母喪免，流播吳、越。

嘗謂：「仲尼作春秋，爲百王不易法，而司馬遷作本紀、書、表、世家、列傳，敍事依違，失褒貶體，不足以訓。」乃起漢元年訖隋義寧編年，依春秋義類爲傳百篇。在魏書高貴崩，曰：「司馬昭弑帝於南闕。」在梁書陳受禪，曰：「陳霸先反。」又自以梁枝孫，而宣帝逆取順守，故武帝得血食三紀；昔曲沃篡晉，而文公爲五伯，仲尼弗貶也。乃黜陳閏隋，以唐土德承梁火德，皆自斷，諸儒不與論也。有太原王緒者，僧辯裔孫，譔永寧公輔梁書，黜陳不帝，穎士佐之，亦著梁蕭史譜及作梁不禪陳論以發緒義例，使光明云。

史官韋述薦穎士自代，召詣史館待制，穎士乘傳詣京師。而林甫方威福自擅，穎士遂不屈，愈見疾，俄免官，往來鄠、杜間。林甫死，更調河南府參軍事。倭國遣使入朝，自陳國人願得蕭夫子爲師者，中書舍人張漸等諫不可而止。

安祿山寵恣，穎士陰語柳并曰：「胡人負寵而驕，亂不久矣。東京其先陷乎！」即託疾游太室山。已而祿山反，穎士往見河南採訪使郭納，言禦守計，納忽不用，歎曰：「肉食者以兒戲禦劇賊，難矣哉！」聞封常淸陳兵東京，往觀之，不宿而還。因藏家書於箕、潁間，身走山南，節度使源洧辟掌書記。賊別校攻南陽，洧懼，欲退保江陵，穎士說曰：「官兵守潼關，財用急，必待江、淮轉餉乃足，餉道由漢、沔，則襄陽乃今天下喉襟，一日不守，則大事去矣。且列郡數十，人百萬，訓兵攘寇，社稷之功也。賊方專崤、陝，公何遽輕土地，欲取笑天下乎？」洧乃按甲不出。亦會祿山死，賊解去。洧卒，往客金陵，永王璘召之，不見。

時盛王爲淮南節度大使，留蜀不遣，副大使李承式玩兵不振。穎士與宰相崔圓書，以爲：「今兵食所資在東南，但楚、越重山複江，自古中原擾，則盜先起，宜時遣王以扞鎭江淮。」俄而劉展果反。賊圍雍丘，脅泗上軍，承式遣兵往救，大宴賓客，陳女樂。穎士曰：「天子暴露，豈臣下盡歡時邪？夫投兵不測，乃使觀聽華麗，一旦思歸，誰致其死哉？」弗納。崔圓聞之，即授揚州功曹參軍。至官，信宿去。後客死汝南逆旅，年五十二，門人共謚曰文元先生。

穎士樂聞人善，以推引後進爲己任，如李陽、李幼卿、皇甫冉、陸渭等數十人，由奬目，皆爲名士。天下推知人，稱蕭功曹。嘗兄事元德秀，而友殷寅、顏眞卿、柳芳、陸據、李華、邵軫、趙驊，時人語曰「殷、顏、柳、陸，李、蕭、邵、趙」，以能全其交也。所與遊者，孔至、賈至、源行恭、張有略、族弟季遐、劉穎、韓拯、陳晉、孫益、韋建、韋收。獨華與齊名，世號「蕭、李」。嘗與華、據游洛龍門，讀路旁碑，穎士卽誦，華再閱，據三乃能盡記。聞者謂三人才高下，此其分也。有奴事穎士十年，笞楚嚴慘，或勸其去，答曰：「非不能，愛其才耳。」穎士數稱班彪、皇甫謐、張華、劉琨、潘尼能尙古，而混流俗不自振，曹植、陸機所不逮也。又言裴子野善著書。所許可當世者，陳子昂、富嘉謨、盧藏用之文辭，董南事、孔述睿之博學而已。

子存，字伯誠，亮直有父風。能文辭，與韓會、沈既濟、梁肅、徐岱等善。浙西觀察使李栖筠表常熟主簿。顏眞卿在湖州，與存及陸鴻漸等討摭古今韻字所原，作書數百篇。建中初，由殿中侍御史四遷比部郎中。張滂主財賦，辟存留務京師。裴延齡與滂不叶，存疾其姦，去官，風痺卒。

韓愈少爲存所知，自袁州還，過存廬山故居，而諸子前死，唯一女在，爲經贈其家。

殷寅者，陳郡人。邵軫者，汝南人。

陸據，河南人，字德鄰，後周上庸公騰六世孫。神宇謇邁，善物理。年三十始到京師，公卿愛其文，交譽之。天寶十三載，終司勳員外郎。

柳并者，字伯存。大曆中，辟河東府掌書記，遷殿中侍御史。喪明，終於家。初，并與劉太眞、尹徵、閻士和受業於穎士，而并好黃、老。穎士常曰：「太眞，吾入室者也，斯文不墜，寄是子云。徵博聞彊識，士和鉤深致遠，吾弗逮已。并不受命而尙黃、老，予亦何誅？」并弟談，字中庸，穎士愛其才，以女妻之。

士和字伯均，著蘭陵先生誄、蕭夫子集論，因搉歷世文章，而盛推穎士所長，以爲「聞蕭氏風者，五尺童子羞稱曹、陸」。

皇甫冉字茂政，十歲便能屬文，張九齡歎異之。與弟曾皆善詩。天寶中，踵登進士，授無錫尉。王縉爲河南元帥，表掌書記。遷累右補闕，卒。

曾字孝常，歷監察御史。其名與冉相上下，當時比張氏景陽、孟陽云。

蘇源明，京兆武功人，初名預，字弱夫。少孤，寓居徐、兗。工文辭，有名天寶間。及進士第，更試集賢院。累遷太子諭德。出爲東平太守。是時，濟陽郡太守李俊以郡瀕河，請增領宿城、中都二縣以紓民力。二縣，隸東平、魯郡者也。於是源明議廢濟陽，析五縣分隸濟南、東平、濮陽。詔河南採訪使會濮陽太守崔季重、魯郡太守李蘭、濟南太守田琦及源明、俊五太守議于東平，不能決。既而卒廢濟陽，以縣皆隸東平。召源明爲國子司業。

安祿山陷京師，源明以病不受僞署。肅宗復兩京，擢考功郎中知制誥。是時，承大盜之餘，國用覂屈，宰相王璵以祈禬進，禁中禱祀窮日夜，中官用事，給養繁靡，羣臣莫敢切諍。昭應令梁鎮上書勸帝罷淫祀，其它不暇及也。源明數陳政治得失。及史思明陷洛陽，有詔幸東京，將親征。源明因上疏極諫曰：

淫雨積時，道路方梗，甚不可一也。自春大旱，秋苗耗半，斂穫未畢，先之以清道之役，申之以供頓之苦，甚不可二也。每立殿廊，見旌旗之下，餓夫執殳，仆于行間，日見二三；市井餧餓求食，死于路旁，日見四五。甚不可三也。姦夫盜兒，連牆接棟，磨礪以須陛下之出，御史大夫必不能澄清禁止。甚不可四也。聖皇巡蜀之初，都內財貨、吏民資產，糜散于道路之手，至有乘馬駃驢入宣政、紫宸者。況陛下初有四海，威制不及曩時遠矣。今茲東行，殆賊臣誘掖陛下而已。詩曰「三星在霤」，謂危亡在於須臾，臣不勝嗚咽，爲陛下痛之。願速罷幸，不然，窮叱樂禍，已扼腕於下。甚不可五也。方今河、洛驛騷，江湖叛換，詩曰：「中原有菽，庶民采之。」彼思明、楚元，皆采菽之人也。陛下何遽輕萬乘而速成之邪？甚不可六也。大河南北，舉爲寇盜，王公以下，稟稍匱絕，將士糧賜，僅支日月，而中官冗食，不減往年，梨園雜伎，愈盛今日，陛下未得穆然高枕，殆繇此也。自非中書指使，太常正樂外，願一切放歸，給長牒勿事，須五六年後，隨事蠲省。今聚而仰給，甚不可七也。李光弼拔河陽，王思禮下晉原，衞伯玉拂焉耆，過析支，不日可至。御史大夫王玄志壓巫閭，臨幽都；汝州刺史田南金踰闞口，遏二室；鄧景山淩淮、泗，懍然而西。狂賊失勢，蹙于緱山之下，北不敢逾孟津，東不敢過嬰子，計日反接而至矣。陛下不坐而受之，乃欲親征，徇一朝之怒，甚不可八也。王者之於天地神祇，享之以牲幣而已。記曰：「不祈方士。」彼淫巫愚祝，安有關說，甚不可九也。天子順動，人皆幸之之謂幸，人皆病之之謂不幸。臣等屢怫視聽，聯伏赤墀之下，頓顙流涕而出，雖陛下優容貸罪，凡百之臣必昌言于朝，萬口謗于外，甚不可十也。臣聞子不諍於父，不孝也；臣不諍於君，不忠也。不孝不忠，爲苟榮冒祿，圈牢之物不若也。臣雖至賤，不能委身圈牢之中，將使樵夫指而笑之。

帝嘉其切直，遂罷東幸。後以祕書少監卒。

源明雅善杜甫、鄭虔，其最稱者元結、梁肅。

肅字敬之，一字寬中，隋刑部尚書毗五世孫，世居陸渾。建中初，中文辭清麗科，擢太子校書郎。蕭復薦其材，授右拾遺，脩史，以母羸老不赴。杜佑辟淮南掌書記，召爲監察御史，轉右補闕、翰林學士、皇太子諸王侍讀。卒，年四十一，贈禮部郎中。

唐書卷二百三

列傳第一百二十八

文藝下

李華 翰 觀　孟浩然 王昌齡 崔顥　劉太眞　邵說　于邵　崔元翰
于公異　李益　盧綸　歐陽詹 秬　李賀　吳武陵　李商隱
薛逢　李頻　吳融

李華字遐叔，趙州贊皇人。曾祖太沖，名冠宗族間，鄉人語曰：「太沖無兄。」太宗時，擢祠部郎中。

華少曠達，外若坦蕩，內謹重，尙然許，每慕汲黯爲人。累中進士、宏辭科。天寶十一載，遷監察御史。宰相楊國忠支婭所在橫猾，華出使，劾按不橈，州縣肅然。爲權幸見疾，徙右補闕。安祿山反，上誅守之策，皆留不報。

玄宗入蜀，百官解竄，華母在鄴，欲間行輦母以逃，爲盜所得，僞署鳳閣舍人。賊平，貶杭州司戶參軍。華自傷踐危亂，不能完節，又不能安親，欲終養而母亡，遂屏居江南。上元中，以左補闕、司封員外郎召之。華喟然曰：「烏有隳節危親，欲荷天子寵乎？」稱疾不拜。李峴領選江南，表置幕府，擢檢校吏部員外郎。苦風痺，去官，客隱山陽，勒子弟力農，安於窮槁。晚事浮圖法，不甚著書，惟天下士大夫家傳、墓版及州縣碑頌，時時齎金帛往請，乃彊爲應。大曆初，卒。

初，華作含元殿賦成，以示蕭穎士，穎士曰：「景福之上，靈光之下。」華文辭緜麗，少宏傑氣，穎士健爽自肆，時謂不及穎士，而華自疑過之。因著弔古戰場文，極思研摧，已成，汙爲故書，雜置梵書之庋。它日，與穎士讀之，稱工，華問：「今誰可及？」穎士曰：「君加精思，便能至矣。」華愕然而服。

華愛奬士類，名隨以重，若獨孤及、韓雲卿、韓會、李紓、柳識、崔祐甫、皇甫冉、謝良弼、朱巨川，後至執政顯官。華觸禍銜悔，及爲元德秀權皐銘、四皓贊，稱道深婉，讀者憐其志。

宗子翰，從子觀，皆有名。

翰擢進士第，調衞尉。天寶末，房琯、韋陟俱薦爲史官，宰相不肯擬。翰所善張巡死節睢陽，人媢其功，以爲降賊，肅宗未及知，翰傳巡功狀，表上之，曰：

臣聞聖主褒死難之士，養死事之孤，或親推轜車，或追建邑封，厚死以慰生，撫存以答亡，君不遺於臣，臣亦不背其君也。自逆胡構亂，據雒陽，引幽、朔以吞河南，故御史中丞、贈揚州大都督張巡，忠誼奮發，率烏合，守雍丘，潰賊心腹。及魯炅棄甲宛、葉，哥舒翰敗績潼關，賊遂盜神器，鴟峙二京，南臨漢、江，西逼岐、雍，羣帥列城，望風出奔，巡守孤城不爲却。賊欲繞出巡後以擾江淮，巡退軍睢陽，扼東南咽領。自春訖冬，大戰數十，小戰數百，以弱制彊，出奇無窮，殺馘兇醜凡十餘萬，賊不敢越睢陽取江淮，江淮以完，巡之力也。城孤糧盡，外救不至，猶奮羸起病，摧鋒陷堅，三軍啖膚而食，知死不叛。城陷見執，卒無橈詞，慢叱兇徒，精貫白日，雖古忠烈無以加焉。

議者罪巡以食人，愚巡以守死，臣竊痛之。夫忠者，臣之教；恕者，法之情。巡握節而死，非虧教也；析骸以爨，非本情也。春秋以功覆過，書赦過宥刑，在易遏惡揚善，爲國者錄用棄瑕。今者乃欲議巡之罪，是廢教絀節，不以功掩過，不以刑恕情，善可遏，惡可揚，瑕錄而用棄，非所以奬人倫，明勸戒也。且祿山背德，大臣將相比肩從賊，巡官不朝，宴不坐，無一伍之士，一節之權，徒奮身死節，以勤義旅，不謂忠乎？以數千卒橫挫賊鋒，若無巡則無睢陽，無睢陽則無江淮。有如賊因江淮之資，兵廣而財積，根結盤據，西向以拒，雖終殲滅，其曠日持久必矣。今陝、鄢一戰，犬羊駭北，王師震其西，巡扼其東，此天使巡舉江淮以待陛下，師至而巡死，不謂功乎？古者列國侵伐，猶分災救患，諸將同受國恩，奉辭伐罪，巡固守亦待外援，援不至而食盡，食盡而及人，則巡之情可求矣。假巡守城之初，已計食人，損數百衆以全天下，臣尙謂功過相掩，況非素志乎？夫子制春秋，明褒貶。齊桓公將封禪，略不書；晉文公召王河陽，書而諱之。巡蒼黃之罪，輕於僭禪；興復之功，重於糾合。

今巡子亞夫雖得官，不免飢寒，江淮旣巡所保，戶口充完，宜割百戶俾食其子。且彊死爲厲，有所歸則不爲災。巡身首分裂，將士骸骼不掩，宜於睢陽相擇高原，起大冢，招魂而葬，旌善之義也。臣少與巡游，哀巡死難，不覩休明，唯令名其榮祿也。若不時紀錄，日月浸悠，或掩而不傳，或傳而不實，巡生死不遇，誠可悲悼。謹撰傳一篇，昧死上，儻得列于史官，死骨不朽。

帝繇是感悟，而巡大節白於世，義士多之。

翰累遷左補闕、翰林學士。大曆中，病免，客陽翟，卒。

翰爲文精密而思遲，常從令皇甫曾求音樂，思涸則奏之，神逸乃屬文。族弟紓，自有傳。

觀字元賓。貞元中，舉進士、宏辭，連中，授太子校書郎。卒，年二十九。

觀屬文，不旁沿前人，時謂與韓愈相上下。及觀少夭，而愈後文益工，議者以觀文未極，愈老不休，故卒擅名。陸希聲以爲「觀尚辭，故辭勝理；愈尚質，故理勝辭。雖愈窮老，終不能加觀之辭；觀後愈死，亦不能逮愈之質」云。

孟浩然字浩然，襄州襄陽人。少好節義，喜振人患難，隱鹿門山。年四十，乃游京師。嘗於太學賦詩，一座嗟伏，無敢抗。張九齡、王維雅稱道之。維私邀入內署，俄而玄宗至，浩然匿牀下，維以實對，帝喜曰：「朕聞其人而未見也，何懼而匿？」詔浩然出。帝問其詩，浩然再拜，自誦所爲，至「不才明主棄」之句，帝曰：「卿不求仕，而朕未嘗棄卿，奈何誣我？」因放還。採訪使韓朝宗約浩然偕至京師，欲薦諸朝。會故人至，劇飲歡甚，或曰：「君與韓公有期。」浩然叱曰：「業已飲，遑恤他！」卒不赴。朝宗怒，辭行，浩然不悔也。張九齡爲荆州，辟置于府，府罷。開元末，病疽背卒。

後樊澤爲節度使，時浩然墓庳壞，符載以牋叩澤曰：「故處士孟浩然，文質傑美，殞落歲久，門裔陵遲，丘隴頽没，永懷若人，行路慨然。前公欲更築大墓，闔州搢紳，聞風竦動。而今外迫軍旅，内勞賓客，牽耗歲時，或有未遑。誠令好事者乘而有之，負公夙志矣。」澤乃更爲刻碑鳳林山南，封寵其墓。

初，王維過郢州，畫浩然像于刺史亭，因曰浩然亭。咸通中，刺史鄭諴謂賢者名不可斥，更署曰孟亭。

開元、天寶間，同知名者王昌齡、崔顥，皆位不顯。

昌齡字少伯，江寧人。第進士，補祕書郎。又中宏辭，遷汜水尉。不護細行，貶龍標尉。以世亂還鄉里，爲刺史閭丘曉所殺。張鎬按軍河南，兵大集，曉最後期，將戮之，辭曰：「有親，乞貸餘命。」鎬曰：「王昌齡之親欲與誰養？」曉默然。

昌齡工詩，緒密而思清，時謂王江寧云。

崔顥者，亦擢進士第，有文無行。好蒱博，嗜酒。娶妻惟擇美者，俄又棄之，凡四五娶。終司勳員外郎。

初，李邕聞其名，虛舍邀之，顥至獻詩，首章曰：「十五嫁王昌。」邕叱曰：「小兒無禮！」

不與接而去。

劉太眞，宣州人。善屬文，師蘭陵蕭穎士。舉高第進士。淮南陳少游表爲掌書記，嘗以少游擬桓、文，爲義士所訾。興元初，爲河東宣慰賑給使，累遷刑部侍郎。德宗以天下平，貞元四年九月，詔羣臣宴曲江，自爲詩，敕宰相擇文人賡和。李泌等請羣臣皆和，帝自第之，以太眞、李紓等爲上，鮑防、于邵等次之，張濛等爲下。與擇者四十一人，惟泌、李晟、馬燧三宰相無所差次。遷禮部，掌貢士，多取大臣貴近子弟，坐貶信州刺史，卒。

邵說，相州安陽人。已擢進士第，未調，陷史思明。逮朝義敗，歸郭子儀，子儀愛其才，留幕府。遷累長安令、秘書少監。大曆末，上言：「天道三十年一小變，六十年一大變。祿山、思明之難，出入二紀，多難漸平，向之亂，今將變而之治。宜建徽號，承天意。而方謁郊廟、大赦各一，誠恐雲雨之施未普，鬱結之氣未除。願因此時脩享獻、款郊廟、褒有德、錄賢人，與天下更始，振災益壽之術也。」不聽。

德宗立，擢吏部侍郎。說因自陳：「家本儒，先祖長白山人貞一，以武后革命，終身不肯仕。先臣殿中侍御史瓊之，逮事玄宗。臣十六即孤，長育母手，天寶中始仕。會喪，客河、洛，祿山亂，喪紀當終，臣不褫衰絰又再期，懼終不免，陰走洛、魏。慶緒遁保西城，搜脅儒者爲己用，以兵迫臣，遂陷醜逆。俄而史思明順附，欲間道歸北闕下，肅宗拜臣左金吾衞騎曹參軍，許留思明所。會烏承恩事，路絕，不得歸。朝義之敗，欲固守河陽，臣知回紇利野戰，陰勸其行，以破賊計。朝義已走，臣西歸獻狀，先帝詔翰林索臣所上言，與王仙偕召。先帝謂誠節白著，故擢仙侍御史，臣爲殿中侍御史，使者宣旨制詔盡言其狀，則疇昔本末，先帝知之。今又擢以不次，雖自天斷，尚恐受謗輿人，傷陛下之明。今吏員未乏而調者多，益以功優，準平格以判留人，去者十七，彼且鼓讒說以投疑于上，此臣所大懼也。」因薦戶部郎中蕭定、司農卿庾準自代，不許。

說在職以才顯，或言且執政，金吾將軍裴儆謂柳載曰：「說事賊爲劇官，掌其兵，大小百戰，掠名家子爲奴婢不可計，得宥死而無厚顏，乃崇第產，附貴倖。欲以相邦，其能久乎！」建中三年逐嚴郢，說與郢善，微諷朱泚訟其冤，爲草奏，貶歸州刺史，卒。

于邵字相門，其先自代來，爲京兆萬年人。天寶末，第進士，以書判超絕，補崇文校書郎。繇比部郎中爲道州刺史，未行，徙巴州。會歲饑，部獠亂，薄城下。邵勵兵拒戰，且遣使諭曉，獠丐降，邵儒服出，賊見皆拜，即引去。節度使李抱玉以聞，遷梓州，辭疾不拜，授兵部郎中。崔寧帥蜀，表爲度支副使。俄以諫議大夫知制誥，進禮部侍郎，朝有大典册，必出其手。爲三司使，治薛邕獄，失德宗旨，貶桂州長史。復爲太子賓客，與宰相陸贄不平，出杭州刺史。久疾求告，貶衢州別駕，徙江州。卒，年八十一。

邵孝悌有行，晚塗益修絜。樊澤始舉賢良，邵望見，曰：「將相材也。」崔元翰舉進士，年五十矣，邵以其文擢異等，曰：「後當司詔令。」已而皆然。獨孤授舉博學宏辭，吏部考當乙，邵覆之，置甲科，人咨其公。

崔元翰名鵬，以字行。父良佐，與齊國公日用從昆弟也。擢明經甲科，補湖城主簿，以母喪，遂不仕。治詩、易、書、春秋，譔演範、忘象、渾天等論數十篇。隱共北白鹿山之陽。卒，門人共謚曰貞文孝父。

元翰舉進士、博學宏辭、賢良方正，皆異等。義成李勉表在幕府，馬燧更表爲太原掌書記。召拜禮部員外郎。竇參秉政，引知制誥。其訓辭温厚，有典誥風。然性剛褊，不能取容於時，孤特自恃。掌誥凡再期，不遷，罷爲比部郎中，時已七十餘，卒。

其好學老不倦，用思精緻，馳騁班固、蔡邕間以自名家。怨陸贄、李充，乃附裴延齡，延齡表鉤校京兆妄費，持吏甚急，而充等自無過，訖不能傅致以罪云。

于公異，蘇州吳人。進士擢第，李晟表爲招討府掌書記。朱泚平，露布於德宗曰：「臣既肅清宮禁，祗奉寢園，鍾簴不移，廟貌如故。」帝覽泣下，曰：「誰爲之辭？」或以公異對，帝咨歎一再。始，公異與陸贄故有隙，時贄在翰林，聞不喜。世多言公異不能事後母，既仕不歸省。及贄當政，乃奏其狀，詔賜孝經，罷歸田里。盧邁坐舉非其人，奪俸兩月。時中書舍人高郢，嘗薦御史元敦義，及公異被讁，郢亦劾敦義無美行，詔免敦義官。公異繇是不自振而卒。

李益，故宰相揆族子，於詩尤所長。貞元末，名與宗人賀相埒。每一篇成，樂工爭以賂求取之，被聲歌，供奉天子。至征人、早行等篇，天下皆施之圖繪。

少癡而忌克，防閑妻妾苛嚴，世謂妬爲「李益疾」。同輩行稍稍進顯，益獨不調，鬱鬱去。游燕，劉濟辟置幕府，進爲營田副使。嘗與濟詩，語怨望。憲宗雅知名，召爲祕書少監、集賢殿學士。自負才，凌藉士，衆不能堪，諫官因暴幽州時怨望語，詔降秩。俄復舊官，累遷右散騎常侍。大和初，以禮部尚書致仕，卒。

時又有太子庶子李益同在朝，故世言「文章李益」以辨云。

盧綸字允言，河中蒲人。避天寶亂，客鄱陽。大曆初，數舉進士不入第。元載取綸文以進，補閺鄉尉。累遷監察御史，輒稱疾去。坐與王縉善，久不調。渾瑊鎭河中，辟元帥判官，累遷檢校戶部郎中。嘗朝京師，是時，舅韋渠牟得幸德宗，表其才，召見禁中，帝有所作，輒使賡和。異日問渠牟：「盧綸、李益何在？」答曰：「綸從渾瑊在河中。」驛召之，會卒。

綸與吉中孚、韓翃、錢起、司空曙、苗發、崔峒、耿湋、夏侯審、李端皆能詩齊名，號「大曆十才子」。憲宗詔中書舍人張仲素訪集遺文。文宗尤愛其詩，問宰相：「綸文章幾何？亦有子否？」李德裕對：「綸四子：簡能、簡辭、弘止、簡求，皆擢進士第，在臺閣。」帝遣中人悉索家笥，得詩五百篇以聞。

中孚，鄱陽人。官戶部侍郎。

翃字君平，南陽人。侯希逸表佐淄青幕府，府罷，十年不出。李勉在宣武，復辟之。俄以駕部郎中知制誥。時有兩韓翃，其一爲刺史，宰相請孰與，德宗曰：「與詩人韓翃。」終中書舍人。

起，吳興人。天寶中舉進士，與郎士元齊名，時語曰：「前有沈、宋，後有錢、郎。」終考功郎中。

曙字文初，廣平人。從韋皋於劍南，終虞部郎中。

發，晉卿子，終都官員外郎。峒終右補闕，渾右拾遺，審侍御史。

端，趙州人。始，郭曖尚昇平公主，主賢明有才思，尤招納士，故端等多從曖游。曖嘗進官，大集客，端賦詩最工，錢起曰：「素爲之，請賦起姓。」端立獻一章，又工于前，客乃服，主賜帛百。後移疾江南，終杭州司馬。

歐陽詹字行周，泉州晉江人。其先皆爲本州州佐、縣令。閩越地肥衍，有山泉禽魚，雖能通文書吏事，不肯北宦。及常袞罷宰相爲觀察使，始擇縣鄉秀民能文辭者，與爲賓主鈞禮，觀游饗集必與，里人矜耀，故其俗稍相勸仕。初，詹與羅山甫同隱潘湖，往見袞，袞奇之。辭歸，泛舟飲餞。舉進士，與韓愈、李觀、李絳、崔羣、王涯、馮宿、庾承宣聯第，皆天下選，時稱「龍虎榜」。閩人第進士，自詹始。

詹事父母孝，與朋友信義。其文章切深，回復明辯。與愈友善。詹先爲國子監四門助教，率其徒伏闕下，舉愈博士。卒，年四十餘。崔羣哭之甚，愈爲詹哀辭，自書以遺羣。初，徐晦舉進士不中，詹數稱之，明年高第，仕爲福建觀察使。語及詹，必流涕。

從子秬，字降之，亦工爲文。陸洿自右拾遺除司勳郎中，棄官隱吳中，詔召之，既在道，秬遺書讓出處之遽，洿不至，還。秬名益聞。開成中，擢進士第，而里人蕭本妄言與貞獻太后近屬，恩寵赫然，秬恥之。會澤潞劉從諫表秬在幕府，秬爲辯質本之僞，本終得罪。其子稹拒命，秬方休假還家，稹表斥損時政，或言秬爲之，詔流崖州，賜死。臨刑，色不橈，爲書徧謝故人，自誌墓，人皆憐之。

李賀字長吉，系出鄭王後。七歲能辭章，韓愈、皇甫湜始聞未信，過其家，使賀賦詩，援筆輒就如素構，自目曰高軒過，二人大驚，自是有名。爲人纖瘦，通眉，長指爪，能疾書。每旦日出，騎弱馬，從小奚奴，背古錦囊，遇所得，書投囊中。未始先立題然後爲詩，如它人牽合程課者。及暮歸，足成之。非大醉、弔喪日率如此。過亦不甚省。母使婢探囊中，見所書多，卽怒曰：「是兒要嘔出心乃已耳。」以父名晉肅，不肯舉進士，愈爲作諱辨，然卒亦不就舉。

辭尙奇詭，所得皆驚邁，絕去翰墨畦逕，當時無能效者。樂府數十篇，雲韶諸工皆合之絃管。爲協律郎，卒，年二十七。與游者權璩、楊敬之、王恭元，每譔著，時爲所取去。賀亦早世，故其詩歌世傳者鮮焉。

吳武陵，信州人。元和初，擢進士第。淮西吳少陽聞其才，遣客鄭平邀之，將待以賓友，武陵不答。俄而少陽子元濟叛，武陵遺以書，自稱東吳王孫，曰：

夫勢有不必得，事有不必疑，徒取暴逆之名，而殄物敗俗，不可謂智；一日亡破，平生親愛連頭就戮，不可謂仁；支屬繁衍，因緣磨滅，先魂傷餒，不可謂孝；數百里之內，拘若檻穽，常疑死於左右手，低回姑息，不可謂明。且三皇以來，數千萬載，何有勃理亂常而能自畢者哉？貞元時，德宗以函容御天下，河北諸鎭專地不臣，朝廷資以爵號，桀黠者自謂得計，以反爲利，於是楊惠琳、劉闢、李錡、盧從史等又亂。皇帝卽位，赫然命偏師討之，盡伏其辜，所謂時也。

日者，張太尉厭垣捍之勤，謝易、定爲國老，田尚書知慮絕俗，又以魏博來歸，幽、檀、滄、景皆爲信臣，然而與足下者，獨齊、趙耳。夫齊安可爲恃哉？徐壓其首，梁薄其翼，魏斷其脛，滑鉞其腹，淮南承其衝，分兵不足相救，全舉則曹、魯、東平非其有也。彼何苦而自棄哉？若趙則固豎子耳。前日，主上以澤潞爲之導，旣斥從史，姑赦罪，復爵祿之，天下之人欲討者十八，無何，殘丞相御史，朝廷以足下故，未加斧鉞也。然則中山搏藁城之險，太原乘井陘之隘，燕銜樂壽，邢扼臨城，淸河絕其南，弓高斷其北，孤雛腐鼠，求責不暇，又曷以救人哉？二鎭不敢動亦明矣，足下何待而窮處邪？

昔僕之師裴道明嘗言：「唐家二百載有中興主，當其時，佷傲者盡滅，河、湟之地復矣。」今天子英武任賢，同符太宗，寬仁厚物，有玄宗之度，罰無貸罪，賞無遺功。諸侯參齊、趙以稔其釁，羣帥築室礪兵，進窺房、蔡，屯田繼漕，前鋒扼喉，後陣撫背，左排右掖，其幾何而不踣邪？

足下勿謂部曲勿我欺，人心與足下一也。足下反天子，人亦欲反足下。易地而論，則嬰兒橫之命，不若奉大君官守矣。枕戈持矛，死不得地，不若坐兼爵命而保胤嗣矣。足下苟能挺知幾之烈，莫若發一介，籍士馬土疆，歸之有司。上以覆載之仁，必保納足下，滌垢洗瑕，以倡四海，將校官屬不失寵且貴。何哉？爲國者不以纖惡蓋大善也。且貳而伐，服而捨，寵榮可厚，骨肉可保，何獨不爲哉？

三州至狹也，萬國至廣也，力不相侔，判然可知。假使官軍百敗，而行陣未嘗乏，足下一敗則成禽矣。夫一壯士不能當十夫者，以其左右前後咸敵也，矧以一卒欲當百人哉！昏迷不返，諸侯之師集城下，環壘刳塹，灌以流潦，主將怨攜，士卒崩離，田儋、呂興發於肘腋。屍不得裹，宗不得祀，臣僕以爲誡，子孫所不祖，生爲暗愎之人，沒爲幽憂之鬼，何其痛哉！

元濟得書不悟。

會裴度東討，而韓愈爲司馬，武陵勸愈爲度謀：「取中官常所不快者爲監軍，歸素所快者於內，爲吾地以傾諸侯，出帛百萬以給士大夫，則孰不爲丞相之人？然後分三大將環賊而屯，明斥候，牛酒高會，潛以實期授瀕蔡諸將，而以三期給賊，令辯士持尺書劫元濟及將士約降，彼無所竄謀矣。」時度部分已定，故不見用。元濟未破數月，武陵自硤石望東南，氣如旗鼓矛楯，皆顚倒橫斜。少選，黃白氣出西北，盤蜿相交。武陵告愈曰：「今西北王師所在，氣黃白，喜象也。敗氣爲賊，日直木，舉其盈數，不閱六十日，賊必亡。夫天見其祥，宜脩事應之。且洄曲守將急緩不可使，吳城賊將趙曄詐而輕，若以兵誘之，伏以待，一舉可奪其城，則右臂斷矣。」武陵之奇譎類如此。

長慶初，竇易直以戶部侍郎判度支，表武陵主鹽北邊。易直以不職，薄其遇。會表置和糴貯備使，擇郎中爲之。武陵諫曰：「今緣邊膏壤，鞠爲榛杞，父母妻子不相活。前在朔方，度支米價四十，而無踰月積，皆先取商人，而後求牒還都受錢。脫有寇薄城，不三旬便當餓死，何所取財而云和糴哉？天下不治，病權不歸有司也。鹽鐵、度支一戶部郎事，今三分其務，吏萬員，財賦日蠹。西北邊院官，皆御史、員外郎爲之。始命若責可信，今又加使權其務，是御史、員外久於事，返不可信也。今更旬月，又將以郎中之爲不可信。卽更時歲，明公之爲，亦又不可信。上下相阻，一國交疑，誰爲可信者？況一使之建，胥徒走卒殆百輩，督責騰呼，數千里爲不寧。誠欲邊隅完實，獨募浮民，徙罪人，發沃土，何必加使而增吏也？」易直不納。

久之，入爲太學博士。大和初，禮部侍郎崔郾試進士東都，公卿咸祖道長樂，武陵最後至，謂郾曰：「君方爲天子求奇材，敢獻所益。」因出袖中書搢笏，郾讀之，乃杜牧所賦阿房宮，辭既警拔，而武陵音吐鴻暢，坐客大驚。武陵請曰：「牧方試有司，請以第一人處之。」郾謝已得其人。至第五，鄲未對，武陵勃然曰：「不爾，宜以賦見還。」鄲曰：「如教。」牧果異等。後出爲韶州刺史，以贓貶潘州司戶參軍，卒。

初，柳宗元謫永州，而武陵亦坐事流永州，宗元賢其人。及爲柳州刺史，武陵北還，大爲裴度器遇。每言宗元無子，說度曰：「西原蠻未平，柳州與賊犬牙，宜用武人以代宗元，使得優游江湖。」又遺工部侍郎孟簡書曰：「古稱一世三十年，子厚之斥十二年，殆半世矣。霆砰電射，天怒也，不能終朝。聖人在上，安有畢世而怒人臣邪？且程、劉、二韓皆已拔拭，或處大州劇職，獨子厚與猿鳥爲伍，誠恐霧露所嬰，則柳氏無後矣。」度未及用，而宗元死。始，李愬節度唐、鄧，武陵薦李景儉、王湘健智沈敏，可表以自副，時號知人。

李商隱字義山，懷州河內人。或言英國公世勣之裔孫。令狐楚帥河陽，奇其文，使與諸子游。楚徙天平、宣武，皆表署巡官，歲具資裝使隨計。開成二年，高鍇知貢舉，令狐綯雅善鍇，奬譽甚力，故擢進士第。調弘農尉，以活獄忤觀察使孫簡，將罷去，會姚合代簡，諭使還官。又試拔萃，中選。

王茂元鎭河陽，愛其才，表掌書記，以子妻之，得侍御史。茂元善李德裕，而牛、李黨人嗤謫商隱，以爲詭薄無行，共排笮之。茂元死，來游京師，久不調，更依桂管觀察使鄭亞府爲判官。亞謫循州，商隱從之，凡三年乃歸。亞亦德裕所善，綯以爲忘家恩，放利偷合，謝不通。京兆尹盧弘止表爲府參軍，典箋奏。綯當國，商隱歸窮自解，綯憾不置。弘止鎮徐州，表爲掌書記。久之，還朝，復干綯，乃補太學博士。柳仲郢節度劍南東川，辟判官，檢校工部員外郎。府罷，客滎陽，卒。

商隱初爲文瑰邁奇古，及在令狐楚府，楚本工章奏，因授其學。商隱儷偶長短，而繁縟過之。時温庭筠、段成式俱用是相夸，號「三十六體」。

薛逢字陶臣，蒲州河東人。會昌初，擢進士第。崔鉉鎮河中，表在幕府。鉉復宰相，引爲萬年尉。直弘文館。歷侍御史、尚書郎。持論鯁切，以謀略高自標顯。

初，與彭城劉瑑交，瑑文辭出逢數人下，常易之。瑑稍親近，逢不得意，遂相忿恨。會瑑當國，有薦逢知制誥者，瑑猥言：「先朝以兩省官給事、舍人先治州縣，乃得除，逢未試州。」執不可。乃出爲巴州刺史。而楊收、王鐸同牒署第，收輔政，逢有詩譏訕，收銜之，復斥蓬、緜二州刺史。收罷，以太常少卿召還，歷給事中。鐸爲宰相，逢又以詩訾鐸，鐸怒，中外亦鄙逢褊傲，故不見齒。遷祕書監，卒。

子廷珪，進士及第。大順初，以司勳員外郎知制誥，遷中書舍人。從昭宗次華州，引拜左散騎常侍，稱疾免，客成都。光化中，復爲舍人，累尙書左丞。朱全忠兼四鎭，廷珪以官告使至汴，客將先見，諷其拜，廷珪佯不曉，曰：「吾何德，敢受令公拜乎？」及見，卒不肯加禮。

李頻字德新，睦州壽昌人。少秀悟，逮長，廬西山，多所記覽。其屬辭，於詩尤長。與里人方干善。給事中姚合名爲詩，士多歸重，頻走千里丐其品，合大加奬挹，以女妻之。

大中八年，擢進士第，調祕書郎，爲南陵主簿。判入等，再遷武功令。於是畿民多籍神策軍，吏以其橫，類假借，不敢繩以法。頻至，有神策士尙君慶，逋賦六年不送，悍然出入閭里。頻密擿比伍與競，君慶叩縣廷質，頻卽械送獄，盡條宿惡，請於尹殺之，督所負無少貸。豪猾大驚，屛息奉法，縣大治。有六門堰者，廞廢百五十年，方歲饑，頻發官廥庸民浚渠，按故道厮水漑田，穀以大稔。懿宗嘉之，賜緋衣、銀魚。俄擢侍御史，守法不阿徇，遷累都官員外郎。表丐建州刺史。既至，以禮法治下，更布條敎。時朝政亂，盜興，相椎奪，而建賴頻以安。卒官下，喪歸，父老相與扶柩，葬永樂州，爲立廟梨山，歲祠之。天下亂，盜發其冢，壽昌人隨加封掩云。

吳融字子華，越州山陰人。祖翥，有名大中時，觀察府召以署吏，不應，帥高其概，言諸朝，賜號文簡先生。

融學自力，富辭調。龍紀初，及進士第。韋昭度討蜀，表掌書記，遷累侍御史。坐累去官，流浪荆南，依成汭。久之，召爲左補闕，以禮部郎中爲翰林學士，拜中書舍人。昭宗反正，御南闕，羣臣稱賀，融最先至。于時左右歡駭，帝有指授，疊十許稿，融跪作詔，少選成，語當意詳，帝咨賞良厚。進戶部侍郎。鳳翔劫遷，融不克從，去客閿鄉。俄召還翰林，遷承旨，卒官。

唐書卷二百四

列傳第一百二十九

方技

李淳風 甄權 許胤宗 張文仲 袁天綱 客師 張憬藏 乙弗弘禮 金梁鳳 王遠知 薛頤 葉法善 明崇儼 尙獻甫 嚴善思 杜生 張果 邢和璞 師夜光 羅思遠 姜撫 桑道茂

凡推步、卜、相、醫、巧，皆技也。能以技自顯於一世，亦悟之天，非積習致然。然士君子能之，則不迂，不泥，不矜，不神；小人能之，則迂而入諸拘礙，泥而弗通大方，矜以夸衆，神以誣人，故前聖不以爲教，蓋吝之也。若李淳風諫太宗不濫誅，許胤宗不著方劑書，嚴譔諫不合乾陵，乃卓然有益于時者，茲可珍也。至遠知、果、撫等詭行幻怪，又技之下者焉。

李淳風，岐州雍人。父播，仕隋高唐尉，棄官爲道士，號黃冠子，以論譔自見。淳風幼爽秀，通羣書，明步天曆算。貞觀初，與傅仁均爭曆法，議者多附淳風，故以將仕郎直太史局。制渾天儀，詆摭前世得失，著法象書七篇上之。擢承務郎，遷太常博士，改太史丞，與諸儒脩書，遷爲令。太宗得祕讖，言「唐中弱，有女武代王」。以問淳風，對曰：「其兆既成，已在宮中。又四十年而王，王而夷唐子孫且盡。」帝曰：「我求而殺之，奈何？」對曰：「天之所命，不可去也，而王者果不死，徒使疑似之戮淫及無辜。且陛下所親愛，四十年而老，老則仁，雖受終易姓，而不能絕唐。若殺之，復生壯者，多殺而逞，則陛下子孫無遺種矣！」帝采其言，止。

淳風於占候吉凶，若節契然，當世術家意有鬼神相之，非學習可致，終不能測也。以勞封昌樂縣男。奉詔與算博士梁述、助教王眞儒等是正五曹、孫子等書，刊定注解，立於學官。撰麟德曆代戊寅曆，候者推最密。自祕閣郎中復爲太史令，卒。所撰典章文物志、乙巳占等書傳於世。子諺，孫仙宗，並擢太史令。

唐初言曆者惟傅仁均。仁均，滑州人，終太史令。

甄權，許州扶溝人。以母病，與弟立言究習方書，遂爲高醫。仕隋爲祕書省正字，稱疾免。魯州刺史庫狄嶔風痺不得挽弓，權使彀矢嚮堋立，鍼其肩隅，一進，曰：「可以射矣。」果如言。貞觀中，權已百歲，太宗幸其舍，視飲食，訪逮其術，擢朝散大夫，賜几杖衣服。尋卒，年一百三歲。所撰脈經、鍼方、明堂等圖傳于時。

立言仕爲太常丞。杜淹苦流腫，帝遣視，曰：「去此十日，午漏上，且死。」如之。有道人心腹懣煩彌二歲，診曰：「腹有蟲，誤食髮而然。」令餌雄黃一劑，少選，吐一蛇如拇，無目，燒之有髮氣，乃愈。

後以醫顯者，淸潭宋俠、義興許胤宗、洛陽張文仲李虔縱、京兆韋慈藏。俠官朝散大夫、藥藏監。

胤宗仕陳爲新蔡王外兵參軍。王太后病風不能言，脈沈難對，醫家告術窮。胤宗曰：「餌液不可進。」卽以黃耆、防風煑湯數十斛，置牀下，氣如霧，熏薄之，是夕語。擢義興太守。武德初，累進散騎侍郎。關中多骨蒸疾，轉相染，得者皆死，胤宗療視必愈。或勸其著書貽後世者，答曰：「醫特意耳，思慮精則得之。脈之候幽而難明，吾意所解，口莫能宣也。古之上醫，要在視脈，病乃可識。病與藥值，唯用一物攻之，氣純而愈速。今之人不善爲脈，以情度病，多其物以幸有功，譬獵不知兔，廣絡原野，冀一人獲之，術亦疏矣。一藥偶得，它味相制，弗能專力，此難愈之驗也。脈之妙處不可傳，虛著方劑，終無益於世，此吾所以不著書也。」卒年七十餘。

文仲仕武后時，至尚藥奉御。特進蘇良嗣方朝，疾作，仆廷中。文仲診曰：「憂憤而成，若脅痛者，殆未可救。」頃告脅痛。又曰：「及心則殆。」俄心痛而死。文仲論風與氣尤精。后集諸言方者與共著書，詔王方慶監之。文仲曰：「風狀百二十四，氣狀八十，治不以時，則死及之。惟頭風與上氣、足氣，藥可常御。病風之人，春秋末月，可使洞利，乃不困劇，自餘須發則治，以時消息。」乃著四時輕重術凡十八種上之。

虛縱官侍御醫，慈藏光祿卿。

袁天綱，益州成都人。仕隋爲鹽官令〔一〕。在洛陽，與杜淹、王珪、韋挺游，天綱謂淹曰：「公蘭臺、學堂全且博，將以文章顯。」謂珪「法令成，天地相臨，不十年官五品」；謂挺「面如虎，當以武處官」；「然三君久皆得譴，吾且見之」。淹以侍御史入天策爲學士，珪太子中允，挺善隱太子，薦爲左衞率。武德中，俱以事流嶲州，見天綱，曰：「公等終且貴。杜位三品，難與言壽，王、韋亦三品，後於杜而壽過之，但晚節皆困。」見竇軌曰：「君伏犀貫玉枕，輔角完起，十年且顯，立功其在梁、益間邪！」軌後爲益州行臺僕射，天綱復曰：「赤脈干瞳，方語而浮赤入大宅，公爲將必多殺，願自戒。」軌果坐事見召。天綱曰：「公毋憂。右輔澤而動，不久必還。」果還爲都督。

貞觀初，太宗召見曰：「古有君平，朕今得爾，何如？」對曰：「彼不逢時，臣固勝之。」武后之幼，天綱見其母曰：「夫人法生貴子。」乃見二子元慶、元爽，曰：「官三品，保家主也。」見韓國夫人，曰：「此女貴而不利夫。」后最幼，姆抱以見，給以男，天綱視其步與目，驚曰：「龍瞳鳳頸，極貴驗也；若爲女，當作天子。」帝在九成宮，令視岑文本，曰：「學堂瑩夷，眉過目，故文章振天下。首生骨未成，自前而視，法三品。肉不稱骨，非壽兆也。」張行成、馬周見，曰：「馬君伏犀貫腦，背若有負，貴驗也。近古君臣相遇未有及公者。然面澤赤而耳無根，後骨不隆，壽不長也。張晚得官，終位宰相。」其術精類如此。高士廉曰：「君終作何官？」謝曰：「僕及夏四月，數既盡。」如期以火山令卒〔三〕。

子客師，亦傳其術，爲廩犧令。高宗置一鼠于匳，令術家射，皆曰鼠。客師獨曰：「雖實鼠，然入則一，出則四。」發之，鼠生三子。嘗度江，叩舟而還，左右請故，曰：「舟中人鼻下氣皆墨，不可以濟。」俄有一男子，跛而負，直就舟，客師曰：「貴人在，吾可以濟。」江中風忽起，幾覆而免。跛男子乃婁師德也。

時有長社人張憬藏，技與天綱埒。太子詹事蔣儼有所問，答曰：「公厄在三尺土下，盡六年而貴，六十位蒲州刺史，無有祿矣。」儼使高麗，爲莫離支所囚，居土室六年還。及爲蒲州，歲如期，則召掾史、妻子，告當死，俄詔聽致仕。劉仁軌與鄉人靖賢請占，憬藏答曰：「劉公當五品而譴，終位冠人臣。」謂賢曰：「君法客死。」仁軌爲尚書僕射。賢猥曰：「我三子皆富田宅，吾何客死？」俄喪三子，盡鬻田宅，寄死友家。魏元忠尚少，往見憬藏，問之，久不答，元忠怒曰：「窮通有命，何預君邪？」拂衣去。憬藏遽起曰：「君之相在怒時，位必卿相。」姚崇、李迥秀、杜景佺從之游，憬藏曰：「三人者皆宰相，然姚最貴。」郎中裴珪妻趙見之，憬藏曰：「夫人目修緩，法曰『家視淫』，又曰『目有四白，五夫守宅』，夫人且得罪。」俄坐姦，沒入掖廷。裴光廷當國，憬藏以紙大署「台」字投之，光廷曰：「吾既台司矣，尚何事？」後三日，貶台州刺史。

隋末又有高唐人乙弗弘禮，當煬帝居藩，召見，弘禮賀曰：「大王爲萬乘主，所戒在德而已。」及卽位，悉詔諸術家坊處之，使弘禮總攝。海內寖亂，帝曰：「而昔言朕旣驗，然終當奈何？」弘禮逡巡，帝知之，乃曰：「不言，且死！」弘禮曰：「臣觀人臣相與陛下類者不長，然聖人不相，故臣不能知。」由是敕有司監視，毋得與外語。

薛大鼎坐事沒爲奴，及貞觀時，有請於弘禮，答曰：「君，奴也，欲何事？」請解衣視之，弘禮指腰而下曰：「位方岳。」

玄宗時有金梁鳳者，頗言人貴賤夭壽。裴冕爲河西留後，梁鳳輒言：「不半歲兵起，君當以御史中丞除宰相。」又言：「一日向雒，一日向蜀，一日向朔方，此時公當國。」冕妖其言，絕之。俄而祿山反，冕以御史中丞召，因問三日，答曰：「雒日卽滅，蜀日不能久，朔方日愈明。」肅宗卽位，而冕遂相，薦于帝，拜都水使者。梁鳳謂呂諲曰：「君且輔政，須大怖乃得。」諲責驛史，搒之，史突入射諲，兩矢幾中，走而免，明年知政事。李揆、盧允毀服紿謁，梁鳳不許，二人語以情，梁鳳曰：「李自舍人閱歲而相，盧不過郞官。」揆已相，擢允吏部郞中。

王遠知，系本琅邪，後爲揚州人。父曇選，爲陳揚州刺史。母晝寢，夢鳳集其身，因有娠。浮屠寶誌謂曇選曰：「生子當爲世方士。」

遠知少警敏，多通書傳，事陶弘景，傳其術，爲道士。又從臧兢游。陳後主聞其名，召入重陽殿，辯論超詣，甚見咨挹。隋煬帝爲晉王，鎮揚州，使人介以邀見，少選髮白，俄復鬒，帝懼，遣之。後幸涿郡，詔遠知見臨朔宮，帝執弟子禮，咨質仙事，詔京師作玉淸玄壇以處之。及幸揚州，遠知謂帝不宜遠京國，不省。

高祖尙微，遠知密語天命。武德中，平王世充，秦王與房玄齡微服過之，遠知未識，迎語曰：「中有聖人，非王乎？」乃諗以實。遠知曰：「方爲太平天子，願自愛。」太宗立，欲官之，苦辭。貞觀九年，詔潤州卽茆山爲觀，俾居之。璽詔曰：「省所奏，願還舊山，已別詔不違雅素，并敕立祠觀，以伸曩懷。未知先生早晚至江外，祠舍何當就功？令太史令薛頤等往宣朕意。」

遠知多怪言，詫其弟子潘師正曰：「吾少也有累，不得上天，今署少室伯，吾將行。」卽沐浴，加冠衣，若寢者，遂卒。或言壽蓋百二十六歲云。遺命子紹業曰：「爾年六十五見天子，七十見女君。」調露中，紹業表其言，高宗召見，嗟賞，追贈遠知太中大夫，謚升眞先生。武后時復召見，皆如其年。又贈金紫光祿大夫。天授中改謚升玄。

薛頤者，滑州人。當隋大業時爲道士，善天步律曆。武德初，追直秦王府，密語曰：「德星舍秦分，王當帝天下。」王表爲太史丞，稍遷令。貞觀時，太宗將封泰山，彗星見，頤因言：「臣商天意，陛下未可東。」亦會大臣上議，帝遂罷。固丐爲道士，帝爲築觀九嵕山，號曰「紫府」，拜頤太中大夫，往居之。卽祠建淸臺，候辰次災祥以聞，所上與太史李淳風合。數歲卒。

高宗時，又有葉法善者，括州括蒼人。世爲道士，傳陰陽、占繇、符架之術，能厭劾怪鬼。帝聞之，召詣京師，欲寵以官，不拜。留內齋場，禮賜殊縟。時帝悉召方士，化黃金治丹，法善上言：「丹不可遽就，徒費財與日，請覈眞僞。」帝許之，凡百餘人皆罷。嘗在東都凌空祠爲壇以祭，都人悉往觀，有數十人自奔火中，衆大驚，救而免。法善笑曰：「此爲魅所馮，吾以法攝之耳。」問而信，病亦皆已。其譎幻類若此。

歷高、中二宗朝五十年，往來山中，時時召入禁內。雅不喜浮屠法，常力詆毀，議者淺其好憎，然以術高，卒叵之測。睿宗立，或言陰有助力。先天中，拜鴻臚卿，員外置，封越國公，舍景龍觀，追贈其父歙州刺史，寵映當世。開元八年卒。或言生隋大業丙子，死庚子，蓋百七歲云。玄宗下詔褒悼，贈越州都督。

明崇儼，洛州偃師人，梁國子祭酒山賓五世孫。少隨父恪令安喜，吏有能召鬼神者，盡傳其術。乾封初，應岳牧舉，調黃安丞，以奇技自名。高宗召見，甚悅，擢冀王府文學。試爲窟室，使宮人奏樂其中，召崇儼問：「何祥邪？爲我止之。」崇儼書桃木爲二符，剚室上，樂即止，曰：「向見怪龍，怖而止。」盛夏，帝思雪，崇儼坐頃取以進，自云往陰山取之。四月，帝憶瓜，崇儼索百錢，須臾以瓜獻，曰：「得之緱氏老人圃中。」帝召老人問故，曰：「埋一瓜失之，土中得百錢。」

累遷正諫大夫。帝令入閤供奉，每謁見，陳時政，多託鬼神爲言。至爲武后作厭勝事，又言章懷太子不德。儀鳳四年，爲盜所刺於東都，好事者爲言：「崇儼役鬼勞苦，爲鬼所殺。」而太后疑太子使客殺之，故贈侍中，謚曰莊，擢子珪爲祕書郎。命御史中丞崔謐等雜治，誣服者甚衆。及太子廢，死狀乃明。

尙獻甫，衞州汲人，善占候。武后召見，由道士擢太史令，辭曰：「臣梗野，不可以事官畏。」后改太史局爲渾儀監，以獻甫爲令，不隸祕書省。數問災異，又於上陽宮集術家撰方域等篇。長安二年，熒惑犯五諸侯，獻甫自陳：「五諸侯，太史位；臣命納音，金也；火，金之仇，臣且死。」后曰：「朕爲卿厭之。」遷水衡都尉，謂曰：「水生金，卿無憂。」至秋卒，后嗟異，復以渾儀監爲太史局云。

嚴善思名譔，同州朝邑人，以字行。父延，與河東裴玄證、隴西李眞蔡靜皆通儒術，該曉圖讖。善思傳延業，褚遂良、上官儀等奇其能。高宗封泰山，舉銷聲幽藪科及第，調襄陽尉。居親喪，廬墓，因隱居十年。武后時擢監察御史，兼右拾遺內供奉，數言天下事。方酷吏構大獄，以善思爲詳審使，平活八百餘人，原千餘姓。長壽中，按囚司刑寺，罷疑不實者百人。來俊臣等疾之，誣以罪，謫交趾，五歲得還。是時李淳風死，候家皆不效，乃詔善思以著作佐郎兼太史令。聖曆二年，熒惑入輿鬼，后問其占，對曰：「大臣當之。」是年王及善卒。長安中，熒惑入月，鎭犯天關，善思曰：「法當亂臣伏罪，而有下謀上之象。」歲餘，張柬之等起兵誅二張。遷給事中。

后崩，將合葬乾陵，善思建言：「尊者先葬，卑者不得入。今啓乾陵，是以卑動尊，術家所忌。且玄闕石門，冶金錮隙，非攻鑿不能開，神道幽靜，多所驚黷。若別攻隧以入其中，即往昔葬時神位前定，更且有害。曩營乾陵，國有大難，易姓建國二十餘年，今又營之，難且復生。合葬非古也，況事有不安，豈足循據？漢世皇后別起陵墓，魏、晉始合葬。漢積祀四百，魏、晉祚率不長，亦其驗也。今若更擇吉地，附近乾陵，取從葬之義。使神有知，無所不通；若其無知，合亦何益？山川精氣，上爲列星。葬得其所，則神安而後嗣昌；失其宜，則神危而後嗣損。願割私愛，使社稷長久。」中宗不納。

神龍中，武后喪公除，太常請大習樂，供郊廟，詔未許。善思奏曰：「樂者氣化，所以感天地、調五行。漢、魏喪禮，以日易月，蓋三年不爲禮，禮必壞；三年不爲樂，樂必崩。禮，陰也；樂，陽也。樂崩陽伏，禮廢陰慝，故變以適時，孝道之大。安人神，公也；茹哀戚，私也。王者不以私害公，請如太常奏。」帝從之。遷禮部侍郎。表皇后擅政，爲社稷憂，求汝州刺史。嘗語姚崇曰：「韋氏禍且塗地，相王所居有華蓋紫氣，必位九五，公善護之。」及睿宗立，崇以語聞，召拜右散騎常侍。

初，譙王重福徙均州，過汝，善思爲刺史。及謀反，僞除禮部尚書。重福敗，坐關通論死，吏部尚書宋璟、戶部郎中李邕薄其罪，給事中韓思復固請，乃流靜州。始，善思爲御史，中書舍人劉允濟爲酷吏所陷，且死，善思力訟其冤，得免。戶部尚書王本立見之，曰：「祁奚之救叔向，嚴公有之。」後見允濟，語未嘗及之。思復之解善思也，亦不自德，時稱長者之報。後遇赦還。開元十六年卒。子向，乾元中爲鳳翔尹，三世皆年八十五云。

杜生者，許州人，善易占。有亡奴者問所從追，戒曰：「自此行，逢使者，懇丐其鞭。若不可，則以情告。」其人果值使者於道，如生語，使者異之，曰：「去鞭，吾無以進馬，可折道傍蔞代之。」乃往折蔞，見亡奴伏其下，獲之。它日又有亡奴者，生戒持錢五百伺於道，見進鷂使者，可市其一，必得奴。俄而使至，其人以情告，使者以一與之，忽飛集灌莽上，往取之而得亡奴。衆以爲神。

時有浮屠泓者，黄州人。與天官侍郎張敬之善。敬之以武后在位，常指所服示子冠宗曰：「莽朝服耳。」俄冠宗以父應入三品，詣有司言狀。泓忽曰：「君無煩求三品也。」敬之大驚，已而知出冠宗意。敬之弟訥之疾殆，泓曰：「公弟當位三品，不足憂也。」已而愈。嘗爲燕國公張説市宅，戒曰：「無穿東北，王隅也！」它日見説曰：「宅氣索然，云何？」與説共視，隅有三坎丈餘，泓驚曰：「公富貴一世而已，諸子將不終。」説懼，將平之，泓曰：「客土無氣，與地脈不連，譬身瘡痏補它肉，無益也。」説子皆汙賊死斥云。

張果者，晦鄉里世繫以自神，隱中條山，往來汾、晉間，世傳數百歲人。武后時，遣使召之，卽死，後人復見居恆州山中。

開元二十一年，刺史韋濟以聞。玄宗令通事舍人裴晤往迎，見晤輒氣絕仆，久乃蘇。晤不敢逼，馳白狀。帝更遣中書舍人徐嶠齎璽書邀禮，乃至東都，舍集賢院，肩輿入宮。帝親問治道神仙事，語祕不傳。果善息氣，能累日不食，數御美酒。嘗云：「我生堯丙子歲，位侍中。」其貌實年六七十。時有邢和璞者，善知人夭壽。師夜光者，善視鬼。帝令和璞推果生死，懵然莫知其端。帝召果密坐，使夜光視之，不見果所在。

帝謂高力士曰：「吾聞飲堇無苦者，奇士也。」時天寒，因取以飲果，三進，頹然曰：「非佳酒也。」乃寢。頃視齒燋縮，顧左右取鐵如意擊墮之，藏帶中，更出藥傅其齗，良久，齒已生，粲然騈絜。帝益神之。欲以玉眞公主降果，未言也。果忽謂祕書少監王迥質、太常少卿蕭華曰：「諺謂娶婦得公主，平地生公府，可畏也。」二人怪語不倫。俄有使至，傳詔曰：「玉眞公主欲降先生。」果笑，固不奉詔。有詔圖形集賢院，懇辭還山，詔可。擢銀青光祿大夫，號通玄先生，賜帛三百匹，給扶侍二人。至恆山蒲吾縣，未幾卒，或言尸解。帝爲立棲霞觀其所。

夜光者，薊州人，少爲浮屠。至長安，因九仙公主得召見温泉，帝奇其辯，賜冠帶，授四門博士，賜緋衣、銀魚、金繒千數，得侍左右如幸臣。

和璞喜黄老，作潁陽書，世傳之。

天寶中，有孫甑生者，以技聞，能使石自鬭，草爲人騎馳走。楊貴妃喜觀之，數召入宫中。

又有羅思遠，能自隱。帝學，不肯盡其術，試自隱，常餘衣帶，及思遠共試，則驗。厚錫金帛，然卒不得。帝怒，裹以幞，壓殺之。數日，有中使者自蜀還，逢思遠駕而西，笑曰：「上爲戲何虐也！」

姜撫，宋州人。自言通僊人不死術，隱居不出。開元末，太常卿韋縚祭名山，因訪隱民，還白撫已數百歲。召至東都，舍集賢院。因言：「服常春藤，使白髮還鬒，則長生可致。藤生太湖最良，終南往往有之，不及也。」帝遣使者至太湖，多取以賜中朝老臣。因詔天下，使自求之。宰相裴耀卿奉觴上千萬歲壽，帝悦，御花蕚樓宴羣臣，出藤百奩，徧賜之。擢撫銀青光祿大夫，號冲和先生。撫又言：「終南山有旱藕，餌之延年。」狀類葛粉，帝作湯餅賜大臣。右驍衞將軍甘守誠能銘藥石，曰：「常春者，千歲藟也。旱藕，杜蒙也。方家久不用，撫易名以神之。民間以酒漬藤，飲者多暴死。」乃止。撫內慚悸，請求藥牢山，遂逃去。

桑道茂者，寒人，失其系望。善太一遁甲術。乾元初，官軍圍安慶緒於相州，勢危甚，道茂在圍中，密語人曰：「三月壬申西師潰。」至期，九節度兵皆敗。後召待詔翰林。建中初，上言：「國家不出三年有厄會，奉天有王氣，宜高垣堞，爲王者居，使可容萬乘者。」德宗素驗其數，詔京兆尹嚴郢發衆數千及神策兵城之。時盛夏趣功，人莫知其故。及朱泚反，帝蒙難奉天，賴以濟。

李晟爲右金吾大將軍，道茂齎一縑見晟，再拜曰：「公貴盛無比，然我命在公手，能見赦否？」晟大驚，不領其言。道茂出懷中一書，自具姓名，署其左曰：「爲賊逼脅。」固請晟判，晟笑曰：「欲我何語？」道茂曰：「弟言準狀赦之。」晟勉從。已又以縑願易晟衫，請題衿膺曰：「它日爲信。」再拜去。道茂果汙朱泚僞官。晟收長安，與逆徒縛旗下，將就刑，出晟衫及書以示。晟爲奏，原其死。

是時藩鎮擅地無寧時，道茂曰：「年號元和，寇盜翦滅矣。」至憲宗乃驗。道茂居有二柏甚茂，曰：「人居而木蕃者去之，木盛則土衰，土衰則人病。」乃以鐵數十鈞埋其下，復曰：「後有發其地而死者。」大和中，溫造居之，發藏鐵而造死。杜佑與楊炎善，盧杞疾之，佑懼，以問道茂，答曰：「君歲中補外，則福壽叵涯矣。」俄拜饒州刺史，後終司徒。李泌病，道茂署於紙曰：「戹三月二日就饗，國與家吉而身危。」會中和日，泌雖篤，彊入。德宗見泌不能步，詔歸第，卒。是日北軍謀亂，仗士禽斬之。李鵬爲盛唐令，道茂曰：「君位止此，而冢息位宰相，次息亦大鎮，子孫百世。」鵬卒，後石至宰相，福歷七鎮，諸孫通顯云。

校勘記

〔一〕仕隋爲鹽官令　舊書卷一九一袁天綱傳及冊府卷八六〇均謂「隋大業中爲資官令」。

〔二〕以火山令卒　按舊書卷一九一袁天綱傳、冊府卷八六〇均謂武德初授火井令，「火山」疑是「火井」之訛。

唐書卷二百五

列傳第一百三十

列女

董昌齡母楊　王孝女和子　段居貞妻謝　楊含妻蕭　韋雍妻蕭
衡方厚妻程　鄭孝女　李廷節妻崔　殷保晦妻封絢　竇烈婦
李拯妻盧　山陽女趙　周迪妻　朱延壽妻王

女子之行，於親也孝，婦也節，母也義而慈，止矣。中古以前，書所載后、妃、夫人事，天下化之。後彤史職廢，婦訓、姆則不及於家，故賢女可紀者千載間寥寥相望。唐興，風化陶淬且數百年，而聞家令姓窈窕淑女，至臨大難，守禮節，白刃不能移，與哲人烈士爭不朽名，寒如霜雪，亦可貴矣。今采獲尤顯行者著之篇，以緒正父父、子子、夫夫、婦婦之懿云。

李德武妻裴，字淑英，安邑公矩之女，以孝聞鄉黨。德武在隋，坐事徙嶺南，時嫁方踰歲，矩表離婚。德武謂裴曰：「我方貶，無還理，君必儷它族，于此長決矣。」答曰：「夫，天也，可背乎？願死無它。」欲割耳誓，保姆持不許。夫姻媦，歲時朔望裴致禮惟謹。居不御薰澤。讀列女傳，見述不更嫁者，謂人曰：「不踐二廷，婦人之常，何異而載之書？」後十年，德武未還，矩決嫁之，斷髮不食，矩知不能奪，聽之。德武更娶尒朱氏，遇赦還，中道聞其完節，乃遣後妻，爲夫婦如初。

楊慶妻王者，世充兄之女。慶以河間王子爲郇王，守滎陽，陷於世充，故世充妻之，用爲管州刺史。太宗攻洛陽，慶謀與王歸唐，謝曰：「鄭以我奉箕箒者，綴公之心，今負恩背義，自爲身謀，可若何？至長安，則公家婢耳，願送我還東都。」慶不聽，王謂左右曰：「唐勝則鄭滅，鄭安則吾夫死，若是，生何益？」乃飲藥死。慶入朝，官宜州刺史。

房玄齡妻盧，失其世。玄齡微時，病且死，諉曰：「吾病革，君年少，不可寡居，善事後人。」盧泣入帷中，剔一目示玄齡，明無它。會玄齡良愈，禮之終身。

王蘭英者，獨孤師仁之姆。師仁父武都謀歸唐，王世充殺之。師仁始三歲，免死禁錮，蘭英請髡鉗得保養，許之。時喪亂，餓死者藉藉，游丐道路以食師仁，身啖土飲水。後詐爲採薪，竊師仁歸京師。高祖嘉其義，詔封蘭英永壽鄉君。

楊三安妻李，京兆高陵人。舅姑亡，三安又死，子幼，孤窶，晝田夜紡，凡三年，葬舅姑及夫兄弟凡七喪，遠近嗟涕。太宗聞而異之，賜帛三百段，遣州縣存問，免其繇役。

樊會仁母敬，蒲州河東人，字象子。笄而生會仁。夫死，事舅姑祥順。家以其少，欲嫁之，潛約婚於里人，至期，陽爲母病，使歸視。敬至，知見紿，乃外爲不知者，私謂會仁曰：「吾孀處不死者，以母老兒幼，今舅將奪吾志，汝云何？」會仁泣，敬曰：「兒毋啼！」乃伺隙遁去，家追及半道，以死自守，乃罷。會仁未冠卒，時敬母又終，旣葬，謂所親曰：「母死子亡，何生爲！」不食數日死，聞者憐之。

衞孝女，絳州夏人，字無忌。父爲鄉人衞長則所殺，無忌甫六歲，無兄弟，母改嫁。逮長，志報父仇。會從父大延客，長則在坐，無忌抵以甓，殺之。詣吏稱父冤已報，請就刑。巡察使褚遂良以聞，太宗免其罪，給驛徙雍州，賜田宅。州縣以禮嫁之。

鄭義宗妻盧者，范陽士族也。涉書史，事舅姑恭順。夜有盜持兵劫其家，人皆匿竄，惟姑不能去，盧冒刃立姑側，爲賊捽捶幾死。賊去，人問何爲不懼，答曰：「人所以異鳥獸者，以其有仁義也。今隣里急難尙相赴，況姑可委棄邪？若百有一危，我不得獨生。」姑曰：「歲寒然後知松柏後凋，吾乃今見婦之心。」

劉寂妻夏侯，滑州胙城人，字碎金。父長雲爲鹽城丞，喪明。時劉已生二女矣，求與劉絕，歸侍父疾。又事後母以孝稱。五年父亡，毁不勝喪，被髮徒跣，身負土作冢，廬其左，寒不緜，日一食者三年。詔賜物二十段、粟十石，表異門閭。後其女居母喪，亦如母行，官又賜粟帛，表其門。

于敏直妻張者，皖城公儉女也。生三歲，每父母病，已能晝夜省侍，顏色如成人。及長，愈恭順仁孝。儉病篤，聞之，號泣幾絕。儉死，一慟遂卒。高宗懿其行，賜物百段，以狀屬史官。

楚王靈龜妃上官者，下邽士族也。靈龜出繼哀王後，而舅姑在，妃朝夕侍奉，謹甚，凡珍美，非經獻不先嘗。靈龜卒，將葬，前妃無近族，議者欲不舉，妃曰：「逝者有知，魂可無託乎？」乃備禮合葬。聞者嘉歎。喪除，兄弟共諭：「妃少，又無子，可不有行。」泣曰：「丈夫以義，婦人以節，我未能殉溝壑，尚可御粧澤、祭他胙乎？」將自劓刵，衆遂不敢彊。

楊紹宗妻王，華州華陰人。在襁而母亡，繼母鞠愛。父征遼歿，繼母又卒，王年十五，乃舉二母柩而立父象，招魂以葬，廬墓左。永徽中，詔：「楊氏婦在隋時，父歿遼西，能招魂克葬。至祖父母塋隧，親服板築，哀感行路。」因賜物段幷粟，以闕表門。

賈孝女，濮州鄄城人。年十五，父爲族人玄基所殺。孝女弟彊仁尙幼，孝女不肯嫁，躬撫育之。彊仁能自樹立，敎伺玄基殺之，取其心告父墓。彊仁詣縣言狀，有司論死。孝女詣闕請代弟死，高宗閔歎，詔幷免之，內徙洛陽。

李氏妻王阿足，深州鹿城人。早孤，無兄弟。歸李氏數歲，夫死無子，以嫠姊高年無供養，乃不忍嫁。晝耕夜織，能辦生事，餘二十年，姊乃亡，葬送如禮。鄉人服其義，爭遣女妻往師其風訓。壽終于家。

樊彥琛妻魏者，揚州人。彥琛病，魏曰：「公病且篤，不忍公獨死。」彥琛曰：「死生，常道也。幸養諸孤使成立，相從而死，非吾取也。」彥琛卒，値徐敬業難，陷兵中。聞其知音，令鼓箏，魏曰：「夫亡不死，而逼我管絃，禍由我發。」引刀斬其指。軍伍欲彊妻之，固拒不從，乃刃擬頸曰：「從我者不死。」魏厲聲曰：「狗盜，乃欲辱人，速死，吾志也！」乃見害，聞者傷之。

李畬母者，失其氏。有淵識。畬爲監察御史，得稟米，量之三斛而羸，問于史，曰：「御史米，不槪也。」又問車庸有幾，曰：「御史不償也。」母怒，敕歸餘米，償其庸，因切責畬。畬乃劾倉官，自言狀，諸御史聞之，有慚色。

汴女李者，年八歲父亡，殯于堂十年，朝夕臨。及笄，母欲嫁之。斷髮，丐終養。居母喪，哀號過人，自庀葬具，州里送葬千餘人。廬于墓，蓬頭，跣而負土，以完園塋，蒔松數百。武后時，按察使薛季昶表之，詔樹闕門閭。

崔繪妻盧者，鸞臺侍郎獻之女。獻有美名。繪喪，盧年少，家欲嫁之，盧稱疾不許。女兄適工部侍郎李思沖，早亡。思沖方顯重，表求繼室，詔許，家內外姻皆然可。思沖歸幣三百輿，盧不可，曰：「吾豈再辱於人乎？寧沒身爲婢。」是夕，出自竇，糞穢蟣面，還崔舍，斷髮自誓。思沖以聞，武后不奪也，詔爲浮屠尼以終。

堅貞節婦李者，年十七，嫁爲鄭廉妻。未踰年，廉死，常布衣蔬食。夜忽夢男子求爲妻，初不許，後數數夢之。李自疑容貌未衰醜所召也，卽截髮，麻衣，不薰飾，垢面塵膚，自是不復夢。刺史白大威欽其操，號堅貞節婦，表旌門闕，名所居曰節婦里。

符鳳妻某氏，字玉英，尤姝美。鳳以罪徙儋州，至南海，爲獠賊所殺，脅玉英私之，對曰：「一婦人不足事衆男子，請推一長者。」賊然之。乃請更衣，有頃，盛服立於舟，罵曰：「受賊辱，不如死！」自沈於海。

高叡妻秦。叡爲趙州刺史，爲默啜所攻。州陷，叡仰藥不死，至默啜所，示以寶帶異袍，曰：「降我，賜爾官；不降，且死。」叡視秦，秦曰：「君受天子恩，當以死報，賊一品官安足榮？」自是皆瞑目不語。默啜知不可屈，乃殺之。

王琳妻韋者，士族也。琳爲眉州司功參軍，俗僭侈盛飾，韋不知有簪珥。訓二子堅、冰有法，後皆名聞。琳卒時，韋年二十五，家欲彊嫁之，韋固拒，至不聽音樂，處一室，或終日不食。卒年七十五，著女訓行於世。

盧惟清妻徐，淄州人，世客陳留。惟清仕歷校書郎。徐女兄之夫李宜得以罪斥，惟清坐僚婣，貶播川尉。徐還鄉里，糲食，斥鉛膏，釆絺不御。會大赦，徐間關迎惟清，至荆州，聞惟清死，二髥奴將劫徐歸下江，徐知之，數其罪，奴不敢逼，劫其貲去。徐倍道行至播川，足繭流血，得惟清尸，以喪還，閱歲至洛陽。既葬，以無子，終服還陳留。汴州刺史齊澣高其節，頌而詩之。

饒娥字瓊眞，饒州樂平人。生小家，勤織紝，頗自脩整。父勣，漁于江，遇風濤，舟覆，屍不出。娥年十四，哭水上，不食三日死。俄大震電，水蟲多死，父尸浮出，鄉人異之，歸賵具禮，葬父及娥鄱水之陰。縣令魏仲光碣其墓。建中初，黜陟使鄭淑則表旌其閭，河東柳宗元爲立碑云。

竇伯女、仲女，京兆奉天人。永泰中，遇賊行剽，二女自匿山谷，賊迹而得之，將逼以私。行臨大谷，伯曰：「我豈受汙於賊！」乃自投下，賊大駭。俄而仲亦躍而墜。京兆尹第五琦表其烈行，詔旌門閭，免其家繇役，官爲庀葬。

盧甫妻李，秦州成紀人。父瀾，永泰初爲蘄令。梁、宋兵興，瀾諭降劇賊數千人。刺史曹昇襲賊，敗之。賊疑瀾賣己，執瀾及其弟渤，兄弟爭相代死，李見父被執，亦請代父，遂皆遇害。

又有王泛妻裴者，亦俘賊中，欲汙之，罵曰：「吾，衣冠子，豈愛生受汙邪！」賊臨以兵，罵不止，乃支解焉。

宣慰使李季卿聞狀，詔贈李孝昌縣君、裴河東縣君，瀾、渤並贈官。

鄒待徵妻薄者，從待徵官江陰。袁晁亂，薄爲賊所掠，將汙之，不從。語家媪使報待徵曰：「我義不辱。」即死於水。賊去，得其尸。義聲動江南，聞人李華作哀節婦賦。

金節婦者，安南賊帥陶齊亮之母也。常以忠義誨齊亮，頑不受，遂絕之。自田而食，紡而衣，州里矜法焉。大曆初，詔賜兩丁侍養，本道使四時存問終身。

高愍女名妹妹，父彥昭事李正己。及納拒命，質其妻子，使守濮陽。建中二年，挈城歸河南都統劉玄佐，納屠其家。時女七歲，母李憐其幼，請免死爲婢，許之。女不肯，曰：「母兄皆不免，何賴而生？」母兄將被刑，偏拜四方。女問故，答曰：「神可祈也。」女曰：「我家以忠義誅，神尚何知而拜之！」問父在所，西嚮哭，再拜就死。德宗駭歎，詔太常謚曰愍。諸儒爭爲之誄。

彥昭從玄佐救寧陵，復汴州，累功授潁州刺史。朝廷錄其忠，居州二十年不徙，卒贈陝州都督。

楊烈婦者，李侃妻也。建中末，李希烈陷汴，謀襲陳州。侃爲項城令，希烈分兵數千略定諸縣，侃以城小賊鋭，欲逃去，婦曰：「寇至當守，力不足，則死焉。君而逃，尚誰守？」侃曰：「兵少財乏，若何？」婦曰：「縣不守，則地賊地也，倉廩府庫皆其積也，百姓皆其戰士也，於國家何有？請重賞募死士，尚可濟。」侃乃召吏民入廷中曰：「令誠若主也，然滿歲則去，非如吏民生此土也，墳墓存焉，宜相與死守，忍失身北面奉賊乎？」衆泣，許諾。乃徇曰：「以瓦石擊賊者，賞千錢；以刀矢殺賊者，万錢。」得數百人。侃率以乘城，婦身自爨以享衆。報賊曰：「項城父老義不下賊，得吾城不足爲威，宜亟去；徒失利，無益也。」賊大笑。侃中流矢，還家，婦責曰：「君不在，人誰肯固？死于外，猶愈於牀也。」侃遽登城。會賊將中矢死，遂引去，縣卒完。詔遷侃太平令。

先是萬歲通天初，契丹寇平州，鄒保英爲刺史，城且陷，妻奚率家僮女丁乘城，不下賊，詔封誠節夫人。默啜攻飛狐，縣令古玄應妻高能固守，虜引去，詔封徇忠縣君。史思明之叛，衞州女子侯、滑州女子唐、青州女子王，相與歃血赴行營討賊，滑濮節度使許叔冀表其忠，皆補果毅。雖敢決不忘於國，然不如楊烈婦忼慷知君臣大義云。

賈直言妻董。直言坐事，貶嶺南，以妻少，乃訣曰：「生死不可期，吾去，可亟嫁，無須也。」董不答，引繩束髮，封以帛，使直言署，曰：「非君手不解。」直言貶二十年乃還，署帛宛然。及湯沐，髮墮無餘。

李孝女者，名妙法，瀛州博野人。安祿山亂，被劫徙它州。聞父亡，欲間道奔喪，一子不忍去，割一乳留以行。既至，父已葬，號踊請開父墓以視，宗族不許。復持刀刺心，乃爲開。見棺，舌去塵，髮治拭之。結廬墓左，手植松柏，有異鳥至。後，母病，或不食飲，女終日未嘗視匕箸，及亡，刺血書于母臂而葬，廬墓終身。

李湍妻某氏。湍籍吳元濟軍，元和中，自拔歸烏重胤，妻爲賊縛而臠食之，將死，猶號湍曰：「善事烏僕射！」觀者歎泣。重胤請以其事屬史官，詔可。

董昌齡母楊，世居蔡。昌齡更事吳少陽，至元濟時，爲吳房令。母常密戒曰：「逆順成敗，兒可圖之。」昌齡未決，徙郾城，楊復曰：「逆賊欺天，神所不福。當逆降，無以我累。兒爲忠臣，吾死不慊。」會王師逼郾城，昌齡乃降。憲宗喜，卽拜郾城令兼監察御史，昌齡謝曰：「母之訓也，臣何能！」帝嗟嘆。元濟囚楊，欲殺者屢矣。蔡平而母在，陳許節度李遜表之，封北平郡太君。

王孝女，徐州人，字和子。元和中，父兄皆防秋屯涇州，吐蕃寇邊，並戰死。和子年十七，單身被髮徒跣縗裳抵涇屯，日丐貸，護二喪還，葬于鄉，植松柏，翦髮壞容，廬墓所。節度使王智興白狀，詔旌其門。

段居貞妻謝，字小娥，洪州豫章人。居貞本歷陽俠少年，重氣決，娶歲餘，與謝父同賈江湖上，並爲盜所殺。小娥赴江流，傷腦折足，人救以免。轉側丐食至上元，夢父及夫告所殺主名，離析其文爲十二言，持問內外姻，莫能曉。隴西李公佐隱占得其意，曰：「殺若父者必申蘭，若夫必申春，試以是求之。」小娥泣謝。諸申，乃名盜亡命者也。小娥詭服爲男子，與傭保雜。物色歲餘，得蘭于江州，春于獨樹浦。蘭與春，從兄弟也。小娥託傭蘭家，日以謹信自効，蘭寖倚之，雖包苴無不委。小娥見所盜段、謝服用故在，益知所夢不疑。出入二朞，伺其便。它日蘭盡集羣偷釃酒，蘭與春醉，臥廬。小娥閉戶，拔佩刀斬蘭首，因大呼捕賊。鄉人牆救，禽春，得贓千萬，其黨數十。小娥悉疏其人上之官，皆抵死，乃始自言狀。刺史張錫嘉其烈，白觀察使，使不爲請。還豫章，人爭娉之，不許。祝髮事浮屠道，垢衣糲飯終身。

楊含妻蕭，父歷，爲撫州長史，以官卒，母亦亡。蕭年十六，與媦皆韶淑，毀貌，載二喪還鄉里，貧不能給舟庸，次宣州戰鳥山，舟子委柩去。蕭結廬水濱，與婢穿壙納棺成墳，蒔松柏，朝夕臨，有馴烏、縞兔、菌芝之祥。長老等爲立舍，歲時進粟縑。喪滿不釋縗，人高其行。或請昏，女曰：「我弱不能北還，君誠爲我致二柩葬故里，請事君子。」於是，含以高安尉罷歸，聘之，且請如素。蕭以親未葬，許其載，辭其采。已葬，乃釋服而歸楊云。

韋雍妻蕭。張弘靖鎭幽州也，表雍在幕府。朱克融亂，雍被劫。蕭聞難，與雍皆出，左右格之，不退。雍臨刃，蕭呼曰：「我苟生無益，願今日死君前。」刑者斷其臂，乃殺雍。蕭意象晏然，觀者哀歎。是夕死。大和中，楊志誠表其烈，詔贈蘭陵縣君。

雍字和叔，擢進士第。

衡方厚妻程。大和中，方厚爲邕州錄事參軍。招討使董昌齡治無狀，方厚數爭事，昌齡怒，將執付吏，辭以疾，不免，卽以死告，臥棺中。昌齡知之，使闔棺甚牢。方厚閉久，以爪攫棺，爪盡乃絕。程懼幷死，不敢哭。昌齡恬不疑，厚遣其喪。程徒行至闕下，叩右銀臺門，自刵陳冤，下御史鞫治有實，昌齡乃得罪。文宗詔封程武昌縣君，賜一子九品正員官。

鄭孝女，兗州瑕丘人。父神佐，爲官兵，戰死慶州。時母已亡，又無兄弟，女時年二十四，卽翦髮毀服，身護喪還鄉里，與母合葬。廬墓下，手樹松柏成林。初，許適牙兵李玄慶，至是，謝不嫁。大中中，兗州節度使蕭俶狀于朝，有詔旌表其閭。

李廷節妻崔。乾符中，廷節爲郟城尉。王仙芝攻汝州，廷節被執。賊見崔姝美，將妻之，詬曰：「我，士人妻，死亡有命，柰何受賊汙？」賊怒，刳其心食之。

殷保晦妻封，敖孫也，名絢，字景文。能文章、草隸。保晦歷校書郎。黃巢入長安，共匿蘭陵里。明日，保晦逃。賊悅封色，欲取之，固拒。賊誘說萬詞，不答。賊怒，勃然曰：「從則生，不然，正膏我劍！」封罵曰：「我，公卿子，守正而死，猶生也，終不辱逆賊手！」遂遇害。保晦歸，左右曰：「夫人死矣！」保晦號而絕。

竇烈婦者，河南人，朝邑令畢某妻。初，同州軍亂，逐節度使李瑭走河中，令匿望仙里，不知所舍乃仇家也。夜半盜入，捽令首，欲殺之，竇泣蔽捍，苦持賊袂，至中刀不解，令得脫走不死，賊亦去。京兆聞之，歸酒帛醫藥，幾死而愈。

李拯妻盧者，美姿，能屬文。拯字昌時，咸通末擢進士，遷累考功郎中。黃巢亂，避地平陽，僖宗召爲翰林學士。帝出寶鷄，陷于嗣襄王熅。熅敗，拯死，盧伏尸哭。王行瑜兵逼之，不從，脅以刃，斷一臂死。

山陽女趙者，父盜鹽，當論死，女詣官訴曰：「迫飢而盜，救死爾，情有可原，能原之邪？否則請俱死。」有司義之，許減父死。女曰：「身今爲官所賜，願毁服依浮屠法以報。」卽截耳自信，侍父疾，卒不嫁。

周迪妻某氏。迪善賈，往來廣陵。會畢師鐸亂，人相掠賣以食。迪飢將絕，妻曰：「今欲歸，不兩全。君親在，不可并死，願見賣以濟君行。」迪不忍，妻固與詣肆，售得數千錢以奉。迪至城門，守者誰何，疑其紿，與迪至肆問狀，見妻首已在枅矣。迪裹餘體歸葬之。

朱延壽妻王者，當楊行密時，延壽事行密爲壽州刺史，惡行密不臣，與寧國節度使田頵謀絕之以歸唐。事泄，行密以計召延壽，欲與揚州，延壽信之。將行，王曰：「今若得揚州，成宿志，是興衰在時，非繫家也，然願日一介爲驗。」許之。及爲行密所殺，介不至，王曰：「事敗矣。」卽部家僕，授兵器。方闔扉而捕騎至，遂出私帑施民，發百燎焚牙居，呼天曰：「我誓不爲讎人辱！」赴火死。